究極の生き残り戦略としての
サステナビリティ経営

SX《サステナビリティ・トランスフォーメーション》の時代

PwC Japanグループ
坂野俊哉・
磯貝友紀 著

日経BP

目次

序章　あなたの会社のサステナビリティ経営は本物か？ 3

第0章　「本物のサステナビリティ経営」とは何か？ 15

第1章　なぜSXが求められているのか？ 33

第2章　統合思考でビジネスへの影響を考える 55

第3章　七つの長期的構造変化 75

第4章　未来志向型SXの三つのタイプ 143

第5章　トレードオンを阻む五つの壁 169

第6章　「五つの壁」を乗り越え、トレードオンを生み出す 183

第7章 自分の北極星を見つける 225

第8章 SXを実現する仕組みづくり 257

第9章 成長を続けるリスク・レジリエントな企業の条件 ——誰からも尊敬される立派な企業になる 297

第10章 先進企業トップが語るSXの真髄 307

青井 浩氏（丸井グループ）／亀澤 宏規氏（三菱UFJフィナンシャル・グループ）／新浪 剛史氏（サントリーホールディングス）／丸山 和則氏（DSM Japan）／柳 良平氏（エーザイ、早稲田大学）／山田 進太郎氏（メルカリ）／ヘレン・フォン・ライス氏（イケア・ジャパン）／カローラ・リヒター氏、石田 博基氏（BASF）

付録 プレ財務情報の「見える化」を実現する方法 367

おわりに 380

注 383

著者紹介 407

序章

あなたの会社のサステナビリティ経営は本物か？

2015年に国連サミットでSDGsが採択され、COP（国連気候変動枠組条約締約国会議）でパリ協定が合意されて以降、本格的に企業がサステナビリティに取り組むことが求められるようになった。気候変動や格差などの世界の課題が拡大し、その解決が待ったなしになるなか、企業は「世界の課題を生み出す加害者」から「世界の課題を解決する協働者」となることが事業を存続させるうえでの必須条件となりつつある。

その結果、今世界で急速に広がっているのが、サステナビリティ・トランスフォーメーション（SX）の動きだ。サステナビリティの先進企業は、次々とCO2（二酸化炭素）排出ゼロ（ゼロエミッション宣言）を目標に打ち出している。しかも、企業内だけでなく、取引先を含めたサプライチェーン全体で、ビジネスの根幹から環境や社会に配慮するために、事業ポートフォリオやビジネスモデルを根本から見直し、事業自体を再創造しようとしている。

企業の経済的活動は、何らかの形で地球や環境、社会に負荷をかける。製品をつくるために、原材料を自然資源から調達し、生産工程ではCO2やメタンガスなどの温室効果ガスを出し、エネルギーや水などを大量消費し、大量生産によって大量の廃棄物を生み出す。このように環境や社会に負担をかけて、企業は利益を手にしてきた。経済活動によって外部にかけた負荷は「外部不経済」と呼ばれる。これまで「外部不経済」は、企業が対処しなくても、自然の自浄作用や政府などによって処理されるものと考えられてきた。しかし、これからの企業経営では、この「外部不経済」の責任をしっかり取っていく必要がある。企業が事業のために地球にかけた負担は、企業の責任で元に戻す。外部に与えた不経済を差し引きゼロにする経営について考え、実践していくことが、これからの企業経営の必須条件となることは確実だ。

このムーブメントは大きな波となり、日本にも押し寄せている。ところが、日本企業の危機意識は残念ながら希薄だ。日本でも多くの企業が統合報告書を発表し、ＳＤＧｓへの貢献をうたい、役員はみな、17色の丸バッチを胸に付けるようになった。しかし、日本企業の多くは、サステナビリティやＳＤＧｓを「自社の事業存続に欠かせない重要課題」「利益につながる事業の本丸」とまでは本気で考えていない。その結果、各社ともそれなりのコストと人をかけてこのテーマに取り組んでいるにもかかわらず、どこか「事業の本丸とは別世界で繰り広げられるアピール合戦」の様相を呈している。

本書では、読者の方々を、こうした「ムダなサステナビリティ・ＳＤＧｓ合戦」から解放し、「本当のサステナビリティ経営」へといざなうことを目指す。

本題に入る前に、まず次の質問に「イエス」か「ノー」で正直に答えてほしい。

Q　次の質問に「Yes」か「No」で答えてください

Q1

サステナビリティは基本的に儲からないので、社会貢献活動などの情報を、外部向けアピールとして集めて発表している。

□ Yes
□ No

Q2

サステナビリティ活動で競合に後れをとりたくないが、先を行きすぎたくもない。

□ Yes
□ No

Q3

欧米企業がサステナビリティやSDGsを言い出すずっと前から、日本には「三方よし」経営が根づいている。日本企業こそ「サステナビリティ企業」で、欧米はアピールがうまいだけだ。

□ Yes
□ No

Q4

環境経営について日本企業は世界のなかで進んでいるほうだ。

□ Yes
□ No

Q5

人を最も大事にしているのは日本企業だ。

□ Yes
□ No

Q6

特にサステナビリティやSDGsを目指して何かを始めたわけではないが、既存の取り組みをSDGsの各ターゲットに紐づけしたところ、SDGsに貢献していることがわかった。よって、サステナビリティやSDGs経営を実践できていると思う。

□ Yes
□ No

Q7

サステナビリティ目標を公表したが、目標値の算出の際には、現状の取り組みの延長で達成できる数値を積み上げた。

☐ Yes
☐ No

Q8

様々な事業部やCSRにおいてサステナビリティやSDGsに取り組んでいるが、小さな社会貢献ビジネスが多数を占める。

☐ Yes
☐ No

Q9

自社の事業は、社会課題を解決している。なかには環境などにマイナスの影響を及ぼすものもあるが、企業活動にそうしたマイナスはつきものであり、ある程度は仕方のないことだ。

☐ Yes
☐ No

Q10

他社を参考に、パーパス（存在意義）も、サステナビリティビジョンをつくり、マテリアリティも分析し、サステナビリティ委員会も定期的に開催している。だが、実際の投資判断の際には、環境・社会に対する創造価値は考慮していない。財務価値が同じだった場合には、環境・社会価値が高いほうを選んでいる。

☐ Yes
☐ No

Q11

企業が経済価値と同時に、環境価値・社会価値を両立させるべきという見解には賛成だ。しかし、環境・社会価値を追求すると、足元の利益が達成できないので困っている。本業にマイナスになることはやりたくない。

☐ Yes
☐ No

実は、これらの質問は、読者の方々の会社のサステナビリティ経営が「本物」かどうか、そして「本物」ではない場合、何が足りないのかをざっと診断するための問いかけだった。具体的には、どの質問に「イエス」と答えたかによって、その企業が抱えていると思われる課題や問題点が浮かび上がってくる設計になっている。回答結果に応じて次の五つの類型（「サステナビリティ経営・初期理解不足型」「アンチ西洋・日本礼賛型」「現状肯定型」「形骸化型」「トレードオフの壁直面型」）に分類される。

どの質問に「イエス」と答えたかを振り返りながら、自社の状況を頭に描きつつ、以下の解説を読んでほしい。

あなたのタイプは？

SX診断

Q1と Q2のいずれかを「イエス」と答えた人

「サステナビリティ経営・初期理解不足型」

サステナビリティとビジネスの関係性に関する理解が足りない可能性がある。自社の重要資本が持続的に入手可能か検証すること。そして、サステナビリティ活動と自社の将来財務との因果構造を把握することが必要だ。なぜ、サステナビリティ先進企業と呼ばれるような大企業が、多額の資金を投じて様々なサステナビリティの推進に取り組んでいるのか？　それだけの資金を投じるからには、こうした企業は、サステナビリティをめぐる活動の先に、ビジネスにとって有益な何かを見据えているはずだ。

サステナビリティとビジネスの関係性を理解するためには、自社を取り巻く社会・環境を経営に取り入れて考える統合思考に関する理解を深めることが役に立つ。そのことを意識しながら、本書の序章と第1章、第2章を参考にしてほしい。

あなたの
タイプは？

SX診断

Q3から▶Q5のいずれかを「イエス」と答えた人

「アンチ西洋・日本礼賛型」

「アンチ西洋」「日本礼賛」の感情に引きずられて、日本企業の課題から目を背けてはいないだろうか。日本経済の過去の栄光にとらわれず、現状を冷静かつ客観的に直視したうえで、たとえば「三方よし」については、「日本企業が大事にしてきた『三方』は、現代社会における『三方』を適切に包含しているのか」「日本企業が『よし』と思っていることは、『現代社会の三方』が求めている『よし』なのか」を見直す必要がある。このタイプの人は、序章と第1章、第2章、第3章を参考にしてほしい。

あなたの
タイプは?

SX診断

Q6からQ9のいずれかを「イエス」と答えた人

「現状肯定型」

このタイプの企業は「現状肯定」の欲求に引きずられ、忍び寄るリスクや新しい機会(オポチュニティ)を見逃している可能性がある。現在の事業をSDGsに結びつけても、心のどこかでは、経営に何の影響もないのではないか、と思っているのではないだろうか。

サステナビリティやSDGsがビジネスに大きなプラスになることを心から納得していないため、「一応SDGsに紐づけて発表すればいい」「今実行していることのなかから、それっぽい『いいこと』を寄せ集めて体裁を整えよう」と判断している可能性がある。

「現状肯定型」の企業は、サステナビリティやSDGsの体裁だけを取り繕おうとしているだけなので、その会社が発表している数少ない「いいこと」の裏で、サステナビリティに大きな「マイナス」を及ぼす事業を堂々と展開し、見直す意思がないことが多い。

ただし、全事業をSDGsに紐づけて発表するのも、社内に散らばっている「いいこと」を寄せ集めるのもコストがかかる。もちろん、こうしたコストは無駄以外の何物でもない。まずは、現状肯定の殻を破り、「サステナビリティとビジネスの関係性」をしっかりと理解する必要がある（その意味では「サステナビリティ経営・初期理解不足型」とも共通）。そのうえで、自社の置かれている状況（リスクと新たな機会）を冷静に見直し、無駄なことはすぐにやめて、選択と集中でリソース配分を考えるべきだ。本書の第4章と第7章が参考になるだろう。

あなたの
タイプは？

SX診断

Q10に「イエス」と答えた人
▼
「形骸化型」

サステナビリティ経営の失敗例としてありがちなのは、「仏をつくって魂入れず」のことわざにあるように、形骸化して終わってしまうパターンだ。本来、パーパス（存在意義）やビジョンは、判断に迷いが生じたときそこに立ち戻ることで進むべき方向を確認する道標であり、マテリアリティは、「マテリアル（重要な）」エリアを特定したものである。サステナビリティ委員会は、こうした方向性に基づいて、経営状況やリソース配分が適切か、目指していた価値を生み出しているかを確認し、軌道修正を行う組織だ。
ところが、「社会課題解決」をうたっていながら、他方で、実際の経営判断の際に目先の利益ばかり考えているようでは、仕組みはあってもまったく機能しない。社内から上がってくる提案に対し、役員が「それで今期儲かるの？」と返しているようなら、社員はパーパスやビジョンが建前で、本音は短期的な儲けであることを敏感に感じ取る。外部の利害関係者（ステークホルダー）に、馬脚を現すのも時間の問題だ。本気で取り組まないなら、コスト面からもやらないほうがいい。近視眼的で場当たり的な思考から脱し、中長期の視点で自社の事業を見直すことが欠かせない。そのうえで、せっかくの仕組みに「魂」を入れるにはどうすればいいか、本書の第4章、第7章、第8章などを参考に社内で議論してほしい。

あなたのタイプは？

SX診断

Q11に「イエス」と答えた人
▼
「トレードオフの壁直面型」

何かを得るためには何かが失われる。このような相容れない関係をトレードオフというが、サステナビリティ経営（環境価値や社会価値）と利益（経済的価値）をトレードオフの関係ととらえている人が非常に多い。まさにQ11にイエスと答えた人がこのパターンに当たる。この発想でいると、いつまでたっても、サステナビリティ経営は浸透していかない。そうではなく、この二つはトレードオンの関係、つまり「経済価値と環境・社会の価値は同時に高められる」という発想が、これからの企業経営者に最も求められることだ。

ただし、経済価値と環境・社会の価値を同時に高めるためには、ビジネスモデルの転換、新素材や新技術開発、長期的投資、他のプレーヤーとの協働など、従来の経営スタイルを刷新していく必要がある。これまでにない方法が求められることから、トレードオンはそう簡単には実現できない。逆に言えば、それが確立できれば、強大な競争優位を築き、社会とともに長期的に成長し続けることが可能となる。トレードオフの壁を突き崩し、トレードオンの事業構造を構築するためのヒントを第4章、第5章、第6章で検討するので参考にしてほしい。

＊　＊　＊

SX診断の結果はいかがだっただろうか。

特に、全般にわたって「イエス」が多かった人は、サステナビリティ経営に対する誤解や理解不足がある可能性がある。だが安心してほしい。本書は、サステナビリティ経営とは何かという基本から、実現のためには何が必要で、どんな発想でビジネスモデルや組織を改革していけばいいかが、読み進むにつれて理解が深まるようになっている。

早速、「本物のサステナビリティ経営とは何か」から解説しよう。

第0章

「本物のサステナビリティ経営」とは何か？

サステナビリティ経営とは何か。

一言でいえば、「長期で利益を出し続けるために、リソース配分を行うこと」だ。では、長期で利益を出し続けるために必要なことは何か。まずは、その企業が長期にわたって市場から求められ続けること、第二に供給（原材料、知財、人材など）を長期的に維持すること、第三に社会からも信頼され続けることだ。長期的な市場の行方を適切に見定めることは当然重要だが、市場があっても、供給体制が維持できなければ、その要求に応えることはできない。また、社会から信頼されず、ブランド価値が毀損《きそん》してしまうようなことがあれば、長期的な事業継続は不可能になる。

今社会全体が、サステナビリティ志向に大きく転換しようとしている。日本でも2020年10月、菅義偉首相が温室効果ガス排出量を2050年までに実質ゼロとする目標を宣言するなど、今後こうした傾向に拍車がかかることが確実視される。そのような状況のなかで、サステナビリティ市場が生まれてくることが予想される。企業はこの新しい市場ニーズに応えながら、供給サイド（原材料、知財、人材など）を維持し、社会から信頼され、価値を生み出し続ける仕組みを整えていくことが、長期的な利益確保にとって必要不可欠になる。

真のサステナビリティ経営を実践するためには、「環境・社会」と「経済」の関係と構造や、「環境・社会」の問題がどのように自社の市場や供給の能力に影響を与え、社会から企業に対する要請を変化させるのかを深く理解する必要がある。

まずは、「環境・社会」と「経済」の関係と構造を考えてみよう。

親亀こけたらみなこける

サステナビリティの考え方は、歴史的に次ページの図のように変遷してきた（図表0－1）。

第一世代（1980年代頃まで）では、経済、環境、社会は、それぞればらばらに存在するものと認識されていた。経済は利益を生み出し、その利益を環境や社会に還元するという発想のCSR（企業の社会的責任）活動や社会貢献活動が中心だった。

第二世代（1990～2010年代頃まで）では少し進歩して、これらの三つの要素（経済、環境、社会）には重なる部分があることが認識され始めた。たとえば、工場から出る排水や工場における労働安全の問題は、経済活動が環境や社会と重なる部分だ。この重なる領域に関して、企業は「経済」と「環境・社会」が「トレードオフ」だったとしても、コストをかけて対応すべき、と認識された時代だ。ただし、図を見ればわかるように、円の重

図表0-1　サステナビリティの考え方の変遷

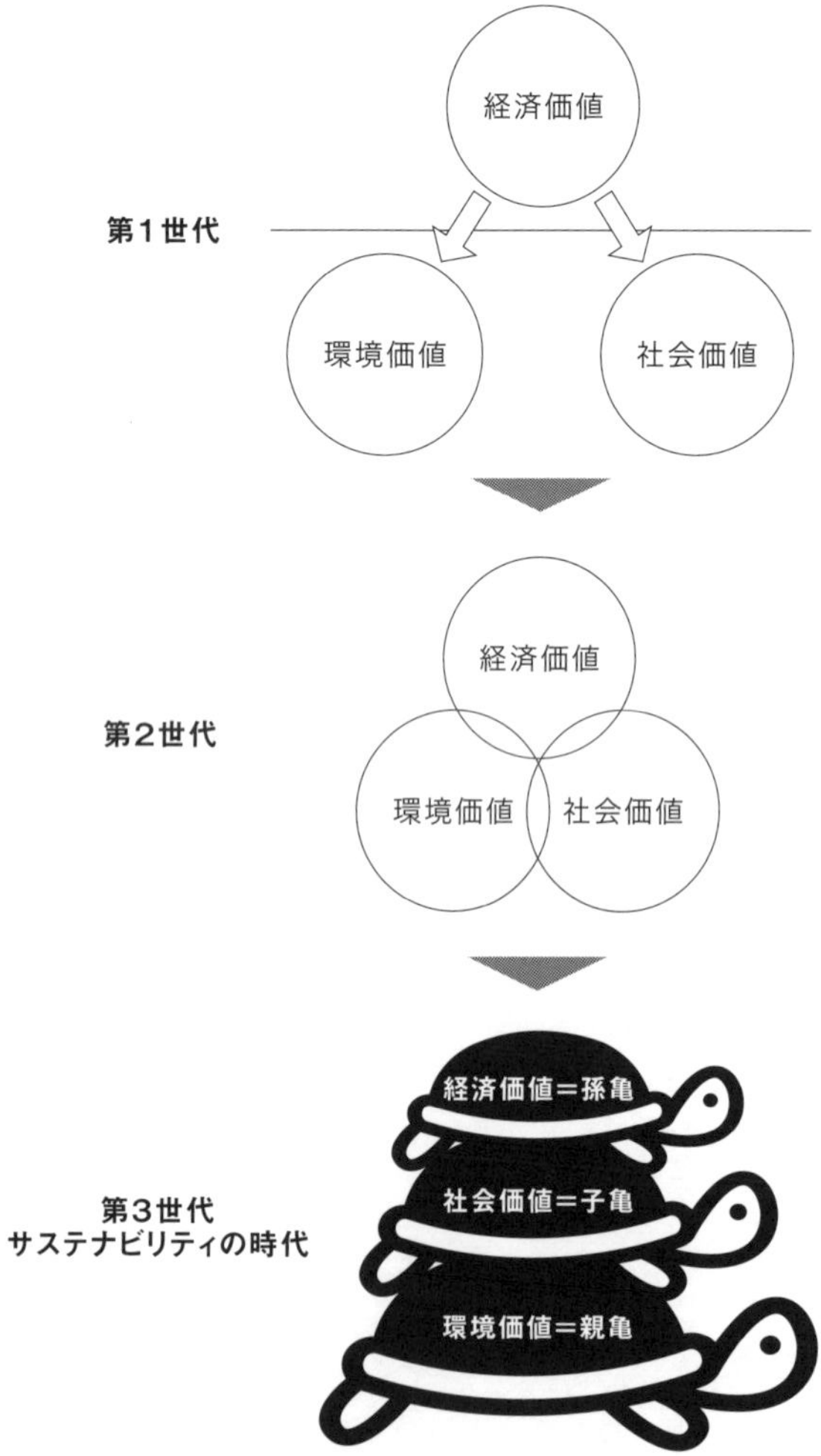

出所：PwC作成

なりは全体のごく一部であり、「経済活動の大部分は、環境・社会とは関係ない」とみなされていた。

現在の第三世代（2010年代以降）では、この三つの輪が完全に重なり合うものと認識されるようになった。親亀の上に子亀が乗り、さらにその上に孫亀が乗っている様子をイメージしてほしい。親亀が環境価値、子亀が社会価値、孫亀が経済価値である。この認識に基づくと、「親亀こけたらみなこける」、すなわち、環境（親亀）や社会（子亀）が傷つき毀損されたら、経済活動（孫亀）自身が成り立たなくなる。つまり、経済活動は環境・社会を前提としていて、事業活動全体（一部分ではなく）が、環境・社会と両立していなくてはいけない、という考え方だ。

ご自身の会社の事業を頭に思い浮かべてほしい。もし、その経済活動によって、環境・社会を傷つけているとしたら、自社が依拠する原材料の調達は維持できるだろうか。また、従業員やコミュニティ、顧客との関係性に傷をつけているとしたら、最終的には従業員や市場を失うことにならないだろうか。このように、環境・社会を傷つけることは、最終的に自分で自分の首を絞めていることになる。サステナビリティ経営とは、この「自分で自分の首を絞める構造」に気づくことから始まる。

ただそうは言っても、企業の経済活動と環境・社会に及ぼす影響の因果関係は複雑であり、一企業だけでコントロール可能な範囲は限られている。一つの企業が「自分で自分の首を絞めるのをやめよう」と決意しCO2の排出量をゼロにしても、ほかの多くの企業が排出を続けていたら、結局、みんなこけてしまうだろう。「自分で自分の首を絞める」というよりも「自分たちで自分たちの首を絞め合っている」という表現のほうがより正確かもしれない。

これまで企業の経済活動は、「外部不経済（環境や社会に悪影響を与えるがその会社のコストには反映されない経済活動）」を無視することで、「短期的利益」を確保してきた。人類の活動が環境に負荷をかけても、自然の自浄作用で修復できる範囲内にあるうちは、それが許されてきた。しかし、現在は「外部不経済」がその自浄作用の範囲をはるかに超えて、「自分たちで自分たちの首を絞め合っている」という現実が明らかになっている。そうした状況を理解し危機感を抱いたステークホルダーたちが、規制強化やESG投資の旗を振り、世論も急速に変化し始めている。

企業はもはや「外部不経済」を無視し続けることは許されない。今後は、外部不経済がめぐりめぐって自社の財務に影響を及ぼすことを理解し、その前提に基づいて、儲け続ける方法を確立することが求められる。

サステナビリティ経営の本質は、「単に、何でもかんでも環境や社会によいことをする」

ことではない。親亀・子亀・孫亀の三重構造を認識・理解し、親亀がこけないように「事業基盤である環境・社会を維持・増強しながら、事業を持続的に成長させる」ことだ。

繰り返すが、これまでビジネスが前提としてきたこと（資源は無限にある、外部不経済は誰かが負担してくれる）が急速に崩れつつある。それによって事業基盤が変わり、クライアントニーズが変わり、カネの流れが変わり、競合も変わろうとしている。このように一企業のコントロールを超えて大きく変貌する外部環境のなかで、企業はどのように適応し生き残れるか、戦略を考えなくてはならない。

ここで注意すべきは、サステナビリティ経営は、通常の経営戦略の付加的なものではなく、根幹の経営戦略そのものということだ。ただ、サステナビリティ経営戦略は通常の経営戦略より時間軸が長期であることには留意すべきだろう。

後述するように、長期的な変化は構造的変化であり、一定程度、予測可能であり、いわゆるブラックスワン（事前にほぼ予想できず、起きたとき壊滅的な影響を及ぼす出来事）ではない。だから、どのような変化が起きようとしているのかを理解し、現在の自社の強み・能力（ケイパビリティ）でその変化に対応できるのか、対応できない部分があるとしたら何が足りないのかを考え抜き、強い意志を持って自社の変革をリードしていけば、必ず乗り越えられる。それが真のサステナビリティ経営であり、実現には、全社的な改革（トランスフォーメーション）、つまりＳＸ（サステナビリティ・トランスフォーメーション）が不可欠だ。

「三方」を「世界」「地球」に拡大する

冒頭の質問にも入れたように、日本の企業経営者からは、「欧米企業が最近になって『サステナビリティ経営』を声高に叫び始めたが、日本企業は昔から『三方よし』でビジネスを行ってきた」という声をしばしば耳にする。確かに、日本的経営のなかには「売り手によし、買い手によし、世間によし」の三方よしの考えが根づいているかもしれない。

しかし、日本的経営の従来型「三方よし」は、ビジネスがグローバル化、巨大化する状況に適応できていないかもしれない。

たとえば、あなたの事業の「三方」のなかに、遠いアフリカの鉱山で働く労働者は含まれているだろうか。その「三方」のなかには、あなたの会社が排出するCO_2に影響を受ける様々な地球上の生物は含まれているだろうか。

今の時代、企業は自社周辺の限定的なコミュニティだけを見渡して「三方」とするのではなく、視点を「世界」「地球」へと広げなくてはならない。

繰り返し強調するが、世界・地球（親亀）の「よし」を傷つければ、めぐりめぐって

（自分で自分の首を絞めることになり）ビジネス上の大きなリスクとなる。反対に、世界・地球の「よし」を実現すれば、新たなビジネス上の機会となる。なぜなら、顧客・クライアントも「世界」「地球」の「よし」を実現しなければ、事業の継続が困難になるからだ。クライアントの「よし」を実現するフィールドには新しい機会が存在する。アフリカの労働者や生態系に意識をはせることは、「倫理的問題」にとどまらず、ビジネス上の死活問題である。このことを肝に銘じてほしい。

「よし」の中身を精査する

次に、「三方よし」の「よし」を検証してみよう。あなたの会社の「よし」は、現代の状況に照らしても、本当に「よし」と言えるものだろうか。

時代とともに、人々が求める「よし」の内容は変わる。「日本企業は人にやさしい」と主張する企業経営者の多くは、「雇用を守ること＝人にやさしい」という前時代的な「よし」を信じ続けている。新しい世代のなかには、雇用の確保よりも、働きやすさ、自分らしい生き方と仕事の両立、柔軟なキャリアパスを求めている人も少なくない。

また、日本企業は「環境技術が進んでいる」という主張もしばしば耳にする。確かに日本企業は環境技術でかつては先進的だったが、もはや過去の栄光である。１９７０年代の２度の石油危機を機に省エネを促進し、製造業は１９９０年までの20年間にエネルギー効率を４割近く改善したが、80年代後半以降は横ばいとなっている。（注1）エネルギー、省資源などのグリーンイノベーションに関する特許件数も、日米欧中韓全体の特許件数に占める割合で見ると、２００６年は55・３％だったが２０１４年には27・８％と大きく落ち込んでいる。（注2）太陽電池では、２００６年までシャープが世界シェアトップの座を確保するなど世界の上位５社のうち４社を日本企業が占めていたこともあった。２００５年に47％あった日本企業の世界シェアは、２０１２年時点で約６％に低下するなど、再生可能エネルギーにおける日本企業の存在感は大きく低下している。（注3）

また、「よし」のとらえ方についても、一面的・我田引水的にならないように注意すべきだ。

「石炭発電は安価なエネルギー源であり、開発途上国の発展に欠かせない。開発途上国の人々の生活の質の向上という『よし』を生み出している」という主張をしばしば耳にする。石炭火力発電は安価なエネルギーとして、長年、開発途上国の発展を支えてきたというプラス効果は確かにあった。* だからといって、「大きな環境負荷を生み出す」というマイナス効果を無視してよいわけでは決してない。「安価で、かつ、環境負荷の少ないエネルギー源」に変更すべきであり、代替できる物がなければ「それを開発したい」という強い思いが、新しい技術革新につながる。自分に都合のいい「よし」だけに焦点を当てていると、よりよい「よし」を実現する可能性を閉ざしてしまうことになりかねない。

自分に都合のいい「よし」という意味では、自社の一部の事業だけを見て、「よし」を実現できていると思い込んでいる経営者もよく見かける。

「わが社では、社会課題を解決するこんな事業を行っている」と大々的に喧伝しているが、よく話を聞いてみると、その事業は若手社員がボトムアップで始めた小さなプロジェクトでカネもヒトも配置されず、戦略的にも重要案件と位置づけられていない。それ以外の99・9％の事業は、短期利益を目指して相変わらず外部不経済を生み出している、ということがしばしばある。思い当たるところがある人は、早急に考えをあらためてほしい。

＊石炭火力発電は、これまで安価なエネルギー源とされてきたが、ＩＲＥＮＡ（国際再生可能エネルギー機関）[注4]によると、再生可能エネルギーのコストは過去10年間で大幅に低下し、２０１９年に新規で導入された再生可能エネルギーによる発電容量の56％は、石炭火力発電よりも低い発電コストだったとされている。

SDGsの背後にある本当の「よし」に焦点を当てる

SDGsがブームになっている。サステナビリティ経営とSDGs経営が同義で使用され、「わが社はSDGsの17の目標のうち、15個に貢献している」といった発言もしばしば耳にする。ただ、SDGsというのは、国際連合が主導して作成した2030年にあるべき社会の目標であり、一種の「分類」である。もちろん、地球規模での「よし」とは何かを考える際のヒントとしては参考になる。世界中の様々なプレーヤーが集まって準備してくれた社会課題のユニバース（全目録）といえる。

しかし、SDGsがあってもなくても、地球規模で起こりつつある課題は、刻々と私たちのビジネスの首を絞めようと迫りつつあり、それに対処しなくてはならない。人類に突き付けられたこの宿題には、2030年を超えて対応しなくてはならないものがたくさん含まれている。

また、SDGsの課題は、企業主導で解決に貢献できる課題もあれば、国やNGOが主となって解決すべき課題もある。一企業ですべてのSDGsの目標に貢献することなどできないし、そうする必要もない。あなたの企業が対応すべき課題は、自社の強み（ケイパビリティ）を無視しては決められない。また、その取り組みが長期的に企業価値向上につながらなければ、企業が対応することはできないだろう。自社の強みをもとに、最も社会に貢献できる方法は何かを考えることが重要となる。

したがって、既存ビジネスを、SDGsに紐づけて満足するのではなく、SDGsが示唆する迫りくるリスクとその背後にある大きな機会を真剣に考えてみることが重要だ。

あなたの会社が解決すべき課題は何か、自社の強み（ケイパビリティ）、市場の動き（ニーズ）、企業としての意志（ウィル）をもとに、真剣に考えるべき問題だ。SDGsブームに安易に乗ることなく、自社にとっての「よし」、クライアントにとっての「よし」、世界・地球にとっての「よし」を実現することにリソースを配分してほしい。

「あなたの会社にとっての本当の三方よし」がどこにあるか、本書を通じて、その端緒を見つけてほしい。そこにリソースを配分することは、外野に言われて嫌々やらされる「コスト」ではなく、親亀・子亀を守りながら事業を成長させる「投資」となるだろう。

アップルの変身とその影響――包囲網は狭まりつつある

第0章の締めくくりとして、「日本の企業のほうが先進的だ」と思っている人にもっと危機感を持ってもらうために、一つ事例を紹介しよう。

アップルは、2016年から2017年にかけて、「①100%（完全循環型）リサイクルの実現」と「②サプライチェーン全体でCO2排出量をゼロとすること」を宣言した。

完全循環型サプライチェーンの実現とは、「古いiPhoneは、新しいiPhoneに生まれ変わります」(注5)という宣言にあるように、単なる素材のリサイクルではなく、1台のアップル製品から次のアップル製品をつくること、すなわち、「Apple to Apple」の実現を目指す、ということだ。アップルは、「将来的にすべての製品とパッケージを100%リサイクルされた素材と再生可能な素材を使ってつくる」ことに向けて開発を進めている。(注5)そうすれば、「何かをつくるために、その素材を地球から取る必要はない」からだ。

アップルは、自身の事業存続に必要となる原材料の確保に限界があることや、このまま「生産→廃棄」のビジネスモデルを継続するのは長期的に不可能であることをよくわかっている。しかも、そうしたリスクを逆手にとって、「Apple to Apple」を実現して圧倒的な競争力（競合他社がもはや、製品の原材料を手に入れられなくなったときに、アップルだけは無限に生産を続けられる！）に変えようとしているのだ。気候変動対応への対応も、単に、環境にいいことをしたいということではなく、その解決なくしては事業そのものが成り立たないことを理解してから行っている。

この話を持ち出したのは、アップルを称賛するためではない。最も重要なのは、たとえ個人的にCO2の排出と気候変動の因果関係に疑問を抱いていたとしても、アップルのサプライヤーでいたいなら、化石燃料から再生可能エネルギーへの転換を余儀なくされるだろう、ということだ。

完全循環型サプライチェーンの実現は、あらゆる取引先に影響が及ぶ。たとえば部品のサプライヤーは、アップルが求める再生可能な素材の開発、新しい回収システムの構築、回収した素材の再生という新しいニーズに応える必要がある。また、宣言のなかに「2030年までに、すべてのアップル製品はクリーンエネルギーでつくられる予定です。これはアップルの数百にのぼる製造サプライヤーのすべてが、100%再生可能エネルギーによる電力に転換することを意味します」(注5)とあるように、自社だけではなく、サプライヤーにも再生可能エネルギーの使用を求めていく。

フォルクスワーゲン(注6)やメルセデス・ベンツ(注7)など、第二のアップル、第三のアップルは次々と誕生している。つまり、こうしたグローバルな巨大企業の方針変更によって、自社が望もうが望むまいがサステナビリティ経営という課題に向き合うことになる取引先企業が今後続出することは間違いない。包囲網は徐々に狭まっている、と思ったほうがいいだろう。

本書の目的と構成

本書の目的は、「本物のサステナビリティ経営を具体的にどう進めるか」を理解してもらうことだ。サステナビリティが重要となっている背景（WHY）、サステナビリティで何に対応すべきか（WHAT）、サステナビリティを具体的にどう進めるか（HOW）の順に説明していくが、特にHOWに重点を置いている。

第1章では、サステナビリティ経営を取り巻く情勢、トレンドを概観する。ここ数年で諸外国や日本の政策、技術、ステークホルダーの意識や行動が激変しており、それらが企業経営に与える影響を分析する。

第2章では、サステナビリティ経営の鍵となる「統合思考」について説明する。そのうえで、サステナビリティが企業にどのような種類のリスク・機会をもたらすのかを示す。

第3章では、サステナビリティ経営において重要な四つの環境課題と三つの社会課題について説明する。特に注目すべきは「ネットゼロ社会」に向けた動きだ。第3章は、長期的な環境・社会の構造的変化を実感してもらうことを目的に、ファクトを中心とした詳細が軸となっているが、環境・社会課題よりも、SXそのものに関心がある場合は、第4章以降に読み進んでほしい。

第4章では、サステナビリティ経営の四つの型を示したうえで、どこを目指すべきかについて議論し、実現に向けての要諦を解説する。

第5章では、本物のサステナビリティ企業となるために超えなければならない「トレードオフの壁」を示す。サステナビリティについて考えるとき、「何かを得るために何かが犠牲になる」という発想でいると、いつまでたっても前進できない。第6章では、その「壁」を乗り越える方法を事例とともに解説する。

第7章では、本物のサステナビリティ経営の要諦である「自社が目指すべき北極星を定め、統合思考で長期的戦略を考える」を、第8章では、「SXを実現できる仕組みを構築する方法」について説明する。

第5章から第8章が、本書が重点を置くHOW論である。自社で本物のサステナビリティ経営に向けた取り組みをどうやって進めるか、イメージを固めていってほしい。

第9章は、本書のまとめである。危機や劇的な環境変化のなかでも、力強く成長を遂げる会社になるために押さえておくべき「四つの原則」を提示する。

最後に第10章として、本物のサステナビリティ経営を実践している経営者のインタビューを載せた。先進的な経営者の頭のなかがわかるように、リアルな声をお届けする。

また巻末には、付録として、本物のサステナビリティ経営を推進するためのツール、アプローチを紹介する。自社の現状に照らして活用を検討してほしい。「本物のサステナビリティ経営」を導入するための経営改革、サステナビリティ・トランスフォーメーション（SX）に早速取りかかろう。

第1章

なぜSXが求められているのか?

親亀・子亀がこける日が近づいている

第0章で述べた通り「サステナビリティ第3世代」の考え方は、環境（親亀）や社会（子亀）が傷んでしまうと、経済活動（孫亀）自身が成り立たないため、事業活動全体を環境・社会と両立させなくてはならない、というものだ。

この親亀・子亀・孫亀の構造（図表0－1参照）が顕著に認識されるようになった理由は、人間の活動が自然の自浄作用・回復のキャパシティを超えつつあるという危機感からだ。人間がどれだけ環境に依存しているかを表すエコロジカルフットプリントという指標がある。この指標は、人間活動が環境に与える負荷を、資源の再生産や廃棄物の浄化に必要な1人当たりの陸地・水域の面積として示している。2020年時点でその面積は実際の面積を60％超過していると言われ、現在の生活を維持するには地球1・6個分の自然資源が必要ということを示している。(注1) エコロジカルフットプリントをベースに考えても、人間の活動はすでに地球の自浄作用と回復のキャパシティを超えていることがわかる。

ビジネスにおいても「環境（親亀）がこける日が目前に迫っている」と思える出来事が、少しずつ起きている。たとえば、「今まで問題なく調達できていた海洋資源や農産品など

図表1-1　気候変動による気温上昇によって引き起こされる環境変化

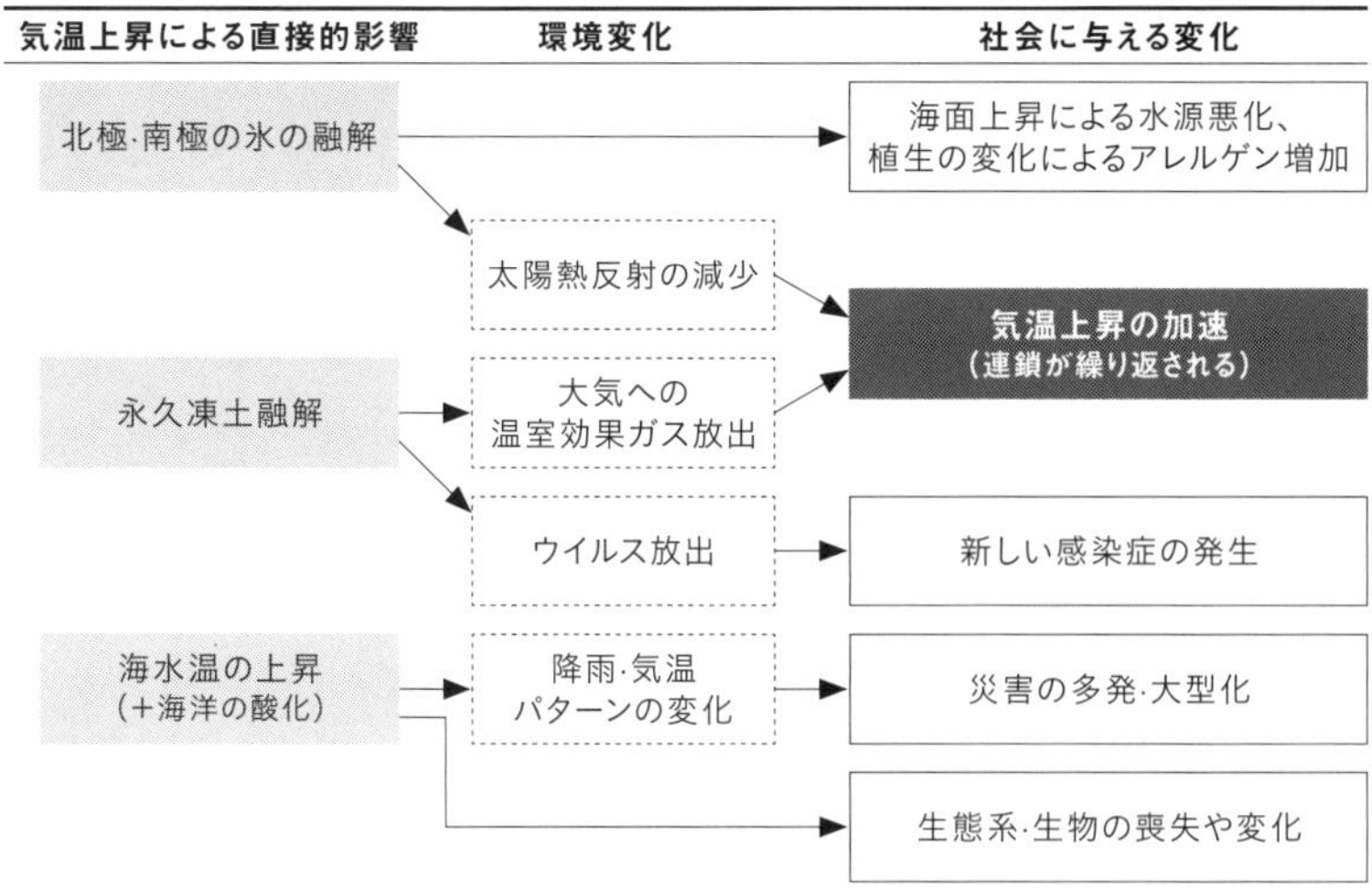

出所：PwC作成

の原材料が、高騰して調達しにくくなった（あるいは、調達できなくなった）」といったケースだ。こうしたことをきっかけに、人々はようやく「自分で自分の首を絞める構造」に気づき始めている。

では、「親亀（環境）がこけつつある」という変化の兆しを、具体的な数字とともに少し見ていこう。

人間の経済活動が急拡大したことで、大気中のCO_2濃度は上がり、地表面の温度は上昇を続けている。1891～2019年の間に、世界平均気温は1・06℃上昇した(注2)と言われ、気温上昇は今後さらに加速する可能性もある。国連気候変動に関する政府間パネル（IPCC）の予測(注3)によると、将来の気温上昇を2℃未満に抑えるという目標のもとに開発された排出量が最も少ない「低位安定化シナリオ」でも、1986〜2005年を基準として2100年末には0・3〜1・7℃の上昇、最悪シナリオ（2100年の排出量を最大に見積もった「高位参照シナリオ」）の場合には最大4・8℃上昇するとしている。

気温の上昇が直接的に生じさせる主な現象は、①北極・南極の氷の融解、②永久凍土の融解、③海水温の上昇、の三つだ。

2007年から2016年の間に北極・南極の永久凍土の温度は、それぞれ0・39℃、0・37℃程度上昇し、それに伴って融解が引き起こされ（注4）、海面水温は1981年から2019年の間に年平均0・72℃上がった（注5）。

ここで重要なことは、北極・南極の氷や永久凍土の融解が、気温のさらなる上昇を加速させるということだ。北極・南極の氷には、太陽光を反射することで気温上昇を抑える効果があり、氷が溶ければその効果も消えると予想される。また、永久凍土の融解によって、そこに閉じ込められていた大量の温室効果ガスが大気中に放出される（永久凍土には、現在の大気中の炭素のほぼ2倍に相当する1兆4600億〜1兆6000億トンもの有機炭素が含まれている（注4））。

温度が上がることで北極・南極の氷や永久凍土の融解が進み、ますます気温上昇が加速するという負のスパイラルが一定限度を超えると、歯止めが利かなくなる。その転換点となるのが、気温上昇1・5～2℃（産業革命前との比較）だ。このまま何も手を打たなければ、2030年に1・5℃を超えると予想されている。2030年までに、1・5℃未満に気温上昇を抑えられるかどうかが、今後の親亀の生存に大きく関わってくるだろう。

さらに、北極・南極の氷の融解は海面上昇を生じさせ、2100年に気温上昇が2・6℃～4・8℃となった場合は、0・61～1・1メートルの上昇と、それに伴う都市の水没などが予測されている。[注4] また、永久凍土の融解によって、そこに閉じ込められていた古代ウイルスが放出され新しい感染症の発生源となることも危惧されている。

一方、海水温の上昇は、海洋生物の生態系に大きな影響を及ぼすだけでなく、降雨パターンの変化による台風などの災害の激甚化、乾燥による山火事や砂漠化、陸上生態系への影響を生み出している。詳細は第3章に譲るが、産業革命以前に比べて世界の平均気温が1・06℃上昇したとされる現在（2019年）、私たちはすでに、台風の激甚化、ゲリラ豪雨、竜巻、例年にはない猛暑や大雪などを経験している。海のなかでは海水温上昇によりカラフルなサンゴが真っ白に変色し、やがて死に至る白化現象が進んでいる。これにより魚のすみかが奪われ、今後の水産資源の減少が危惧されている。

現在、親亀は確実に傷つき、そして、その傷は深まり続けている。

自然の自浄作用・回復のキャパシティ（許容力）に関して、プラネタリー・バウンダリー（「惑星限界」とも呼ばれる）という考え方がある。「汚染や破壊がその境界内であれば、人類は将来世代に向けて発展と繁栄を続けられるが、その境界（限界値）を超えると、突然取り返しのつかない劇的な環境変化が生じる可能性がある」というもので、ストックホルム・レジリエンス・センターのヨハン・ロックストローム所長らの科学者グループが提唱した。(注6)

プラネタリー・バウンダリーでは、次の九つの分野（地球システムのプロセス）で、限界値や現在値、産業革命以前の値などを示している。それは、「気候変動」「新規物質の導入」「成層圏のオゾンの破壊」「大気エアロゾルの負荷」「海洋の酸性化」「生物地球化学的な流れ（窒素とリンの循環）」「淡水利用」「土地システムの変化」「生物圏のインテグリティ（完全性）の変化」である。

2015年版プラネタリー・バウンダリーによると、「気候変動」「生物圏の完全性の変化」「土地システムの変化」「窒素とリンの循環」の四つで限界値を超え、2017年の研究では、農業分野においてこれら4項目に加えて「淡水利用」も限界値を超えている。(注7)プラネタリーバウンダリーを超え、繰り返し負わされた傷が取り返しのつかない深さになる日、それが親亀がこける日となるだろう。その日は目の前に迫りつつある。

一般消費者を含めた多くの人々は、「子亀（社会）の課題」も徐々にではあるが認識し始めている。詳細は第3章に譲るが、「社会の課題」とは人に関わる課題であり、人権の問題である。

たとえば、私たちが普段買っている商品のバリューチェーンの上流、つまり製品の原材料をどこで誰がつくっているかをさかのぼっていくと「現代奴隷」という問題にたどり着く。現代奴隷とは、強制労働や人身売買、性的搾取、強制結婚などをさせられている人たちのことで、世界に約4000万人いると言われている。国際労働機関（ILO）の調査(注8)によると、そのうちの約7割は女性で、子どもも25％含まれている。

私たちが何気なく送る日常生活と、現代奴隷の問題とは決して無縁ではない。むしろ現代奴隷の犠牲のうえに豊かな生活が成り立っている、と言っても言い過ぎではないだろう。そのことを端的に示す「スレイバリー・フットプリント（スレイバリーは「奴隷の」という意味）」というウェブサイトがある。(注9)自分の属性情報（居住場所、年齢、性別など）を選択し、食事や消費財の使用状況、持っているものなど、ライフスタイルの状況を入力すると、その人の生活を支えるために何人の現代奴隷が働いているかを教えてくれる。遠くで起きている現代奴隷の問題を自分事《じぶんごと》にするという意味ではぜひ一度試していただきたい。

日本でも、外国人技能実習生の過酷な労働環境に関する問題が、しばしばメディアに取り上げられる。現代奴隷は身近な問題であることを忘れてはならない。こうした問題に対して、以前は目をつぶることができた。表ざたになることは少なく、もしなったとしても、「わが社はちゃんと対策を講じているが、遺憾ながら、サプライヤーのなかで生じた事件だ」として責任を回避できた。しかし、今は、目を背けることはできない。日本の外国人技能実習生はもとより、アフリカ人の80％以上が携帯電話を持ち、(注10) いつでもツイッターで自身の置かれた状況をつぶやくことができる。たとえば、サプライチェーンを世界中に張り巡らせる大企業のなかには、こうした子亀の声を早い段階で見つけ出し、対策をとろうと、ビックデータ解析などを利用した仕組みづくりに着手しつつあるところもある。

これまで述べてきた動きは、親亀（環境）や子亀（社会）が転ぶ日が近いことを示している。孫亀（経済）は親亀・子亀から逃れることはできない。親亀・子亀が転ばないようにどのように守るかを真剣に考え始める必要がある。

あらゆるステークホルダーが動き始めている

親亀・子亀がこける日が近づいていることに対して、世界も手をこまねいているわけではない。親亀・子亀を守るための動きが、年々活発化している。これまでは、環境・社会課題に関しては、国連やＮＧＯが中心となって動いており、企業から見るとどこか遠いところで行われている議論だった。しかし、近年、こうした国連やNGOの動きが、①規制やソフトローの強化につながり、それに呼応するように、②投資家・金融機関がESG・サステナビリティ投資の動きを加速している。さらに、③一般消費者や④従業員は、企業が環境・社会を犠牲にしたうえで「独り勝ち」しようとしていないか、強い関心をもって企業活動を見つめている。さらに、消費者や従業員は、企業の活動をリアルタイムで発信したり、大々的に反対運動を行ったり、購買活動を変えたりすることを通じて企業活動に大きな影響を与えるようになっている。国際機関やNGO（⑤）の影響力も強まっている。こうしたステークホルダーの動きを受けて、多くの企業（⑥）も対応を加速している。ここからは、実際にどのような動きが起きているかをステークホルダー別に見ていこう。

動向1 規制・ソフトロー（政府や国際的イニシアチブ）

環境関連の規制・ソフトローの動きとして最も顕著なのは、CO2・気候変動をめぐる動きだ。気候関連財務情報開示タスクフォース（TCFD）、SBT（科学と整合した目標設定）、RE100（事業運営に必要なエネルギーを100%、再生可能エネルギーで賄うことを目標にする企業連合）など、いくつかの重要な国際的イニシアチブに関して、グローバル企業を中

図表1-2　政府や国際的イニシアチブの動き

イニシアチブ名	概要	賛同·参加企業及び機関
TCFD **(気候関連財務情報開示タスクフォース)**	気候関連の情報開示と金融機関の対応を検討する目的で、2017年にG20の要請によりFSB（金融安定理事会）が設置。気候変動が事業にもたらす財務的影響に焦点を当て、企業が気候変動に関わるリスク・機会、戦略のレジリエンスなどを検討し開示するフレームワーク	2020年5月時点で、世界で1230の企業·機関（日本企業·機関は271）
SBT **（サイエンス・ベースド・ターゲット＝科学と整合した目標設定）**	パリ協定が求める「2℃目標（1.5℃目標）」と整合した温室効果ガス削減目標を科学的根拠に基づき、企業に設定させることを目的とする。2014年にCDP、世界資源研究所、世界自然保護基金、国連グローバル·コンパクトにより設立。SBT参加後、2年以内に目標設定が必要で、SBT認定には、事務局が設定する基準を満たすことが必要	2020年10月時点で、世界で992社（日本は102社）。目標認証済みは世界で474社（日本は75社）
RE100 **(100%再生可能エネルギーでの事業運営を目指す企業連合)**	事業運営の100%再生可能エネルギーでの実施を推進する目的で2014年にThe Climate GroupとCDPによって設立。加盟企業は、事業活動において使用するエネルギーについて、100%再生可能エネルギーに転換する期限を設けた目標達成計画を立て、事務局の承認を受けることが必要	2020年12月時点で、世界で278社（日本は43社）

出所:各イニシアチブ公開情報よりPwC作成

心に賛同や参加を表明する流れが強まっている（図表1-2）。

また、注目すべき政府の動きとしては、欧州グリーンディールやEUタクソノミーなど、EUを中心として2050年のネットゼロに向けた政策や企業情報開示の新たな規制化が挙げられる。EUの動きは、他の国・地域に先駆けてネットゼロに向けた具体的な政策・情報開示の枠組みを示すものであり、そのあとを追う国・地域に対する影響力が大きく、デファクトスタンダードとなる可能性もある。

欧州グリーンディールは、欧州委員会が2019年12月に発表した、2050年までに温室効果ガスの排出を実質ゼロ（気候中立）、2030年までに55％削減を目指す政策だ。[注11]成長戦略として、雇用を創出しながら温室効果ガスの排出削減を目指す。エネルギー、建設、モビリティ、食品分野の温室効果ガス削減、サーキュラーエコノミーの推進、生態系・生物多様性保全、有害化学物質対応、金融分野のサステナブル投資計画を政策的に推進することとしている。

EUタクソノミー（「タクソノミー」は「分類」という意味）は、欧州グリーンディールのサステナブル投資を促進する政策の核として、2050年までに温室効果ガス排出の実質ゼロを実現するため導入された、すべての経済活動をサステナビリティへの貢献度で仕分けるための体系のことだ。資金をサステナブルな投資に誘導させるため、投資家に向けて何がサステナブルなのかを明確にする狙いがある。

タクソノミーでは、「六つの環境目的」を置いたうえで、ある経済活動が環境的にサステナブルと認定されるための「四つの要件」を定めた。(注12)「六つの環境目的」とは、①気候変動の緩和、②気候変動への適応、③水および海洋資源の持続可能な利用と保全、④サーキュラーエコノミーへの転換、廃棄物の防止、リサイクル、⑤汚染防止と管理、⑥健全な生態系の保護、のことだ。

「四つの条件」は、①一つまたはそれ以上の環境目的に大きく貢献する、②他の環境目的に重大な害を与えない、③最低限の社会的なセーフガード措置に準拠している、④欧州委員会が定める基準に準拠している、であり、専門家グループによる産業ごとの具体的な判定基準が策定されている。

この戦略を実行するに当たり、欧州議会は2020年6月18日、欧州委員会が提案した分類基準である「タクソノミー」を定めたEU規則案を可決した。EUは、必要分野の目標達成に向けての投資ギャップが年間2600億ユーロ(注13)にのぼると試算しており、EUタクソノミー規則を通じて投資ギャップを埋めにいく。また、EU規則案では、先に述べた六つの領域で2050年までにカーボンニュートラル化を実現できる活動を「グリーン」と認定し、定義を詳細に設定することを事業者に義務づける内容となっている。

動向

2 投資家・金融機関

一方、投資や融資においても、対象をよりサステナブルなビジネスにシフトしていく動きが加速している。

責任投資原則（ＰＲＩ、投資の意思決定を行う際、投資先企業の環境・社会問題・企業統治への取り組みを考慮・反映すべきとする原則）に賛同して署名した機関の数は、２００７年の１８５から、２０２０年には３０３８に跳ね上がり、運用資産残高は10兆ドルから約１０３兆ドルに急増している。(注14) たとえば、年金基金では、ノルウェー公的年金基金（ＧＰＦＧ）、カリフォルニア州職員退職年金基金（ＣａｌＰＥＲＳ。以下、カルパース）、日本でもＧＰＩＦなどがＥＳＧ投資（環境・社会・企業統治に配慮している企業を選別して行う投資）に積極的である。以下、この3者のＥＳＧ投資について見ていく。

ノルウェー公的年金基金は、運用資産総額10兆４０００億ノルウェークローネ（約１６６兆４０００億円）(注15)を誇る世界最大の政府系投資ファンドだ。世界74カ国９２０２社(注16)に投資し、世界の全上場企業株式の約１・５％を、欧州に限ると約２・６％を保有している。(注17)

ＥＳＧ投資については、長期的で責任ある投資を実施するために、リスク低減の観点から

投資先企業の環境と社会に与える影響を評価している。(注18)

2019年には温暖化リスクなどを理由として、石油やガス事業の生産を主業務とする企業を運用対象から除外する（ただし、自国に関連する企業や再生可能エネルギー関連企業は例外）と発表した。(注19) GPFGの運用を担うノルウェー銀行投資マネジメント部門は2018年に、海洋プラスチック問題をはじめとした海洋汚染と汚職などの腐敗防止について投資先の取り組みへの期待を表明し、持続可能な成長を実現する企業・団体のイニシアチブである国連グローバル・コンパクト（UNGC）の海洋サステナビリティ国際原則づくりにも、主要メンバーとして参加している。また、世界1493社の投資先企業とESG課題についての対話を実施し、銀行に対しては気候関連財務情報の開示、英国企業に対しては租税透明性の担保などについて対応するよう働きかけた。(注20) さらに、自動車企業に対しては、リチウム電池に使われているコバルトの使用、サプライチェーン上の人権侵害問題などについて対応を促した。

カルパースは、運用資産額3890億ドルで米国最大の公的年金基金だ。(注21) ESG投資に積極的で、2012年よりすべての投資判断にESGを組み込む投資原則を採用している。(注22) 2017年から2022年までの5カ年戦略においても、長期的で持続可能な投資を実現するためESGを考慮した投資を行うと明示している。(注23) 実際、2018年には、投資先企業とのエンゲージメント計画に基づき、取締役会のダイバーシティ確保と気候変動対応に重点的に取り組み、投資先企業約1万1000社に対して議決権を行使した。(注24)

取締役会のダイバーシティ確保に関しては、2017年に約500社に対し取締役会に女性取締役を置くよう働きかけ、2018年以降も引き続き、変革の動きが鈍い企業との対話に注力し、必要に応じて取締役選任で支持保留票を投じている。(注24) カルパースでは、取締役会のダイバーシティが高い企業のほうが財務パフォーマンスが高い、としている。

気候変動問題への対応では、機関投資家の立場から気候変動問題の解決を促す国際的イニシアチブ「Climate Action 100+」(2017年12月から5年間のプロジェクト)にも参画し、投資先企業の二酸化炭素排出量削減計画や関連リスクへの対応状況の情報開示を重視している。2017年には、エクソンモービル、オキシデンタル・ペトロリウム、PPL(米国の電力会社)に対し、気候変動リスクを開示する株主決議を提案し、採択に結びつけた。(注24)

日本のGPIFは、運用資産額が2020年9月末時点で167兆円(注25)を超える世界最大規模のアセットオーナー(資産保有組織)であり、ユニバーサルオーナーとして国内外の株式や債券に分散投資をしている。GPIFの投資原則では、社会全体が持続可能になることが長期的に安定したリターンを得るために不可欠ととらえESGを考慮した投資を推進する、と明示されている。(注26) 2017年以降、「ESG全般」「女性活躍」「環境」の観点から投資先企業に対する評価指標を選定してＥＳＧ投資を進めており、２０２０年３月期で、ＥＳＧ株式インデックスでの運用額は５・７兆円となっている。(注27)

また、ＧＰＩＦでは、統合報告書は企業価値向上のための建設的な対話の重要ツールであり、運用委託機関と投資先企業の双方向でのエンゲージメントに有益と考えている。そのため、投資先企業には統合報告書の作成や充実を、投資家にはその活用をそれぞれ働きかけることを目的に、２０１６年よりＧＰＩＦが国内株式運用を委託している機関に対して「優れた統合報告書」の選定を依頼している。運用委託機関に「優れた統合報告書」と「改善度の高い統合報告書」をそれぞれ最大10社ずつ選定するよう依頼し、その後ＧＰＩＦが結果を公表する。たとえば２０１９年分に関しては、「優れた統合報告書」が延べ71社（前回67社）、「改善度の高い統合報告書」は延べ91社（前回87社）が選ばれた。(注28)

投資家が連携してＥＳＧに関する協働エンゲージメントを行う動きもある。経済産業省が国内外の主な運用機関に対して実施した「ＥＳＧ投資に関する運用機関向けアンケート調査(注29)」によると、資産運用機関の95・8％がＥＳＧ情報をエンゲージの対象としており、ＥＳＧを考慮するうえで重視する国際的イニシアチブとして90％以上の機関が前述のＰＲＩとＴＣＦＤを挙げている。この結果にも表れているように、機関投資家はＥＳＧ情報を投資判断などに活用するうえで、特に気候変動やＴＣＦＤに関する企業情報開示の期待を高めている。そうした背景から、国連主導のイニシアチブである国連責任投資原則（ＰＲＩ）と気候変動対応を企業に求める四つの機関投資家団体によって「Climate Action 100+」という国際的イニシアチブが発足し、温室効果ガス排出量が多い企業約１００社に対する協働エンゲージメントを通じて、ＴＣＦＤに沿った開示を求めていく活動などを行っている。現在このイニシアチブに参加している投資家数は、２０２０年末時点で５００を超え、参加機関の合計運用資産総額は50兆ドルを超えている。(注30)

また、前述のＥＵタクソノミーも、今後の投資家の行動に大きく影響を与えると考えられる。ＥＵは前述のように、２０３０年までに温室効果ガス55％削減、２０５０年までにネットゼロを目標に掲げ(注31)、その実現に向けて必要分野への投資ギャップを埋めにいく戦略を立てており、ギャップを埋めるために、ＥＵタクソノミーのなかでサステナブルな活動に関する共通定義を示した。投資家はこれを指針に、サステナブル投資に向けた行動をよりとりやすくなった。また、欧州委員会は長期予算（２０２１年から２０２７年）の少なくとも４分の１を気候変動対策に充てる方針を示す(注31)など、グリーンファイナンス・プログラムを強化しており、民間セクターによる投資をグリーンでサステナブルな開発に向かわせるための促進策を検討している。

動向

3 一般消費者

近年、世界的にエシカル消費（「倫理的消費」とも言う。環境、社会、人にやさしい消費のこと）に対する意識が一般の人々の間で高まってきている。ニールセンの調査(注32)によると、「社会・環境問題に対して強くコミットしている企業の製品・サービスに対しては、その分高い料金を払ってもよい」というステートメントに「同意する」と回答した世界の消費者は、2013年の50％から年々増加して2015年には66％となった。

また、2020年に日本の消費者庁が実施した別の調査(注33)でも、エシカル消費に対する意識が高まっていることが示されている。たとえば、エシカル消費につながる商品・サービスについて、「これまで購入したことがあり、今後も購入したい」「これまでに購入したことはないが、今後は購入したい」と答えた人の割合が合わせて81・2％で、2016年度調査結果の61・8％と比較して上昇している。

動向
4 従業員

このように企業のサステナビリティ推進が重要と考える消費者は増えているが、忘れてはならないのは企業の従業員も消費者であるという点だ。従業員のサステナビリティ感度は上がっていて、自分が働く会社にもサステナブルな事業運営を求める傾向が強まっている。2019年9月に国連気候行動サミットがニューヨークで開催された際に、1000人以上の米アマゾンの従業員が「グローバル気候マーチ」という抗議デモに参加すると発表し[注34]、アマゾンに対して2030年までのゼロエミッションの達成などを求めた。同社は、デモの前日に2040年までのカーボンニュートラル実現などを発表したが、こうした従業員の動きを踏まえてのものと見られる。従業員の動きが大企業を動かした事例だ。

動向
5 国際機関・NGO

企業にとって国際機関やNGOは、これまで遠くに位置するステークホルダーだった。しかしこうした組織が規制やソフトローへの影響力を強めているため、今では無視できない重要なステークホルダーになりつつある。

特に、前述のSBTやRE100などの影響力が大きい国際的イニシアチブは、世界資源研究所、世界自然保護基金（WWF）、The Climate Group（TCG、英国に本部を置く環境NGO）などの国際NGOや、国連グローバル・コンパクト（UNGC）などの国連関連のイニシアチブが主導し、ソフトローを牽引していることに注目すべきだろう。なぜなら政府や企業が主導するよりも、大衆への信頼度が高いからだ。米マーケティング会社、エデルマンの2020年の調査によると、「エシカル（倫理的）[*]」であるとされるスコアは、NGOが1位、次いで企業、メディア、政府の順となっており、企業よりもNGOのほうが信頼されていることがわかる。

動向 6 企業

グローバル企業も内発的な動機、もしくは彼らの重要なステークホルダーの外圧によって動き始めている。例として、アップル、ゼネラル・エレクトリック（GE）、ウォルマートの動きを紹介しよう。これらの巨大企業の動きはそのサプライヤーや同業他社にも波及していく。

米アップルは2020年7月、2030年までにバリューチェーン全体でCO2のネット排出量をゼロにすると発表した。(注36) 事業者のサプライチェーンにおける温室効果ガスの排出量は、「直接排出量（スコープ1）」「間接排出量（スコープ2）」「スコープ1と2以外のその他排出量（スコープ3）」に分けて把握される。グローバル規模のメーカーでスコープ3までを含めたカーボンニュートラルを2030年までに実現すると発表したのは、同社が世界初だ。

アップルはすでに、自社の消費電力を100%再生可能エネルギーに切り替え済みで、サプライヤーの省エネルギー対策への支援も積極化している。中国サプライヤーの省エネルギー支援では、米中グリーンファンド（US-China Green Fund）とパートナーシップを締結し、製造部門との連携を促進するためサプライヤーのプロジェクトに1億ドルを投資する予定だ。同社が進める「サプライヤー省エネプログラム」には2019年時点で92社が参加しており、合計で年間78万トンのCO2排出量削減に成功している。さらに製品の素材開発では、アルミニウムのサプライヤー2社が開発している世界初のCO2排出量フリーのアルミニウム精錬工法を支援している。

＊「エシカル（倫理的）」であるとされるスコアは「目的主導型か」「誠実か」「ビジョンがあるか」「公平か」の4項目からなる。(注35)

GEは2020年9月、石炭火力発電事業から撤退する方針を発表した。(注37)世界でESG重視の流れが強まっていることに対応し、環境負荷が大きい石炭火力から手を引く。さらに、新規の石炭発電所の建設や発電設備の供給を取りやめ、太陽光や風力など再生可能エネルギー事業に力を入れる。

米ウォルマートは「プロジェクト・ギガトン」と銘打って、1ギガトン（10億トン）の温室効果ガスを削減するプロジェクトを2017年にスタートした。1ギガトンの温室効果ガスは、ほぼドイツ1国分の排出量であり、自動車の排出量で言えば年間2・11億台分に匹敵する。一般的に、サプライチェーンに占める企業の直接排出量の割合は20％程度で、残りの80％の排出削減のほうが大きなインパクトがある。そこで、ウォルマートは、1ギガトン削減の目標実現にサプライチェーンを巻き込むため、このプロジェクトを開始した。NGOなどと協働で開発した温室効果ガス削減のノウハウをサプライヤーと共有するツールを提供している。その一環として、食品、パーソナルケア、エレクトロニクス、アパレルなどのトップグローバルサプライヤー250社との協働の取り組みを進めている。2030年までに10億トンのサプライチェーンでの温室効果ガス排出量削減を目指し、2020年9月までに2300以上のサプライヤーが同プロジェクトに署名し、合計2億3000万トンの排出量を削減したとしている。(注38)

第2章

統合思考でビジネスへの影響を考える

長期の外部環境変化を統合思考で理解する

第1章で見てきた親亀や子亀の動きは、ビジネス（孫亀）にどのような影響を与えるのだろうか。長期の外部環境変化（親亀・子亀の動向）を理解し、ビジネス（孫亀）へのリスクと機会を考えるのに有効なフレームワークとして「統合思考」がある。本章ではこの統合思考を用いて、ビジネスへの影響を考えてみたい。

統合思考とは、2010年に設立された国際統合報告評議会（IIRC）が提唱し始めたサステナビリティ経営の基礎となる考え方だ。気候関連財務情報開示タスクフォース（TCFD）や国連責任銀行原則（PRB）、経済産業省のガイダンスなどのサステナビリティ経営を求めるソフトローやガイダンスの基礎には、統合思考がある。これは国際統合報告評議会が提唱する、統合報告書を作成する際に考慮すべき原則や開示すべき情報の内容に関しての国際統合報告フレームワークだが、本質的には「経営のためのフレームワーク」である。

統合思考では基本的に、「ビジネスというのは外部環境（親亀・子亀）からインプットを取り出し、ビジネスプロセスを回し、外部環境にアウトプットを出す構造になっている」

図表2-1　必要なのは統合思考（PwCによる統合思考フレームワーク）

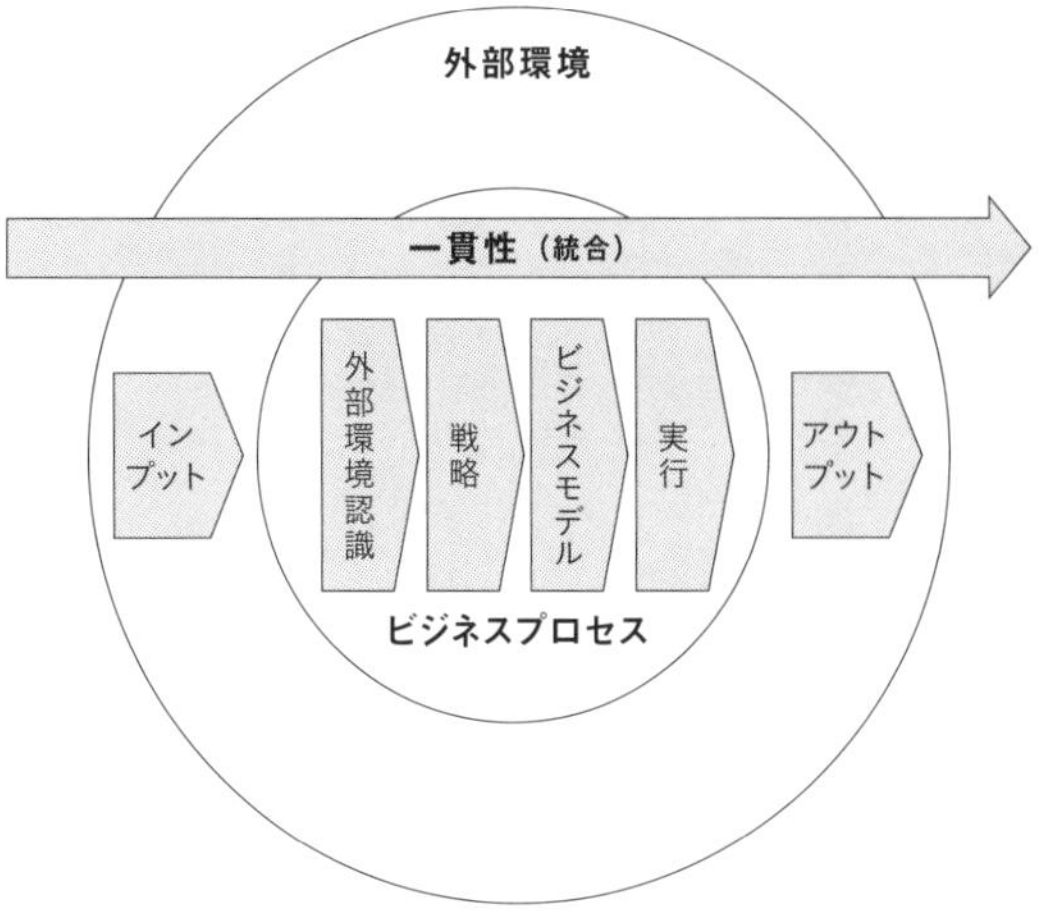

出所：IIRC国際統合報告フレームワークをもとにPwC作成

ととらえる。そうだとすると、ビジネスで生じるアウトプットが何らかの形で外部環境（親亀・子亀）に負の影響を与えれば、それはぐるりと回って自分のインプットに負の影響が及ぶ。つまり、「自分で自分の首を絞める構造」になっているわけだ。親亀がこけたら、子亀も孫亀もこけてしまうが、実は孫亀は自らその状況を生み出しているのが、現在の親亀・子亀と孫亀の関係である。

そこで必要なのが、自分で自分の首を絞める構造、つまり外部環境を認識・理解したうえで、その構造を断ち切る戦略を立案し、ビジネスモデルを考え、実行に移し、それを支える仕組みをつくることだ。そのうえで「インプット」→「ビジネスプロセス」→「アウトプット」をぐるぐる回すことができれば、持続的に価値創造を続けられる。それを実現するのが統合思考だ（図表2－1）。

リスクと機会――六つの資本と六つのプレ財務ドライバー

統合思考では、企業がインプットとして利用し、アウトプットとして吐き出す資本を、財務資本、製造資本、知的資本、人的資本、社会・関係資本、自然資本の六つに分類している。人的資本には、「知的資本」を生み出す人々の能力、経験やイノベーションへの意欲が含まれる。また、社会・関係資本は、企業を取り巻く様々なステークホルダー（顧客だけでなく、関係するコミュニティ、国際機関やNGO、規制当局、さらには幅広い社会一般など）との関係性を指し、ブランドや評判に関連する無形資産である。自然資本とは、事業で利用するすべての環境資源であり、今まで利用してきた資源だけでなく、未来にわたって使用する可能性のある環境資源が含まれる。

これら六つの資本は、組織の外にあるもの（インフラなど製造資本の一部、ステークホルダーからの信頼、評判などの社会・関係資本、空気・水などの自然資本）も組織の内側にあるもの（財務資本、生産ラインなど製造資本の一部、知的資本、人的資本）も含む。企業はこれら六つの資本を利用してビジネスを行っている。そのため、六つの資本が毀損されるとビジネス（孫亀）

のリスクとなり、六つの資本が維持・増強されると企業にとっての機会となる。

たとえば、気候変動や資源枯渇などによって自然資本が損害を受けると、企業は原材料が手に入らなくなるリスクに直面する。逆に、原材料が手に入りにくくなることを見越して新しい調達網の構築や新素材の開発を進め、環境・社会と調和したレジリエントな調達網を構築して資本の維持・増強に努めれば、競合企業に対する競争優位性を確保できるだろう。

こうした資本の毀損（もしくは維持・増強）は、企業にどのようなリスク・機会をもたらすのだろうか。

その顕著な事例を分析してみると、六つの資本の毀損、もしくは維持・増強が企業に与える影響メカニズムは、主に次の六つの領域に集約される。それは、①調達力、②オペレーション力、③人材、④知財、⑤社会関係性（一般社会・レピュテーション、顧客・ブランド、ルールメーカー・ルール、投資家・資金）、⑥資金調達力だ。ＰｗＣではこの六つを、「長期的な稼ぐ力＝プレ財務ドライバー」と呼んでいる。このプレ財務ドライバー別に、リスク・機会の顕著な事例を図表2-2に列挙した。

図表2-2　六つのプレ財務ドライバーが企業経営に与える影響

長期的な稼ぐ力 ＝プレ財務ドライバー		リスク	機会
①調達力		気候変動や資源枯渇などの環境の毀損が原因で、原材料が手に入らなくなる	原材料が手に入りにくくなることを見越して、新しい調達網の構築や新素材開発を進めることで、環境·社会と調和したレジリエントな調達網を構築する
②オペレーション力		気候変動の直接的影響によるオペレーションの寸断や、生産性低下が生じる	気候変動の直接的影響を分析し、早めに災害対応を行うことにより、レジリエントなオペレーション体制を築くことで、競合に比べて生産性を維持·向上させる
③人材		企業活動による環境·社会へのマイナスの影響が大きすぎる、法規制によって締めつけられる、会社のイメージが悪化、自分自身が尊重されていないと社員が感じる。こうした状況になると、社員のやる気が落ち、優秀な人材の確保が難しくなる	企業活動による環境·社会へのマイナスの影響をミニマイズしたり、プラスの影響を増大したり、レピュテーションを改善したり、社員一人ひとりを尊重したりすることによって、社員のやる気を保ち、優秀な社員の採用·確保につなげる
④知財		社員のやる気の低下や、優秀な人材の確保が難しくなることに伴い、知的財産の流出や、新しいイノベーションの創出が困難になる	社員のやる気を保ち、優秀な社員の採用·確保につなげることで、知的財産の確保、新しいイノベーションの創出につなげる
⑤社会関係性	ルールメーカー・ルール	企業活動による環境·社会へのマイナスの影響が強くなりすぎると、法規制·ソフトローによる企業活動に対する締めつけが厳しくなる	企業活動による環境·社会へのマイナスの影響をミニマイズしたり、法規制·ソフトローの策定側に参画することで、競合に先駆けて法規制やソフトローに対応し、競争優位なポジションを築く
	一般社会・レピュテーション	企業活動による環境·社会へのマイナスの影響が強くなりすぎると、企業活動への社会の不満が高まり、企業イメージの低下や、社会的な操業許可の喪失などにつながる	企業活動による環境·社会へのマイナスの影響をミニマイズする、もしくは、プラスの影響を増大することで、企業イメージの改善や、社会的な操業許可が得られる
	顧客・ブランド	環境·社会へのマイナスの影響が大きい商品へのニーズの減少や、環境·社会へのマイナスの影響を生み出す企業との取引を避ける顧客の増加などが起きる	環境·社会に関する企業イメージの改善や環境·社会へのマイナスの影響が少ない、もしくは、ポジティブな影響を与える商品開発によって、市場確保·新市場開拓につなげる
⑥資金調達力		上記の①～⑤に対応できていない企業は「持続性がない」と判断され、ESG投資家から資金を調達できなくなる	上記の①～⑤を積極的に行うことで、ESG資金調達を確保する（資金調達機会の確保）

出所:PwC作成

統合思考の三つのポイント

統合思考に基づき、外部環境を理解し、リスク・機会に対応し、企業を持続的に成長させるためには、①長期的視点を持つ、②先を予見し事前に対応する、③ビジネスの最初から最後まで一貫（統合）した対応を行う、の3点が基本となる。

重要なので繰り返し強調するが、統合思考の根本は「親亀こけたらみなこける」という考え方だ。「自分たちの企業活動の結果がぐるりと回って自分の首を絞める」という構造を十分に理解したうえで、ビジネスにおける「外部環境からのインプット」と「外部環境へのアウトプット」のバランスが長期的にとれるようにしていかないと、事業の持続性はおぼつかない。また、アウトプットがぐるりと回って自分の首を絞めに戻ってくるのは、5年後、10年後であり、今すぐではない。そのため、この構造をバランスさせるには「長期的視点」が不可欠だ。

さらに、アウトプットがぐるりと回って自分の首を絞めに戻ってきてから、目の前に表れた困難に対して受け身的に対応を考え始めるのでは、時すでに遅し。傷ついた親亀は、もはや修復不能になっている可能性が高い。そのため、こうした構造を理解したうえで、主体的かつ「先を予見して事前に対応する」ことが重要となる。
そして最後に、長期の外部環境分析（親亀・子亀の動向）、戦略、ビジネスモデル、実行、ガバナンス体制まで含めて、「ビジネスの最初から最後まで一貫（統合）した対応を行う（統合されている）」ことが大切だ。多くの日本企業が統合報告書を出し始めているが、外部環境分析と戦略がまったく一致していないケースや、戦略とビジネスモデル、実際のビジネスとの間に断絶があるケースが散見される。当然ながら、経営資源の配分は、外部環境分析のもとで生じるリスク・機会を明確化したうえでそれに応じて行われるべきであり、この一貫性がなければ、結局、間違った領域に資源が配分されてしまい、親亀・子亀を傷つける結果につながる。

2021年1月に国際統合報告評議会（ＩＩＲＣ）は、統合報告書を作成する際に考慮すべき原則や開示すべき情報の指針となる国際統合報告フレームワークの改訂版を公表した。（注1）改訂版では、①ビジネスモデルにおけるアウトプットとアウトカムの違いの明確化、②正と負のアウトカムのバランスある提示などについて修正や追記があった。

①「ビジネスモデルにおけるアウトプットとアウトカムの違い」は、この二つが混同されているとの問題認識に基づく改訂だ。たとえば自動車メーカーのアウトプットが自動車であるのに対し、正のアウトカムは「顧客の利便性向上」、負のアウトカムは「交通事故」

「大気汚染」など。統合思考ではこうしたアウトカムが明示され、それが自社の長期的な価値創造プロセスにどう影響するのかを示すことが重要だ。②の「正と負のアウトカムのバランスある提示」の改訂は、自社に都合のよい正のアウトカムに偏重した提示が多い、との問題認識に基づく。負のアウトカムこそが、ぐるりと回って自社の首を絞めるものであり、負のアウトカムと価値創造プロセスへの影響をしっかり精査することが求められている。

グランドストラテジー

ここまで見てきたように、統合思考が求めているのは「事業環境の変化に対応し、生き残りを模索する」ことであり、その意味では通常の経営戦略そのものである。つまり、外部環境の変化を適切に認識し、リスクを最小化、成長を最大化するということだ。

通常の経営戦略にはない新しい視点は、「長期的な目線で親亀・子亀の動向をとらえる」ことであり、企業は今後の経営戦略にこの視点を取り入れることが欠かせない。具体的には、**「これまで外部不経済として無視してきたことが、めぐりめぐって自社の経営に影響を及ぼすことを理解したうえで、外部不経済を内部化しても利益を出し続けられる方法を**

図表2-3　グランドストラテジー

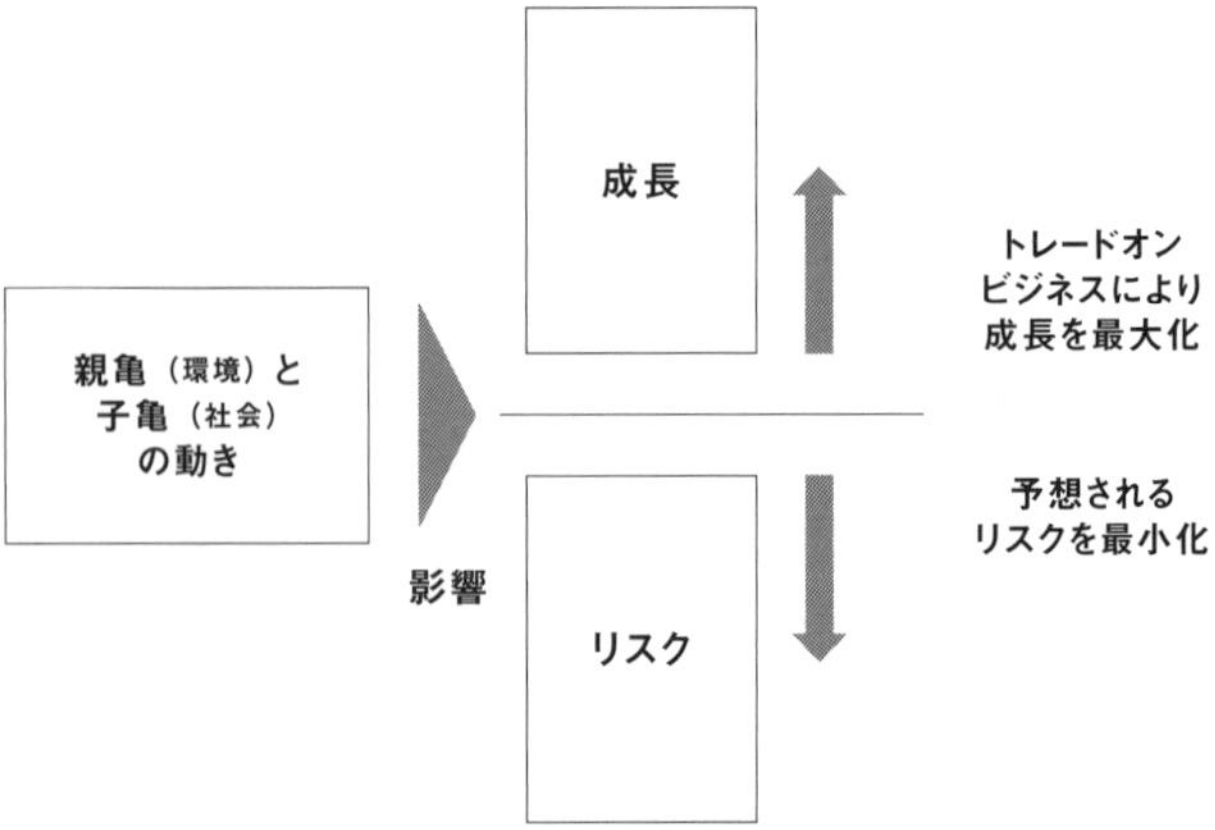

出所:PwC作成

考える」ことだ。

外部不経済を生み出しているのにそれを放置しているフリーライダーの企業を見て、自分たちの会社だけが外部不経済を内部化したら損をして、正直者がばかを見ることになると思われるかもしれない。だが、そうではないことをここで確認したい。

第1章で見てきたように、親亀（環境）・子亀（社会）は毀損されてきており、ステークホルダーたちは規制やソフトローなどの圧力を通じて、親亀・子亀を守る動きを活発化させつつある。フリーライダーは近い将来、規制対象となり、ソフトローに対応できなければ市場から締め出されることになる。

また、規制やソフトローへの対応には、①ミニマムな対応（外発的対応）と、②積極的な対応（内発的対応）の2種類がある。①は、規制やソフトローなどの外圧に対して、場当たり的、対症療法的に対処することだ。これに対して②の積極的な対応（内発的対応）では、中長期的な外部変化をくみ取り、外部不経済を内部化しても利益を出し続けられる方法を編み出す。「経済」と「環境・社会」は「トレードオフ」の関係にあり両立は不可能とあきらめるのではなく、いずれも満たす「トレードオン」を創造する方法を積極的に考える。もちろん簡単には見つからないが、本書では「トレードオン」を実現する方法を第6章でじっくり解説する。

サステナビリティを「外圧への対応」ととらえている限り、サステナビリティの実現に必要なヒト・カネは「コスト」となるだろう。しかし、サステナビリティこそ、企業の究極の生き残り戦略である（親亀・子亀とともに滅びるか、親亀・子亀とともに生き延びる方法を考えるか?）。外部の要請に受け身に従っているだけでは、生き残ることはできない。

サステナビリティ経営のグランドストラテジーは、「長期的な親亀・子亀の動きを予測し、予想されるリスクを最小化すると同時に、トレードオンビジネスの創出を通じて、成長を最大化する」ことだ（図表2-3）。

統合思考で徹底的に考え抜き、発信し続ける

サステナビリティ経営が唱えられ始め、様々なソフトローやイニシアチブ、ガイドラインが乱立するなか、こうした外部要請への対応に苦慮することもしばしばあるだろう。そんなときは一度立ち止まって、自社のビジネスを統合思考をベースにとらえ直してほしい。前述のように、統合思考は様々な規制やイニシアチブが打ち出す枠組みの根底にある基本的考え方なので、統合思考でしっかりと戦略を考えて実行に移し、その結果を発信すれば、外部要請に対してもおのずとまとめて対応できるはずだ。

「統合報告書を出しているのに、株価上昇に結びつかない」という声を聞くことも少なくないが、そうした企業は本書でこれまで述べてきた「統合思考の本質」を見誤っているおそれがある。統合思考は単に「統合報告の形式を定めたマニュアル」ではなく、「統合経営・統合思考」という経営フレームワークである。ＥＳＧ投資家が求めている情報は、「どんなよいことをしている（ＷＨＡＴ）」ではなく、「なぜ（他でもない）それを、あなたの会社がやるのか（ＷＨＹ）」だ。どうしてＡでなくてＢを選択したのか、その選択が企業にどんなメリットをもたらすのか、その「ストーリー」が問われている。統合思考は、まさ

に、この投資家のこうした質問に答えることを助けるフレームワークだ（海外の投資家からは、「日本の企業はよいことをしている（WHAT）という話をたくさんしてくれるが、なぜそうしたのか（WHY）が見えない」との不満の声がよく聞かれる）。

まずは事業の価値の源泉が何かをあらためて確認する。そのうえで、価値の源泉を守るだけでなく強化し、価値を生み出し続けるためには何に経営資源を集中させればいいのか、統合思考に基づいて徹底的に考え抜くなかで「価値創造ストーリー」が見えてくるだろう。それを投資家に伝えていくことが、結局は、株価を上げるための近道になるはずだ。

また、統合報告書を発行するだけでは、そのストーリーは投資家たちに十分届かないかもしれない。なぜなら、統合報告を隅から隅まで読んでくれる人は多くはないからだ。様々なチャンネルを利用し、プロアクティブに、投資家やその他のステークホルダーたちとの対話を続けて「自社の価値創造ストーリー（WHY）」を理解してもらう必要がある。対話を通じて、企業は投資家やその他のステークホルダーの関心事をより深く理解することができ、自社の価値創造ストーリーをさらに進化させることができる。

実際、本書執筆に際してインタビューを行った製薬会社エーザイ専務執行役CFO（最高財務責任者）、早稲田大学大学院客員教授の柳良平氏は、「統合報告を出すだけでは十分ではない。私は年間約200件の投資家との対話を通じて、価値創造ストーリーを伝え続けてきた。そのことにより高い評価を維持している」と語ってくれた（第10章参照）。

統合思考で徹底的に考え抜くことにより、外部要請への無駄な対応コストの削減と、的確な経営資源の配分が可能となる。さらに、考え抜いたストーリーを外部に発信し続けることで、最終的に株価を含めた外部からの評価がついてくるだろう。

非財務からプレ財務へ

非財務情報というと、その言葉通り「財務にあらざるもの」、財務とはまったく別の要素のように思われるかもしれない。しかしそうではない。これまで見てきたように、サプライチェーンや原材料の確保能力、人材、ステークホルダーとの良好な関係などの非財務に分類される要素は、将来の稼ぐ力の源泉である。実際、世界50カ国以上の経営層を対象とした2018年の国際統合報告評議会の調査(注2)によると、「非財務情報と財務情報の両方を用いることで、長期的な価値創造に向けたインサイトが得られ、よりよい経営判断につながる」と回答した割合は96％に達し、「経営判断に非財務情報を活用している、もしくは積極的に活用しようとしている」との回答も87％にのぼった。

価値創造や稼ぐ力に直結する非財務要素は、プレ財務要素（未来の財務を支える要素）という呼び方のほうがふさわしいだろう。プレ財務がどのように財務を支えるのかについて、より詳細な構造（インパクトパス）を理解し、経営資源を配分する必要がある。その詳細に関しては第8章で詳述する。

SXに効くコラム

1

統合思考に基づく評価ツール「Lights」

ＰｗＣでは、これまでのサステナビリティ経営や統合報告への支援の知見を活用して、企業の情報開示（サステナビリティレポートや統合報告書など）が、統合思考に基づくサステナビリティ経営をしっかりと説明しているかどうかを評価するツールとして「Ｌｉｇｈｔｓ」を開発した。これはＩＩＲＣの国際統合報告フレームワークとも整合している。

「Ｌｉｇｈｔｓ」は統合思考に基づき、外部ドライバーやリスク認識、戦略、ビジネスモデル、組織体制、資源、財務・非財務パフォーマンスを個別に評価するとともに、それらの関連性と一貫性、価値創造に向けた一連のプロセスを評価するツールだ。グローバルで展開しており、日本においては情報開示より経営の中身にフォーカスを当て、統合思考に基づくサステナビリティ経営の評価ツールとしてアップデートを行い様々な企業に提供している。

「Ｌｉｇｈｔｓ」では、次のような項目について、開示情報やヒアリング結果をもとに評価を実施している。

- **外部環境**　外部要因がもたらす中長期の影響を機会・リスクの観点から分析できているか。
- **戦略**　サステナビリティビジョン・戦略が策定され、またマテリアリティが適切に特定され、これらが整合したものとなっているか。
- **ビジネスモデル**　経営とサステナビリティの統合したビジネスモデルが示されており、戦略と明確に関連づけされているか。
- **ガバナンス**　サステナビリティ戦略の実行に向け、実効性を伴う体制が整備されているか。
- **長期的見通し**　重要な資本について長期的な見通しが示されているか。また、外部環境変化を把握するための十分なステークホルダーエンゲージメントを実施しているか。
- **成果評価**　マテリアリティと整合した非財務指標を定義し、目標値を設定し、実効性を担保しているか。

このツールに基づく評価および業界ベンチマークを実施することで、統合思考に基づく本物のサステナビリティ経営の実践に向けて強化すべき点が明確になる。

SXに効くコラム

2

サステナビリティに関する用語の整理

サステナビリティに関して、ESG、CSV、CSR、SDGsなど、よく似た用語がいくつもあって混乱している人もいるだろう。ここで代表的な用語について、違いを含めて定義を確認しておこう。理解のポイントは、「誰が主語なのか」を念頭に置いて違いを考えてみることだ（図表2-4）。

まず、「サステナビリティ」は、環境・社会価値を維持または向上させながら、経済成長（または企業活動）が実現されている状態を指す。これは、「○○のサステナビリティ」という形で用いるのが一般的で、主語は企業などの組織になることが多い。企業活動の文脈でサステナビリティを用いるのであれば、後述のCSRやCSVを含めた環境・社会価値の配慮・向上に関する活動の総称とされることが多い。

「CSR」は、企業の社会的責任（Corporate Social Responsibility）のことで、企業は利益を

図表2-4　サステナビリティに関する各用語の関係

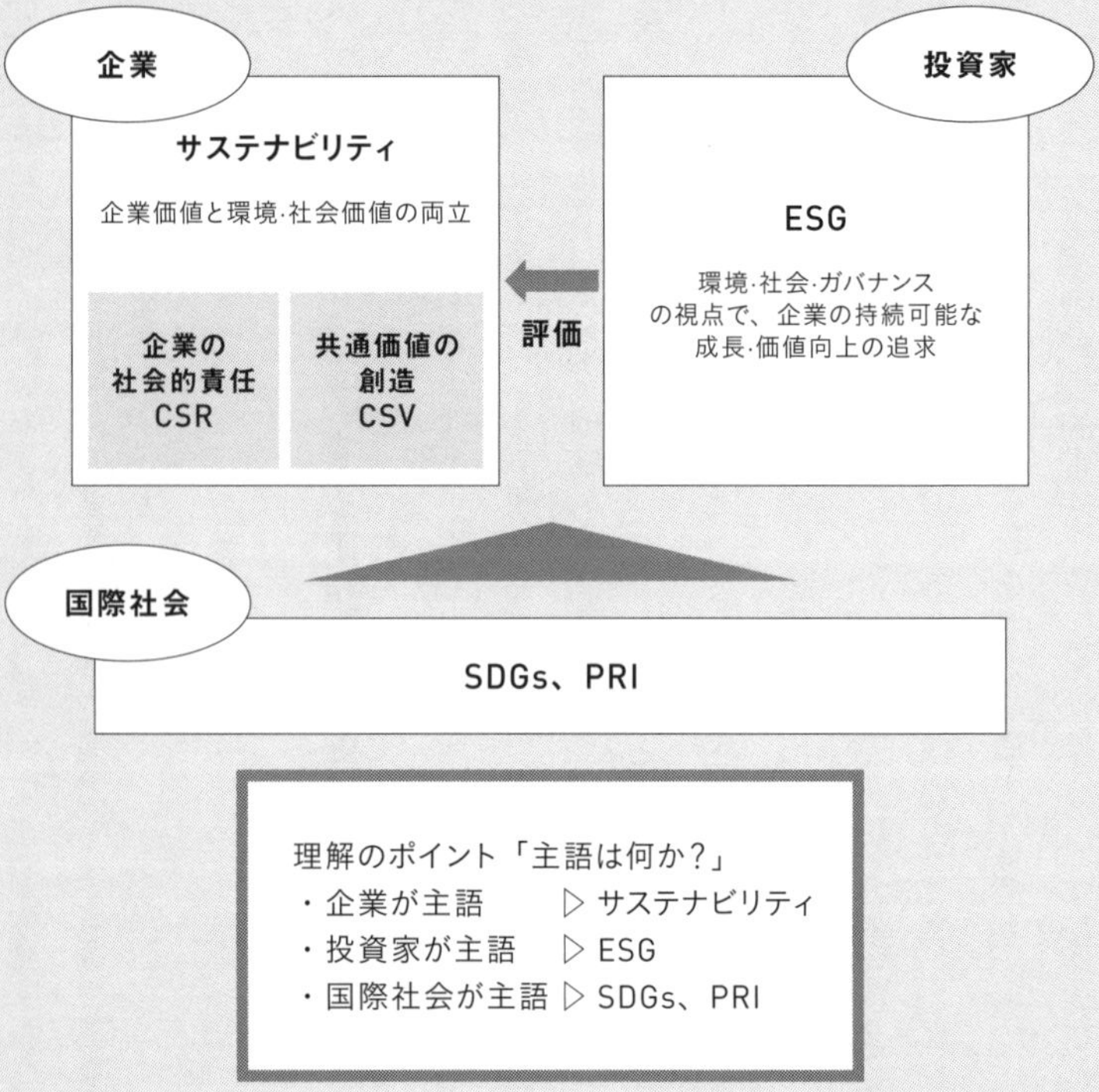

出所：PwC作成

追求するだけでなく、環境・社会に及ぼす負の影響に対して責任を持つべきとの考え方だ。社会的責任の国際規格であるISO26000などで、具体的なガイドラインが示されている。

「CSV」は、共有価値の創造（Creating Shared Value）のことで、ビジネスを通じて環境・社会課題を解決することで環境・社会に正の影響を与え、「環境・社会価値」と「企業価値」をともに両立・向上させるアプローチを指す。経営学者のマイケル・ポーター氏らが提唱した経営フレームワークだ。製品・サービスだけでなく、バリューチェーン、エコシステムを通じた企業価値と社会・環境価値の両立を通じて、企業活動にプラスの影響の拡大を促すものだ。

一方、「ESG」は、企業のサステナビリティに関する活動を投資家の目線からとらえたものだ。ESGは、環境（Environment）、社会（Social）、ガバナンス（Governance）の頭文字を取ったもので、投資活動において企業を評価する際に、企業のサステナビリティを環境・社会・ガバナンスの切り口でとらえようとする考え方だ。伝統的な財務要素に「非財務要素」という付加的な評価視点を加える際の代表的な枠組みである。投資の意思決定の際に、従来型の財務情報とともにESGを考慮する手法は「ESG投資」と呼ばれる。

国連はESG投資を推進しており、その方法として「PRI」という六つの責任投資原則（Principles for Responsible Investment）を掲げている。賛同する投資家に署名を求め、組織名を公表することで、ＥＳＧ投資の浸透を強力に後押ししている。

「ＳＤＧｓ」は、国連の持続可能な開発のための国際目標（Sustainable Development Goals）のことだ。従来型の経済成長において生じる問題を解決し、持続可能な社会を創るため、国連が定めた２０３０年までの世界規模の持続可能な開発のための目標で、17のゴールと、１６９のターゲットから構成されている。サステナビリティへの取り組みが企業に迫られ、投資家の行動にも影響を与えている背景には、国際社会の共通課題・共通目標としてＳＤＧｓが浸透してきたことが挙げられる。

第3章

七つの長期的構造変化

第1章、第2章で親亀(環境)・子亀(社会)・孫亀(経済)の関係を見てきた。この章では、親亀と子亀の危うい状況と、そうなってしまった構造を明らかにすることで、親亀と子亀が今後どうなっていくのか、その変化の方向性とともに、これらの変化が「構造的変化」であることを示したい。

サステナビリティに関しては、様々な課題が次々と生まれてくるが、PwCではそれらを「四つの環境課題」と「三つの社会課題」に整理している(図表3-1)。これらの課題の構造的変化を見たうえで、いくつかの業界における具体的影響について検証する。さらに、企業経営に対して最も大きなインパクトを与え始めている「ネットゼロ社会の到来」に関しても詳しく見ていく。本章では、ファクトを中心に環境・社会課題の詳細を解説するため、SXをどう進めるか早く知りたい、という読者は、本章を飛ばして第4章に読み進めることをお勧めする。そのうえで、自社にとって重要な環境・社会課題は何か、より具体的に検討する段階で、本章を再度、参照してもらうとよいだろう。

四つの環境課題

企業は、環境課題が無視できない経営上の重要項目であると認識し対応を進めていくべ

図表3-1　サスティナビリティ経営の課題

	課題項目	詳細	個別テーマ例	
四つの環境課題	CO_2・気候変動	温室効果ガスの排出により温暖化、気候変動を促進	気候変動	災害・洪水
	水	排水による水質汚濁や大量の取水・消費による水不足が発生	水質汚濁	渇水
	資源・廃棄物	包装容器やリサイクル可能な資源が再利用・リサイクルされず、大量に廃棄	包装容器	プラスチック
	生物多様性	事業活動を通じた農地・土地の開発による生態系破壊が深刻化	生態系破壊	森林破壊
三つの社会課題	身体的人権	強制労働・児童労働などにより人的資源が物理的に毀損	強制・児童労働	虐待
	精神的人権	ハラスメントや差別などにより人的資源が精神的に毀損	ハラスメント	ダイバーシティ&インクルージョン
	社会的人権	人間が健康で文化的な最低限度の生活を行うために必要とされる権利が侵害	貧困・アクセス権	高齢化・ウェルビーイング

出所：PwC作成

きだ。現状では、大量生産・大量廃棄、コスト効率を求めるグローバルサプライチェーンの広がりの副作用として、様々な問題が生じている。環境関連の課題は実に多岐にわたり、全体像を把握するのがなかなか難しい。そこでこれを「CO2・気候変動」「資源・廃棄物」「水」「生物多様性」の四つに大別すると理解しやすくなる。

環境課題は、産業革命後に活発化した人間の経済活動を起点に、グローバルレベルで構造的に発生・拡大していると言える。その課題は大きく分けて、次の二つに収れんされる。一つめは、工業製品の生産量が爆発的に拡大してCO2排出量が増えた結果、引き起こされた温暖化や気候変動に関係する課題、二つめは、医学の進歩などで人口が急増した結果、増大するニーズを満たすための供給源の確保（水や資源、乱獲、森林開墾）に関する課題だ。

人間の活動によって、水不足、資源不足、生態系の破壊などが生じ、このままの状態が続けば、利用する資源（水、食料、バイオ資源、鉱物）が足りなくなるだけでなく、最終的に地球は、気温が上がりすぎて人が住むのに適さない場所になるだろう。つまり、人間自身が「自分で自分の首を絞める」状況を引き起こしている。

そうした危機的状況に歯止めをかけるため、特にCO2や気候変動に関しては、様々な規則・ソフトローが動き始め、企業も対応を始めている。みなが協力して、2030年までに気温上昇を一定以下に抑えなければ、まさに「親亀がこける」ことになるからだ。

生物多様性についても危機が迫っており、2021年には新しいソフトロー（TNFD、後述）の導入が予定されている。水や資源に関しては、今後の人口増加によるニーズ増大分を現状のままでは賄いきれない状況だ。親亀は、増大し続ける孫亀の要求に応えられず、「親亀がこける状況」になることが予想される。

また、環境課題それぞれも相互に関係し合っている。たとえば、気候変動によって台風が激甚化すれば被害に遭った地域の生態系にも影響が及ぶ。乾燥地域で降雨量がさらに減少すれば水不足は一層深刻化する。

表に掲げた四つの課題のうち、最初に広く認知されたのは「CO2・気候変動」だ。2015年のパリ協定*を境にCO2・気候変動への対応の重要性が産業界でも広く認知されるようになった。環境課題は相互に関係していると述べたが、気候変動問題がクローズアップされるとともに「資源・廃棄物」「水」に対する問題認識も産業界に広まってきた。さらにその先には、「生物多様性」の問題がある。「生物多様性」と聞くと何か縁遠くて大

＊「パリ協定」は、2020年以降の地球温暖化対策の国際的枠組みを定めた協定（2016年11月発効）。地球温暖化対策に先進国、開発途上国を問わずすべての国が参加し、世界の平均気温の上昇を産業革命前と比べて2℃未満（努力目標1・5℃）に抑え、21世紀後半には温室効果ガスの排出を実質ゼロにすることを目標としている。開発途上国を含むすべての締約国に排出削減の努力を求めており、各国の削減・抑制目標はその国の事情を織り込んだ自主的な策定が認められていることの2点が大きな特徴だ。

仰な印象を持つ人がいるかもしれないが、後述のように、産業界に非常に大きな影響を与える可能性があり、気候変動と同様に、企業活動が生物多様性に与える影響を情報開示していく流れができつつある。

ここで挙げた四つの環境課題は、2015年に設定されたSDGsにもすべて包含されており、中長期的にグローバルレベルで対応すべき課題と認識されている。では、四つの環境課題を一つずつ見ていこう。

環境課題

1 CO2・気候変動

産業革命以降、人間の経済活動によりCO2を始めとする温室効果ガスの排出量が加速度的に増えたことで、地球上の温室効果ガスの排出と吸収のバランスが崩れ、地球の年平均気温の上昇（地球温暖化）が続いている。温暖化は海水温の上昇と気流の変化をもたらすため、各地域の気候パターンも変わってくる。実際に、1981年から2019年の間に、世界のCO2濃度は295ppmから408ppmへと約38％上昇し[注1]、この間に世界の年平均気温は1・06℃[注2]、年平均海面水温は0・72℃上がった[注3]。年平均気温に関しての最新の予測によると、現状のペースのまま推移すると2030～2052年の間に1・5℃の上

図表3-2　人間の経済活動が環境に及ぼす影響

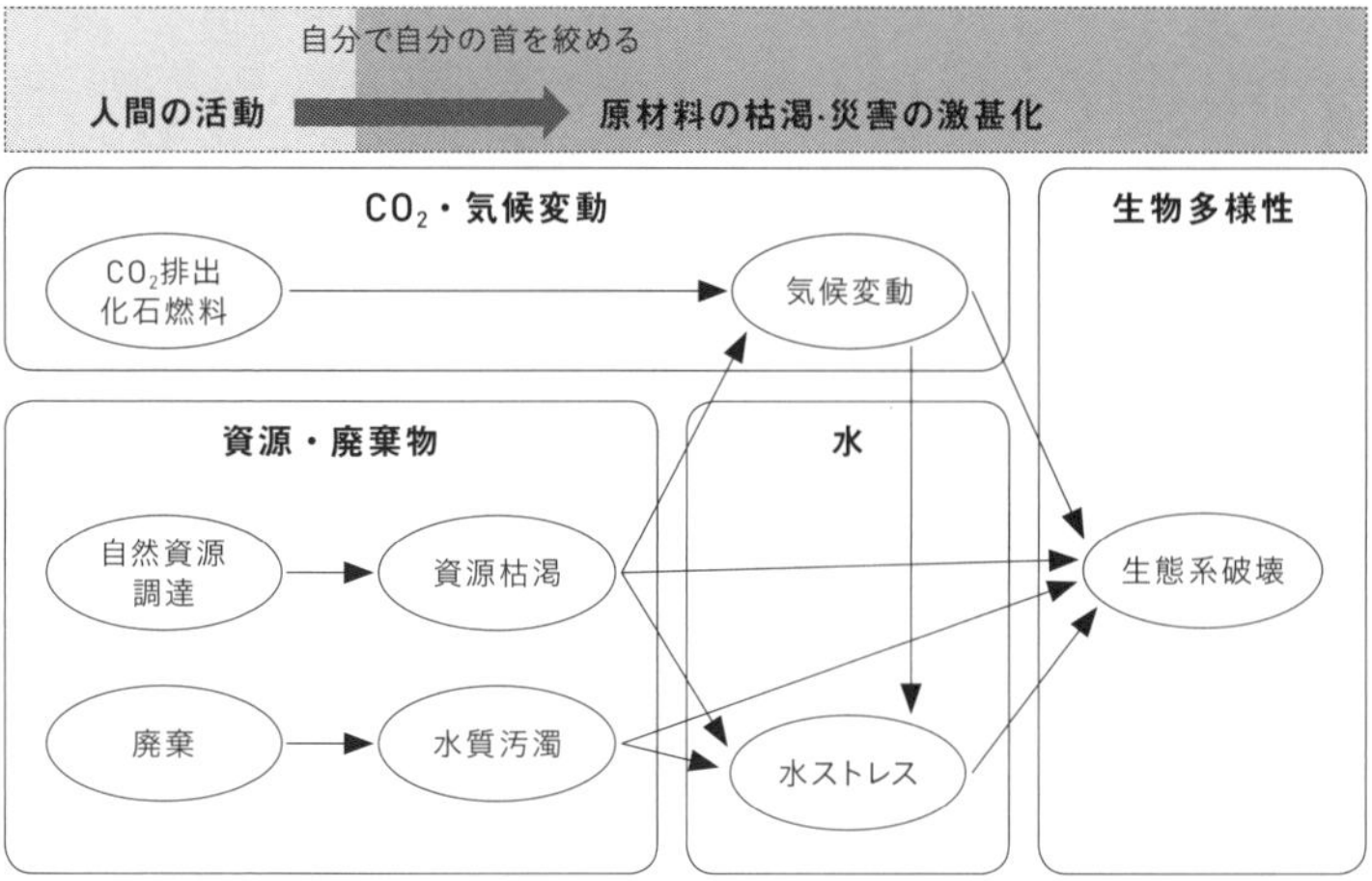

出所：PwC作成

昇を見込んでいる。(注4)

第1章で述べた通り、気温上昇の結果、北極・南極の氷の融解、永久凍土の融解、海水温の上昇が生じ、負のスパイラルによる気温上昇のさらなる加速、海面上昇、新たなウイルスの脅威の増加、海洋生物の生態系の変化、降雨パターンの変化による台風などの災害の激甚化、乾燥による山火事や砂漠化、陸上生態系への悪影響などが顕在化している。

日本でも近年、2019年の台風19号など台風や豪雨による災害が目立っているが、こうした気候変動の影響を受けていると言われている。(注5)気温・海温上昇により大気中の水蒸気量が増加することで、台風や豪雨のエネルギーが以前より増大していることが災害の激甚化の背景にある。(注6)日本以外でも、たとえば近年の大型ハリケーンであるカトリーナ（2005年、米国など）、イルマ（2017年、米国など）、マリア（2017年、ドミニカなど）による被害の激甚化は、地球温暖化の影響によるとも言われている。これらのハリケーンの降雨量を、産業革命以前の気候でシミュレーションして実際と比較したところ、実際のほうが5～10％増加している結果となった。(注7)温暖化が進行し続けた先の世界では、このような「異常な状態」が「日常化」し、現在の気候パターンとはまったく異なる世界での生活を余儀なくされる。

気候変動のメカニズムやその影響に関しては、温暖化そのものに対し懐疑的な人もいれば、温暖化は認めつつもその原因や温暖化の影響に対して懐疑的な意見も存在する。著名な米系シンクタンクであるハートランド研究所は、「地球温暖化そのものは否定しない」としつつも、「温暖化の大部分は自然変動の結果であり、人為的な地球温暖化はわずか」であり、「地球温暖化の恩恵は悪影響を上回るはず」と述べている。(注8)また、米国のドナルド・トランプ前大統領は地球温暖化そのものに対し懐疑的であり、パリ協定を離脱するなどした。

しかし、国際社会では、前述のような気候変動メカニズムや地球温暖化の影響は確実にあるとして議論が進んでいる。世界気象機関（WMO）と国連環境計画（UNEP）により設立された気候変動に関する政府間パネル（IPCC）は、「温暖化には疑う余地がなく、

20世紀半ば以降の温暖化の主な要因は、人間の影響の可能性がきわめて高い」として、「気候変動を抑制するためには温室効果ガス排出量の抜本的かつ持続的な削減が必要」と述べている。[注9] 国際社会では、気候変動が構造的な変化であることを認識し、温暖化抑制を目標に、科学的な根拠に基づいて温室効果ガスの排出量をどのように削減していくかについて議論が進んでいる。

このような動きを受け、各国政府は、温暖化抑制へ向けた温室効果ガスの排出量削減に関する規制や目標設定の動きを進めている。

2020年3月、EUの行政執行機関である欧州委員会は、2050年までのネットゼロを実現するという目標を法制化するための欧州気候法の案を公表した。[注10] さらに同法案に関しては、2030年までの温室効果ガス排出量の削減目標を、それまでの1990年比40％から60％に引き上げる修正案が2020年10月に欧州議会で可決された。[注11]

中国は2060年までにCO2排出量ネットゼロを実現する目標を2020年9月に発表し、[注12] インドは2030年までに2005年比で国内総生産（GDP）当たりのCO2排出量を33～35％削減する目標を2015年に発表している。[注13] 日本も、2020年10月26日の菅義偉首相の所信表明演説で2050年までに温室効果ガスの排出を実質ゼロとすることを発表した。30年後、40年後の「温室効果ガス排出ネットゼロ」の実現に向けて、国家レベル・世界レベルでの政策や規制がこれから本格的に検討・実施されていく。
こうした世界の動向やTCFDの動きとも連動する形で、企業レベルでも業界を問わず連携し、温室効果ガスの排出量削減による温暖化を抑制しようとする動きが加速している。
たとえば、トランプ政権下でパリ協定を離脱した米国では、企業・自治体・投資家・教育機関などが集まり、「We are still in（私たちはパリ協定にとどまる）」とする声明を発表した。パリ協定離脱により、今後政府による排出量削減のリーダーシップがなくなった場合でも、参加機関が連携し、温室効果ガス排出削減に取り組むことを明言した。この声明には2020年末時点で2290の企業・投資家が参加している。(注14)
また、今後の気温上昇を1・5℃未満に抑える目標を設定するよう企業に要請する共同書簡「ビジネスアンビション1・5℃（Business Ambition for 1.5℃）」に署名する動きが急速に広まっている。このイニシアチブは、国連グローバル・コンパクト（UNGC）、SBT（科学と整合した目標設定）イニシアチブ、We Mean Business（気候変動対応を推進する国際機関やNGOなどを構成メンバーとするグローバルな非営利団体）の呼びかけによりスタートした。2020年末時点で世界の365社が署名しており、日本は11社が署名している。(注15)さらに、CO2削減の取り組みとして、二酸化炭素回収・有効利用・貯留技術（CCUS技術）の開発・運用が、欧州・北米を中心に進められていて、現在はオーストラリアや中国などでも新規設備建設プロジェクトが計画されている。(注16) 世界におけるCCUSの市場規模は、2020年は16億ドル、2025年は35億ドルに成長すると予測されている。(注17)

では、現在の世界が排出している温室効果ガスのどの部分に、どれくらいの削減余地があるのだろうか。

世界の温室効果ガス排出の内訳を見ると、2016年時点では、産業(鉄鋼、化学製品、食品などの製造)、建物、運輸などによるエネルギー利用が全体の約73・2%を占めており、産業プロセスからの排出も5・2%を占めている。これらの排出は産業界の対応により削減が可能と考えられており、ネットゼロ社会の実現に向けて、産業界に対する規制・協力要請の圧力は高まる一方だ(図表3-3)。

このような国際社会、各国政府、業界団体などの動きは、それぞれの企業にとって事業継続上の大きなリスクになる。適切な対応を行わない場合、企業イメージの悪化や、規制による事業継続の危機や追加的なコスト発生、市場構造の変化によるシェアや売り上げの低下に直面するおそれがある。

また、温暖化や自然災害の激甚化といった直接的な影響を受けるリスクに対しても備えなければならない。想定外の規模の洪水で工場が長期間操業不能になる、それまで苦労せず調達できていた原材料の価格が高騰し安定確保が困難になるといったケースも十分起こ

図表3-3　世界の温室効果ガス排出の内訳（2016年）

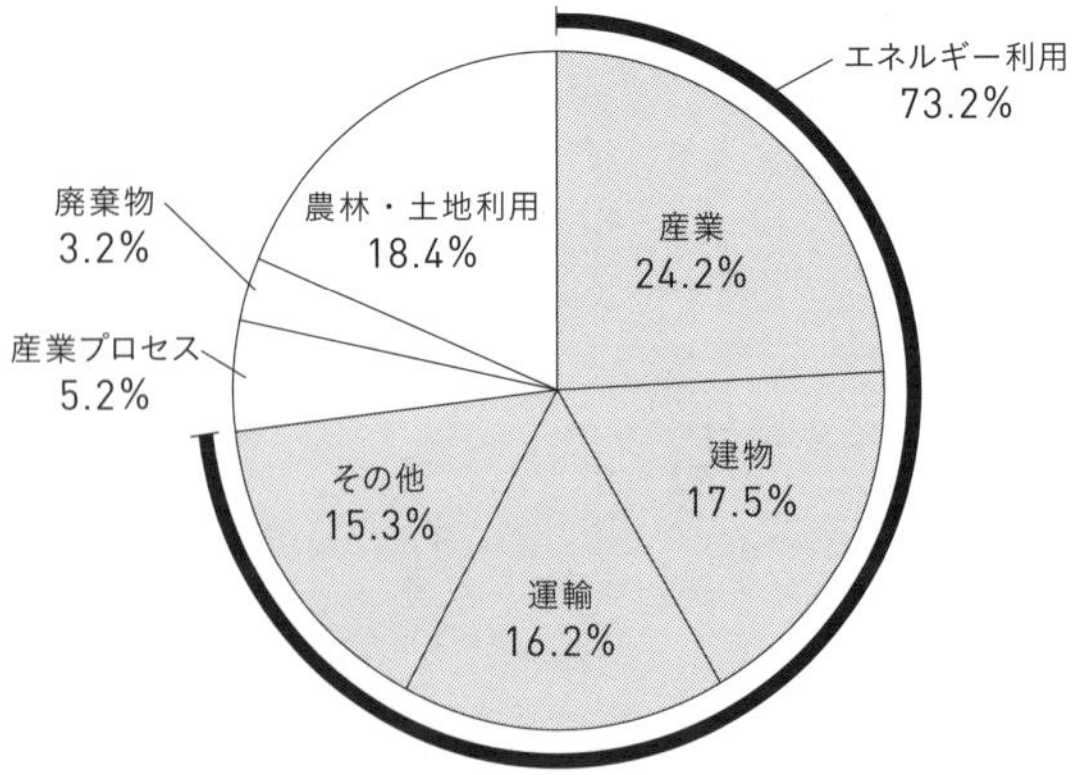

大カテゴリー	中カテゴリー	定義	排出割合
エネルギー利用（電気、熱、輸送）	産業	鉄鋼、化学製品、食品などの製造過程におけるエネルギー利用による排出	24.2%
	建物	住宅および商業ビルでの照明、暖房器具などにおけるエネルギー利用による排出	17.5%
	運輸	道路輸送、航空、海運などでのエネルギー利用による排出	16.2%
	その他	バイオマス発電、原子力発電に伴う排出、石炭·石油の採掘や輸送での漏出など	15.3%
産業プロセス		セメント製造などでの副産物による排出	5.2%
廃棄物		人間や動·植物による廃棄物·廃水、埋立地での排出	3.2%
農林·土地利用		農作物の燃焼や農業用土壌の整備、家畜、森林減少による排出	18.4%

出所:"Emissions by sector," Our World in Data, 2020（https://ourworldindata.org/emissions-by-sector#:~:text=To%20prevent%20severe%20climate%20change,equivalents%20（CO2eq）%5D, 2020年12月25日閲覧）をもとにPwC作成

りうるからだ。

国連防災機関（ＵＮＤＲＲ）によると、気候関連の災害（暴風雨、洪水、干ばつなど）による過去20年（１９９８〜２０１７年）の経済損失額は、その前の20年間（１９７８〜１９９７年）に比べて約２・５倍に急増している。[注18] このような状況を受け、保険業界では従来の保険モデルが成立しなくなるのではないかという懸念が生まれている。ＰｗＣが実施した世界各国の保険業界と保険関連産業を対象とした調査[注19]でも、「気候変動による災害の不確実性が高まっていることから、従来の保険モデルが成立しなくなる」と考えているステークホルダーが一定数存在することがわかった。

米国では、気候変動を起因としたモーゲージ危機のリスクが高まっている。２００４年から２０１２年に起きた損害額10億ドル以上のハリケーンの被害を受けた地域では、住宅ローン融資元の金融機関は、債務不履行の危機を回避するために、債務履行が税金で担保されている政府系住宅金融機関に販売する住宅ローンの割合を10％程度増やした。[注20] 米国の科学者団体、憂慮する科学者同盟によると、気候変動によって起こる海面上昇による住宅被害は増加し、今後30年間で約30万以上の沿岸地域にある住宅が、洪水などの災害に遭う慢性的なリスクにさらされていると予測している。[注21]

一般市民も、気候変動の危機を実感し始めており、消費者・世論も企業に厳しい目を向けている。米国のシンクタンク、ピュー研究所によると、全世界で気候変動を自国の脅威として挙げている国民は2013年時点で56%だったが、2018年には67%まで上昇している。(注22) また、フランスの市場調査会社イプソスの調査(注23)では、ここ数年のうちに気候変動を考慮して消費者活動を変化させた消費者は世界で69%にのぼる。具体的な変化としては、リサイクルする製品の量・頻度を増加（ゴミとして捨てるのではなく、リサイクル先へ提供）させた（39%）、家庭でのエネルギー使用量を減少させた（38%）、リユースする製品の量・頻度を増加させた（35%）、購入する食品を変更（種類、ブランド、原材料調達先などの観点で、気候変動に配慮した食品を購入）した（32%）、購入する家電製品を変更（種類、ブランド、エネルギー効率などの観点で、気候変動に配慮した製品を購入）した（28%）、などが挙げられている。

このような消費者意識の変化は、過激な不買運動の形で現れるケースもある。たとえば英国発の市民運動である「エクスティンクション レベリオン」（直訳すると「絶滅への反逆」）。SNSの総フォロワー数が全世界で100万人超の環境保護に関する市民活動組織）は、「新品の服の購入を1年間取りやめる不買運動」を展開している。また、スウェーデンの環境活動家、グレタ・トゥーンベリ氏の話は日本でも広く知られるようになった。2018年、15歳のときに気候変動に対する政府の対応強化を訴えて独りで始めた学校ストライキは、SNSを通じて世界中に広がり国際的な抗議行動「グローバル気候マーチ」へと発展した。

2019年9月に開催されたマーチには世界で760万人以上が参加した。日本においても25都道府県で開催され、2000人が参加した。(注24)

環境課題
2 資源・廃棄物

世界人口は増え続けており、国連経済社会局人口部の「世界人口推計2019年版」によると2050年には約97億人に達する見込みだ。(注25) 産業革命以降、先進国を中心に続けてきた大量生産・大量消費の経済モデルは、有限な地球の資源を大いに使って発展してきた。しかし、様々な調査により、たとえば鉱物資源は近い将来、採掘できなくなるおそれがあると指摘されている。今後の採掘可能年数を主な鉱物資源別に見ると、亜鉛は約18年、銅は約40年、鉄鉱石は約56年、アルミニウムは約100年と言われており、産業界にとっては鉱物資源の枯渇にどう対処すべきかが重要な課題になりつつある。(注26)

また、一部の鉱物資源は産出地域が世界の一部地域に偏在しており、その希少性の高さからしばしば地政学上の問題が起きている。主な鉱物で見ると、レアアースの約63%とタングステンの約82%は中国、コバルトの約71%はコンゴ民主共和国、ニッケルの約30%はインドネシアで産出される。(注27) 中国は2019年に、レアアースを政治的な切り札として対米交渉に利用した。米中貿易摩擦が深まるなか、当時、レアアースの多くを中国からの輸入に頼っていた米国に輸出規制の検討をちらつかせて、強硬姿勢の米国をけん制した。

増え続ける人口と拡大し続ける世界のGDPにより、経済活動で生み出される廃棄物の問題も深刻化している。特に最近、海洋のプラスチック汚染への関心が高まっている。

世界のプラスチック生産量は約3億5900万トン（2018年）[注28]であり、廃棄量は約2億4200万トン（2016年）にのぼる。[注29]さらに、世界経済フォーラム（WEF）によると、毎年少なくとも800万トンのプラスチックが海洋へ流れており、[注30]生物多様性および生態系サービスに関する政府間科学・政策プラットフォーム（IBPES）の調査では、海洋プラスチックは1980年以降、ウミガメの86％、海鳥の44％、海洋哺乳類の43％の種を含む267種に影響を与えている、と報告している。[注31]また、海洋に廃棄されたプラスチック製品などが、紫外線や波の力で5ミリメートル以下の粒子状になったマイクロプラスチックによる海洋汚染や生態系に与える悪影響も、最近クローズアップされている。マイクロプラスチックが、市場に出回っている魚や貝類からも検出されたという報告もある。[注32]

資源は生産時にも、大きな環境負荷を強いる。

2014年の数値だが、鉄鋼の生産では1年間に23億トン、セメントは22億トン、アルミは3億トンのCO2がそれぞれ排出され、プラスチックを含む石油化学製品では11億ト

図表3-4　サーキュラーエコノミーの三つの原則と七つの取り組み

三つの原則	取り組み分類	内容
廃棄と汚染を出さない設計	循環型設計	製品の軽量化、詰め替え商品などのリユースできる設計、再利用しやすいデザイン
	資源利用効率化	製造工程における原材料・資源の最適利用、廃棄物最小化
製品と原材料を使い続ける	サービス化	製品のサービス化、シェアリングなど
	メンテナンス・リユース	メンテナンス、リユースなどによる製品の長寿命化
	再製造・リサイクル（協働）	バリューチェーンにおける、他社と協働したリマニュファクチャリング・リサイクル
	再製造・リサイクル（自社）	バリューチェーンにおける、自社でのリマニュファクチャリング・リサイクル
自然のシステムを再生する	循環型調達	リサイクル素材、バイオベース素材などの活用

出所：エレン・マッカーサー財団の「サーキュラーエコノミーの3原則」をもとにPwC分析・作成

ンが排出される。(注33)これらの合計値59億トンは、2014年の世界における化石燃料利用によるCO2排出量357億トン(注34)の約17％に相当し、無視できない量であることがわかる。

資源枯渇と廃棄物の課題をまとめて解決するには、限りある資源をできるだけ使わず、資源を長く何度も何度も使い回すことが必要だ。このアプローチは、サーキュラーエコノミーと呼ばれ、2030年までにその経済効果は約470兆円に拡大すると予測されている。(注35)PwCでは2020年12月のレポート「日本企業は、どのようにサーキュラーエコノミーに対応すべきか」のなかで、サーキュラーエコノミーの三つの原則として、「廃棄と汚染を出さない設計」「製品と原料を使い続ける」「自然のシステムを再生する」を掲げ、この原則に関連づけられる七つの取り組みを提示している[注36]（図表3−4）。

この三つの原則について、簡単に事例を紹介しよう。

「廃棄と汚染を出さない設計」の事例としては、オランダのスマートフォン開発のスタートアップ企業フェアフォンがある。同社のスマートフォンは、モジュール式で設計されており[注37]、スマートフォン本体は簡単に分解できて、ディスプレイやカメラが壊れても部品交換が可能で、本体を廃棄せずに長く利用できる。

「製品と原材料を使い続ける」の事例としては、米国のリサイクル企業テラサイクルが展開する容器再利用プラットフォームＬｏｏｐ（ループ）が挙げられる[注38]。消費者がループのウェブサイトで商品を購入すると、繰り返し利用可能な容器に入った商品が専用の箱で届き、商品の使用後、空になった容器を同じ専用の箱に入れ、返却する仕組みだ。返却のタイミングは都合のよい日時をウェブで設定できる。欧米諸国ですでにサービスが始まっており、日本でも２０２１年3月、小売パートナーとしてイオン、ブランドパートナーとしてＰ＆Ｇ、味の素、キリンビール、大塚製薬、キヤノンなど24社が参加して、東京都内でループのサービスが開始されている[注39]。

「自然のシステムを再生する」をビジネスに取り入れている事例として、米国発のスニーカーのスタートアップ企業であるオールバーズがある。同社は、「製品のカーボンフットプリントをゼロにする」という目標に基づき、スニーカーの原材料としてメリノウール、ユーカリ、サトウキビなどの天然素材由来の繊維を開発し、ほかにもリサイクル素材を使用して製品を製造している。[注40] また、製品だけでなく、梱包にもリサイクル素材を90%以上利用している。[注41]

環境課題
3 水

日本は水資源が豊富な国であり、日常生活のなかで水資源に関する課題はあまり実感できない。年間水資源賦《ふ》存《ぞん》量（年間に使用可能な理論上の最大水資源量。「年間降雨量」から「年間蒸発散量」を減じたもの）は4200億立方メートルあるが、実際に使用される年間水量は取水量ベースで793億立方メートル程度と言われている。[注42]

しかし、世界に目を向けると、増え続ける人口により、水の需要は2000年から2050年の間に55%増加する見込み[注43]であり、マサチューセッツ工科大学の推計によると2050年には世界人口の52%[注44]が水ストレス（生活、農業、工業、エネルギー、環境に必要な水資源量が年間1人当たり1700立方メートル以下[注45]になった場合を指す）にさらされるという。企業にとっては、水ストレスが高い地域で大量の水を使って事業展開する場合に大きなリスクを伴う。実際、大手飲料企業が水ストレスが高い海外のある地域で工場建設を計画していたが、現地の貴重な水資源が使われることに危機感を覚えた地元住民の抗議を受けて断念した例がある。

特にバリューチェーン上で大量の水を使う飲料・食品、消費財などのメーカーは、世界の約4割が水ストレスにさらされていることを認識したうえで、事業活動における水リスクを減らすことが重要だ。飲料・食品業界では、一般的にサプライヤー（調達先）、自社製品製造時の順で水消費量が多い。英国の酒造メーカー、ディアジオはサプライヤーを含めたバリューチェーン全体で水課題に取り組んでいる。(注46) 具体的な取り組みとしては、自社製品の製造時における水使用効率化や、排水の質の管理、水ストレス地域における使用水の100％を安全な水として自然に戻すことに加え、サプライヤーと協働して、ガイドラインやアドバイスの提供による調達先地域の環境負荷低減、水リスクを抱える主要サプライヤーの水リスク対応促進（水使用量・リスクなどをディアジオが管理し報告する）を行っている。

消費財業界では、フランスのグローバルアパレル・ファッションブランドを有するケリンググループの取り組みが参考になる。(注47) 同社が扱う革製品の加工やアクセサリーの原材料となる貴金属の発掘などでは大量の水が使用され、水資源への汚染も生じる。たとえば金採掘時には、鉱石から金のみを抽出するために毒性を持つシアン化水銀が使用される。ケリングでは、自社にとどまらずバリューチェーン上の環境負荷を減らすことを目指すため、バリューチェーン上の各段階においての水使用量や、どの程度水を汚染しているかを調べている。水資源への負荷のほとんどが原材料段階（特に皮、金属、植物由来繊維）で発生していることを特定し、そこに重点を置いて環境負荷低減の対策を講じている。具体的には、水汚染抑制対策としてサプライヤー向けに、①金採掘時のガイドラインの作成、②オーガニックコットンのGOTS認証取得（環境に配慮したコットンへの認証。要件のなかに製造過程における廃水処理への配慮が求められている）、などを要請し、原材料の生産プロセスの変更を促している。ケリングはガイドラインを設け、抽出工程での水銀やシアン化物の使用を避けることを奨励している。

また、加工プロセスについても、皮なめし過程において多量の水資源を必要とする金属の使用を控えて、バリューチェーン全体に占める水資源使用量の抑制を図り、2025年までに全工程で金属不使用化を目標に掲げている。さらに、レザー量を少なくする（スクラップレスプログラム）により、水使用量を削減している。(注47) レザーの加工工程では、原料レザーの水戻しや水洗いなどで大量の水が使用されるが、使用する形に切り抜いてから加工すれば水の使用量削減につながる。

製造業では、フランスの自動車メーカーであるPSAグループの取り組みが参考になる。(注48)

製造工程別の水使用量を調べると、塗装工程（50〜60％）、塗装後の冷却工程（15〜20％）の順に多く、各工程の水使用量削減に取り組んでいる。たとえば車体の塗装工程では、水を8段階でカスケード利用している。カスケード利用とは、一度使用して質の下がった資源を、その下がったレベルに応じて別の用途に複数回利用することだ。さらに、塗装工程で発生するパージ溶剤（金属の表面から樹脂や炭化物を剥離させる洗浄剤の一種）の廃液を処理する新しいシステムをフランス・モンベリアル市のソショー工場でテストしている。これが実現できれば90％の水を回収し、再利用できるという。冷却工程では、使用済みの冷却水を自然環境に還元できるレベルまで浄化処理したあと、自然環境に直接排出している。その他の工程でも、廃液の水分を沸騰蒸発させることで水を回収し、再利用する蒸発濃縮システムの活用などで水使用量削減に努めている。

水ストレスが高い海外で製造・販売を行う企業は、こうした水リスク対応施策を検討する必要があるが、実は、水ストレスが高くない日本で事業が完結している企業も油断できない。海外から輸入した原材料を仮に日本で生産したらどのくらいの量の水が必要かを推計した「バーチャルウォーター」というとらえ方があるからだ。輸入品の大半には「バーチャルウォーター」が含まれているので、日本は原材料とともに「見えない水」も大量に輸入しているというわけだ。これを考慮すると、日本は国内水資源消費量の77％を輸入に頼っており、バーチャルウォーターの最大輸入国のうちの一つだ。[注49] バーチャルウォーターに関する規制・ソフトローが導入された場合には、日本国内での事業運営に大きな影響が生じる。

環境課題

4 生物多様性

前述の三つの環境課題に比べると、「生物多様性」はビジネスからやや縁遠い話と思うかもしれないが、決してそうではない。

2020年1月の国際経済フォーラムの報告書[注50]によると、企業が生み出す44兆ドルの経済的付加価値（世界のGDPの半分以上）は、程度に差こそあれ自然や生態系サービスに依存している（生物多様性や生態系により人間が享受している恵みを生態系サービスと呼ぶ）と指摘している。なかでも、建設業、農業、食品・飲料業界の依存度が最も高く、粗付加価値で見ると、建設業は約4兆ドル、農業は約2・5兆ドル、食品・飲料業界は1・4兆ドルにのぼる。これらのセクターは、土壌、受粉、安全な水、安定的な気候など、森林や海洋から供給される直接的な資源や生態系サービスに依存している。

しかし、現在の経済モデルが今後も続くと生態系サービスは消失していき、英国のシン

クタンク、グローバル・キャノピーの試算によると年間で約４７９０億ドル以上の経済的損失が発生するという。(注51)

この生態系サービスは「供給」「調整」「生息・生育地」「文化」の四つに分類され、「供給サービス」は食料や原材料、遺伝子資源など、「調整サービス」は気候調整や水量調整、花粉媒介など、「生息・生育地サービス」は生息・生育環境の提供、遺伝的多様性の保全、「文化的サービス」は観光の場と機会、文化やデザインへのインスピレーション、科学や教育の知識などで、(注52)いずれも人間の経済活動と深く関係している。植物や動物などの遺伝資源を利用した産業は、医薬品、バイオテクノロジー、種子、農薬、園芸品、化粧品など多岐にわたる。国際経済フォーラムの試算によると、こうしたバイオ技術に関連する産業は、２０３０年には年間１２５０億ドルの市場規模に成長するという。(注53)

食品、化粧品、化学、建築などバイオ由来の原材料を利用する産業は多い。食品分野で最もよく使われる農作物１２４種のうち70％は、昆虫による花粉媒介に依存している。(注54)医療・製薬分野では、薬品の原材料などに利用される植物７万２０００種（全種の17％）のうち１万５０００種が絶滅の危機にあるとされている。(注55)林業の分野では、建築資材や紙などを生産するため森林が伐採される。２０１８年に世界で生産された産業用の丸太（パルプ材や電柱用など）は20億２８００万立方メートルで、前年比で５・２％増加した。(注56)建築用資材は4億9300万立方メートル生産され、前年より2・2%増えた。

生物多様性の損失は、気候変動の進展とも密接に関連している。森林の消失は地球全体のCO2の吸収容量を減少させ、地球温暖化を加速させる。世界資源研究所によると、2019年の1年間で375万ヘクタールの森林（原生林）が失われた。これは18億トン分のCO2吸収容量に相当する。（注57）また、農地転換などを目的に森林を伐採した際に生じるCO2の排出量は、人間が出している排出量の約13%にのぼると、2019年のIPCCの報告書は推計している。（注58）

生態系の破壊はそもそもどのように引き起こされるのだろうか。その原因の多くは人間の活動である。

パーム油、大豆などの食料生産、森林伐採などが主な原因となっていると考えられている。パーム油はアブラヤシの実から採れる世界で最も生産されている植物油だ。アブラヤシ農園開発のため熱帯林が伐採され野焼きも行われるのだが、泥炭地の森を焼き払う際に生じる火災が問題視されている。インドネシアにおける2015年の泥炭・森林火災によるCO2排出量は、約17・5億トンと言われている。（注59）生態系サービスの喪失に加え、火災による煙害でCO2だけでなく他の有毒物質も放出されて大気が汚染され、国際問題に発展している。こうした状況から、持続可能なパーム油のための円卓会議（RSPO）などを通じて、環境への影響に配慮した持続可能な生産、購買、融資、利用を目指す取り組みが進められている。RSPOは持続可能なパーム油のための認証スキームを開発・運用しており、2020年現在、世界の約19％のパーム油は認証パーム油（CSPO）となっている。(注60)

南米では2000年から2010年の間に2400万ヘクタールの土地が農作物の耕作地となり、そのうち大豆の栽培面積は2000万ヘクタール増加した。(注61)ブラジルの中西部に広がる熱帯サバンナ地帯セラードは、世界の生物種の5％の生息地だが、セラード生物群系（バイオーム）の約7％、イングランドの面積に相当する面積を大豆の栽培地が占めている。セラードはブラジルで生活する人々にとって重要な水源地域となっている。世界最大の湿地であるパンタナール湿地を含め、六つの湿地の水源がセラードにあり、ブラジル人の10人に9人はセラードからの水で発電した電力を使っている。輸出用作物のための耕作地を過剰に広げることは、現地の生態系サービスの喪失や現地の人々の生活に必要な水の横取りにつながりかねない。

こうした状況から、持続可能な大豆生産や流通を目指す国際的なイニシアチブとして、責任ある大豆に関する円卓会議（RTRS）が活動している。大豆の生産者、サプライヤー、製造業、小売業、金融機関、社会団体や他の関連するステークホルダーから構成される団体だ。世界で生産されている大豆のうち、約446万トンの大豆、約126万ヘクタールの大豆生産地、7099の農家が認証を受けている。[注62]

世界の森林面積は、1990年から2020年の30年間で約1億7800万ヘクタール（日本の国土面積の約5倍）が減少した。[注63] 世界自然保護基金によると、森林破壊の主な原因は、農作物の生産などの土地利用、森林火災、違法伐採、燃焼用の木材の収集、鉱業、気候変動としている。[注64] 森林に依存し生計を立てて暮らす人は約16億人にのぼり、そのなかには約7000万人の先住民族が含まれている。[注65] 森林が失われることはCO_2の吸収源が失われることを意味し、気候変動、生態系サービスの喪失、先住民の生活環境の破壊などの観点から、人間生活に影響を及ぼしている。持続可能な森林管理を目的として、環境、林業業界、林産物取引企業、先住民団体などを中心に、森林管理協議会（FSC）が発足した。2019年までに、世界84カ国で約1億9600万ヘクタールの森林が認証されている。[注66]

これまで述べてきたように、人間の活動に起因して発生している気候変動、資源・廃棄物、水の課題と生物多様性の課題は相互に関係しており、一方が悪化するともう一方の悪化度合いが増すような相互作用を引き起こしている。

生物多様性の課題は、気候変動と同様に、近い将来社会・経済に大きな影響を与える重要な課題として認識され始め、2019年のダボス会議が発端となり、自然関連財務情報開示タスクフォース（ＴＮＦＤ）が立ち上がった。国連環境計画金融イニシアチブ（ＵＮＥＰ ＦＩ）、国連開発計画（ＵＮＤＰ）、世界自然保護基金（ＷＷＦ）、英ＮＧＯグローバル・キャノピーの4機関が中心となり、正式な発足に向けて、２０２０年7月から準備段階に入った。企業の自然資本と生態系サービスに関するリスクと機会を評価することを目指し、情報開示フレームワークを策定している。(注67) ＴＮＦＤは企業の情報開示の仕組みとしてＴＣＦＤでの取り組みを参考に進めているとされ、持続可能な開発のための世界経済人会議（ＷＢＣＳＤ）のピーター・バッカー代表は、「ＴＮＦＤは不可避であり、ＴＣＦＤとともに、任意から強制力を持つ義務となるだろう」と述べている。(注68) 直近の動きとしては、２０２０年9月に62の非公式ワーキンググループメンバーを発表し、２０２１年の発足に向けて準備を進めている。(注69)

生態系破壊は非常に複雑な因果関係によって生じるため、因果の連鎖をあぶりだすこと自体は不可能に近い。他方で、生態系の破壊は親亀の毀損であり、バイオ由来の原材料に依拠している産業や様々な生き物をもとにイノベーションを起こしている産業（製薬やバイオミミックなど）にとっては事業の基盤の破壊である。詳細な因果関係の把握は不可能だが、この破壊の連鎖を止めるには、企業活動の様々な環境インパクトが生態系破壊をめぐりめぐって引き起こすと理解したうえで、環境負荷を減らす事業経営の実践が求められる。

三つの社会課題

社会課題は、人に関わる課題であり、広義の人権課題というとらえ方ができる。歴史的に人権概念が徐々に発展してくるなかで、自分自身に価値があり、個人として尊重され、私らしくあることを求める人が増えている。これらの「個」はもはや、歴史上の「沈黙した個」「匿名の個」ではなく、一人ひとりが世界に向かってその権利を発信できるツール（SNSなど）を手にした「声ある個」だ。

企業にとって「声ある個」は、消費者であると同時に従業員でもある。これらの人々の要請に耳を傾け、真摯に応えていかなければ、市場から取り残され、従業員もついてこない。社会課題は広義の人権課題であるという認識のもと、特に企業と関係が深い人権項目を分類すると、身体的人権、精神的人権、社会的人権の三つに大別できる（世界人権宣言、国際労働機関の中核的労働基準、追加的に特定の集団などの権利を定めた国連文書などをベースに洗い出した人権の種類48項目をもとにPwCで分類）。

以下、この三つの人権について整理をしていく。

社会課題

1 身体的人権

前述のように、強制労働、借金による束縛、強制結婚、その他の奴隷的慣行、人身取引により身体的人権を奪われている人々が現実問題として存在している。現代奴隷と呼ばれる状況にある人々は全世界で約4030万人（2016年）[注70]いると言われている。特に、女性が約2840万人（現代奴隷の約71%、少女を含む）、子どもが約1000万人（現代奴隷の25%）とされており、女性や児童の現代奴隷は特に問題視されている。地域別の内訳を見ていくと、アフリカやアジアなどの開発途上国に多く存在していることがわかる（アフリカ924万人、アジア太平洋2499万人、欧州・中央アジア359万人、米州195万人、アラブ諸国52万人）。

身体的人権は国際社会でも対応すべき課題と認識されている。2008年に国連事務総長特別代表に就任したジョン・ラギー氏が中心となって策定した通称ラギーフレームワーク（保護、尊重および救済の枠組み、多国籍企業のビジネスと人権に関する基準と慣行を強化するための考え方）を踏まえ、すべての国と企業が尊重すべき人権に関するグローバル基準として、2011年に「ビジネスと人権に関する指導原則」が国連人権理事会で決議された。これは、「人権を保護する国家の義務」「人権を尊重する企業の責任」「救済へのアクセス」の三つの原則で構成されている。企業に関連する項目としては、「人権を尊重する企業の責任」のなかに、「方針によるコミットメント（企業が人権を尊重する責任を持つことを公表する）」「人権デューデリジェンス（企業が関与する人権への影響について特定・分析・評価し、評価結果を組み込んで適切に取り組み、追跡評価を行い、企業の対応について外部に公表する）」「是正（人権へ負の影響を引き起こした場合は、是正に努める）」に関連する内容が含まれている。[注71]

その後、2015年3月に英国現代奴隷法が制定され、世界で初めて現代奴隷制の防止が法制化された。これを皮切りに、法制化の動きが各国で広まってきている。国別の法制化の動きを表にまとめた（図表3－5）。

現代奴隷制の防止に関しては人権のNGOの関心も高く、対応しないことがリスクになる。過去に、大手アパレル企業が工場で少女らに低賃金で強制労働を強いていたことが発覚し、NGOが工場の労働環境改善を求めて雇用主の企業に圧力をかけ、不買運動に発展したことがある。その結果、雇用主企業の売上高は数年にわたり企業側の予想よりも大きく減少した。

日本でも技能実習生に関する問題が国際的に指摘されている。厚生労働省の2017年の調査[注72]によると、外国人技能実習生を受け入れている事業所のうち約70％（4226カ所）

図表3-5　現代奴隷制防止に関する各国の動き

国	法律（制定年度）	概要
英国	現代奴隷法（2015年）	企業のサプライチェーン上の奴隷制を特定し、根絶するための手順の報告を義務化。英国で活動する企業で、世界での売上高3600万ポンド（約50億円）を超える企業が対象
フランス	企業注意義務法（2017年）	企業に対して、自社の事業活動における人権リスクの特定・防止計画公表を義務化。従業員5000人以上のフランス企業または1万人以上のフランスの外資企業が対象。子会社や関連会社による環境破壊や人権侵害についても親会社の責任を追及
オーストラリア	現代奴隷法（2018年）	企業が毎年政府に現代奴隷ステートメントを提出することを義務化。年間売上高1億豪ドル（約84億円）以上のオーストラリア法人と、年間売上高1億豪ドル以上の海外法人が有するオーストラリア現地法人が対象
オランダ	児童労働デューデリジェンス法（2019年）	サプライチェーン上における児童労働の問題の特定、防止、評価を義務化。オランダの消費者に対し、製品やサービスを提供するすべての企業が対象。児童労働が想定される場合には、防止するための行動計画の作成が必要
イタリア	―	イタリア政府は企業の人権デューデリジェンス導入を検討するため、既存の法律の見直しを約束。2021年1月に施行が予定されるEUの紛争鉱物（スズ、タンタル、タングステン、金など）輸入業者に対する、人権デューデリジェンス義務化への支持を表明
米国（カリフォルニア州）	サプライチェーン透明法（2010年）	サプライチェーン上での強制労働、児童労働、奴隷制度、人身売買を排除する取り組みの開示を義務化。同州内で事業を行う世界売上高1億米ドル以上の小売・製造業の企業が対象

出所：各国情報をもとにPwC作成

で何らかの法令違反が確認された。主な違反事項は多い順に、労働時間（26・2％）、使用する機械に対して講ずべき安全処置などの基準（19・7％）、割り増し賃金の支払い（15・8％）だった。2014年に実施された国際人権（自由権）規約委員会（ジュネーブ国連本部）による第6回日本政府報告書審査においても問題点が指摘されている。[注73] 各国の人身取引に対する取り組みを評価した「人身取引報告書」（2020年の米国国務省による報告）によると、日本の評価は2018年と2019年では最良のティア1だったが、2020年ではティア2へ格下げとなった。[注74] 評価が下がったのは、外国人技能実習制度で労働者の強制労働が報告されたにもかかわらず当局がそれを認めていないことや、外国人技能実習生に法外な手数料の支払いを要求する海外の仲介業者に対する取り締まりが不十分なことなどが背景にある。

社会課題

2 精神的人権

精神的人権は、精神的自由に対する権利、すなわち「私らしくある権利」とも言える。男性だから化粧をしてはならず、ズボンをはかなくてはならない、家族とは男性と女性のカップルからなり、遺伝的にその2人の子どもでなくてはならず、女性が子育ての主な担い手である――。そうしたくびきから人々が自由になり、仕事をしたい女性は仕事をすることができ、家にいることが好きな男性は主夫となることが許され、男女の婚姻に限られない家族のあり方が認められ、男女の婚姻と同等の福利厚生の対象となること。そうした自由な個の生き方を尊重するために、企業は従業員に対する暗黙の前提やそれに基づく仕組みを見直す必要に迫られており、近年は「ダイバーシティ&インクルージョン」という言葉とともに、急速に関心が高まっている。求められる精神的人権の内容は、時代や地域によって異なるが、現在は、ジェンダー（性）、人種、多様な働き方などが注目を集めている。

日本財団が日本在住の約5000人を対象に行った調査(注75)によると、約86・8％は多様性がある社会が重要と感じており、72・8％はダイバーシティ&インクルージョンの推進に前向きな姿勢を示している。ダイバーシティ&インクルージョンには、ジェンダーの平等、人種差別の撤廃、多様な働き方の許容などの要素が含まれる。これらの各要素に対して、企業としてどのようにアプローチしているかに注目が集まっており、具体的な動きが出始めている。

ジェンダーの平等については、株式インデックスにこの観点が導入され始め、組み入れられる銘柄数も急速に増えてきている。ブルームバーグ男女平等指数（GEI）では、構成銘柄数が2019年の230社から2020年の325社に増加している。(注76) 銘柄に選出されたネスレでは「ジェンダーバランス加速計画」を設定し、2022年までにグループ全体の上位200人の役員のうち、女性を30％にする目標を掲げている（2019年時点では20％）。(注77)

人種差別の撤廃については、JPモルガン・チェースやシティグループ、アマゾンなどニューヨークの主要27企業のCEOで構成されている「ニューヨーク・ジョブズCEO評議会」の動きが注目される。各社のリソースと資金、規模を総合的に活用し、「低所得で多様なコミュニティ出身のニューヨーク市民に安定したキャリアへの道筋」を整備するため、今後2030年までの10年間で、低所得層やマイノリティら「伝統的に十分なサービスを受けていない」市民10万人を雇用するイニシアチブを打ち出している。(注78)

多様な働き方の許容については、貸し会議室事業などを展開するIWGが世界80カ国で行った調査(注79)によると、75％のビジネスマンがフレキシブルな働き方は新しい常識になってきていると回答し、80％以上が同様の雇用オファーが二つあった場合、フレキシブルな労働環境を提供しない企業を断ると回答している。

ユニリーバ・ジャパンは2016年より原則として全社員を対象に「ワーク・フロム・エニーウェア・エニタイム（いつでもどこからでも働ける）」という制度を設け、個人の働く場所や時間（1日の標準労働時間は7時間35分）を自由に設定できるようにした。[注80] さらに2019年には、社員がワーケーション（観光地などでテレワークを活用して働きながら休暇を取るすごし方）を積極的に活用できるように六つの自治体と連携し、社員の働く場所の選択肢をより広げた。自治体が各地域に所有する施設をコワーキング（共働）スペースとして社員に無償で提供し、社員が地域のイベントや地域課題解決に関わる活動に参加できる仕組みを整えた。[注81]

ダイバーシティ&インクルージョンの重要要素として、職場におけるハラスメントへの防止が挙げられる。G20諸国の女性の約29%が職場でハラスメントに直面し、それに対して61%は抗議などの行動を起こしていない実態がある。[注82] こうした状況を憂慮し、2019年の国際労働機関（ILO）総会では、仕事上の暴力とハラスメントの問題を扱う初の国際労働基準である「仕事の世界における暴力とハラスメント条約」が採択された。批准国はこの条約を遵守するための具体的な法整備に乗り出すと予想され、企業にも影響が及ぶと考えられる。[注83]

精神的人権の尊重は、単に外部環境の変化や外圧への対応ではなく、優秀な人材確保、従業員の生産性向上といった競争力の面でも重要だ。ハラスメントがなく、多様性を許容する職場環境を整備することは企業価値向上にもつながる。ILOの報告書[注84]によると、世界約70カ国1万3000社への調査の結果、57・4％の企業が、ジェンダーの多様性を促進する取り組みにより事業が改善するとの考えに同意すると回答した。同意すると答えた企業に具体的な改善内容を尋ねると、収益性と生産性の向上につながった（60・2％）、有能な人材獲得に貢献した（56・8％）、創造性やイノベーションにつながった（54・4％）、企業のレピュテーションが向上した（54・1％）、などが挙がった。また、ジェンダー多様性の実践により利益が増加したと回答した企業のうち、約74％が実際に5〜20％の利益増があったと答えている。(注85) さらに、クレディ・スイスの「2019年版CSジェンダー3000」によると、経営幹部の女性の割合が20％以上の企業は15％未満の企業よりも株価パフォーマンスが約5％高かったという。(注86)

ESG投資が主流化しているなかで、投資家も企業のダイバーシティ&インクルージョンに関する指標に注目して投資判断を行っている。実際に、スタンフォード経営大学院を含む複数の大学が行った研究では、企業のジェンダーダイバーシティに関する発表と株価上昇に相関関係があることから、投資家はジェンダーダイバーシティのある企業を好む傾向があるとの結果を示している。(注87)

アセットオーナーもジェンダーダイバーシティに着目した運用を開始している。たとえば、世界最大の年金基金である日本の年金積立金管理運用独立行政法人（GPIF）は

2017年にMSCI日本株女性活躍指数（WIN）を採用した。WINは日本においてジェンダーの多様性に優れた企業を対象に構成される株価指数だ。[注88] さらにGPIFは、2019年に「30％クラブ・ジャパン・インベスター・グループ」に加盟した。これは日本における女性役員の割合の向上を目指す投資家のワーキンググループで、投資先企業の取締役会に対して、ジェンダー平等の推進を働きかける活動を行っている。[注89]

一方、金融情報を提供するリフィニティブ（旧トムソン・ロイター）は、多様性の視点から投資戦略を強化するための手助けとなる指標として、ダイバーシティ＆インクルージョンにおける評価が世界で最も高い企業の上位100社を発表している。対象は世界の時価総額の70％に相当する7000社から選定される。評価は、「ダイバーシティ」「インクルージョン」「人材開発」「メディアでの論争・物議（頻度）[注90]」の4項目からスコアリングを行っている。

日本では、特に若者世代を中心に、社会課題としてのダイバーシティ＆インクルージョンに関心が高い。PwCが日本で実施した調査[注91]では、「環境・社会課題に取り組む企業で働きたい」と感じている日本のZ世代（1990年代中盤以降に生まれた世代）の割合はベビーブーム世代と比較して約3倍となっている。また、インテルが行った英国での調査[注92]によると、Z世代は自身のキャリアを考える際に組織におけるダイバーシティ＆インクルージヨンを重視しており、半数以上（56％）が「リーダーシップポジションにマイノリティがいないような組織では働きたくない」と答えている。

このZ世代のダイバーシティ＆インクルージョンへの関心の高さに着目して、「私らしさ」を新しい市場としてとらえる動きもある。

丸井グループは、自社のミッションとして「すべての人が『しあわせ』を感じられるインクルーシブで豊かな社会を共に創る」を掲げ、それに基づき2050年までの長期ビジョンやサステナビリティ重点テーマを設定し、私らしさを新しいマーケットのキーワードとしてとらえている。(注93) 具体的には、婦人靴シリーズ「ラクチンきれいシューズ」では、婦人靴のサイズ展開を従来の7サイズから16サイズへ拡大し、すべてのサイズをカバーする(注94)ことで、一人ひとりに合った靴を提供する。丸井がLGBTQ（セクシャルマイノリティ）への理解促進を目的としたイベント「東京レインボープライド2017」に「マルイのシューズ」を出展した際には、靴のサイズの豊富さがトランスジェンダーの消費者から喜ばれ「自分らしいシューズがはけた」との声が上がったという。(注95)

社会課題

3 社会的人権

社会的人権は、人間が健康で文化的な最低限度の生活を営むのに必要とされる権利のことで、貧困、衛生施設や教育へのアクセスなどの課題がある。これらは開発途上国で大きな問題とされてきたが、近年、先進国においても貧困・格差に基づく社会的人権が大きな問題として注目されている。2016年の日本を含むOECDの相対的貧困率は11・7％で、最も高いイスラエルや米国では18％近くだ。(注96) 日本においても、厚生労働省による調査(注97)では、相対的貧困率は15・4％、子どもの貧困率は13・5％に達する（2018年）。さらに、オックスファムの報告書(注98)によると、2019年において、世界の富裕層の上位約2100人は下位46億人（世界人口の約60％とされる）よりも多くの資産を持つとされている。

こうした貧困や格差のなかでの社会的人権の確保に加え、高齢化に伴う「健康に生き続ける権利」や「ウェルビーイング」なども新しく注目されつつある社会的人権だ。

世界銀行によると、2015年時点で1日当たり1・9ドル以下で生活する極貧状態となっている人々は全世界で7億3600万人（世界人口の約10％）いる。(注99) 基本的な衛生施設へのアクセス課題を抱える人々はさらに多く、20億人以上（約27％）がトイレにアクセスできていない。そして、約30億人（約40％）は水と石鹸を備えた手洗い設備が自宅にない(注100)。改善のスピードが非常に遅いことから、90カ国において、2030年までにすべての人が適切な衛生環境へアクセスするのは困難となっている(注101)。別の調査では、2050年には基本的な衛生施設を利用できない人は14億人にのぼるとしている(注102)。

教育へのアクセスについても、世界で学校に通っていない子どもは約3億300万人いて、その約3分の1に当たる約1億4000万人は紛争地や被災地に居住しているとユニセフは報告している(注103)。教育へのアクセスは改善傾向にあるが、一方でその質については課題が残っており、世界の学齢期（初等・中等教育）の子どもたちの半数以上を占める6億1700万人は、基本的な読み書きや計算ができないと推定されている(注104)。

こうした貧困・衛生・教育の課題を解決するためには、それぞれの国・地域での電力、通信、金融などの生活インフラの整備が必要だ。2018年時点では、世界で約90％の人が電力にアクセスできるが、取り残されている人々の約70％は、サブ・サハラ（サハラ砂漠以南の地域）に集中している。この地域では実に半数以上の人が電力にアクセスできていない(注105)。

インターネットは急速に普及しているが、普及率は2018年時点で先進国でも人口の80％にとどまり、開発途上国は約45％、47の後発開発途上国は20％となっている(注106)。金融アクセス（金融機関やモバイルマネーの口座を持っている）がある人の割合は全世界で69％、先進国で94％、開発途上国で約63％となっている。世界全体で、金融アクセスがない31％のうち22％は、口座開設を行う金融機関の場所が遠すぎることがその理由となっている。[注107]つまり、社会的人権の課題は、貧困、衛生施設や教育へのアクセスといった根源的な課題と、それを解決するのに必要な生活インフラ整備の2階建て構造になっていると言える。

貧困、衛生施設や教育へのアクセスといった根源的な課題は、公共セクターを中心としたアプローチが望ましいと考えられるが、電力、通信、金融のそれぞれの生活インフラ分野の課題については、企業からのアプローチも工夫次第では可能だ。

たとえば、ＢＢＯＸＸ（ビーボックス）はアフリカ地域を中心とした10カ国以上に対し、太陽光発電などにより照明やラジオが利用できるソーラー・ホームシステム（ＳＨＳ）を活用して、電力を供給する企業だ。利用者が使った分だけモバイルで支払えるペイ・アズ・ユー・ゴーの方式を採っている。これまで約１４０万人以上にＳＨＳを利用した電力を届けた。[注108]

インド大手のリライアンス・ジオは、同国のインターネット普及に大きく貢献した。報道によると同社は、２００億ドルを投資し、２０１６年にインド全域で、約10億人に４Ｇネットワークを無償で提供した。[注109]リライアンス・ジオのこうした取り組みもあり、インドにおけるインターネット利用者数は、2019年末時点で世界1位の中国に次ぐ5億6000万人となり、移動電話サービス（携帯電話端末）の普及率も88・5％となった。(注110)(注111)

金融分野では、マイクロファイナンスの仕組みで知られているグラミン銀行が、2019年時点でバングラデシュの8万1678の村で、貧困層960万人に担保なしで融資を行った。(注112)担保をなくす代わりに、借り手は5人で一つのグループとなり、そのなかで返済が困難な人が出た場合には、他のメンバーがその返済を担う仕組みだ。また、ケニアやナイジェリア、タンザニアで低所得者層向けのマイクロファイナンス事業を展開しているスタートアップ企業のブランチは、アプリ経由で口座を開いた人の携帯電話から情報（連絡先や位置情報、通話情報、返済履歴など）を収集・分析して与信付与を行い、それに基づいて融資を実行している。(注113)これまでの利用者数は300万人以上、ローンは1500万件提供している。(注114)

生活インフラ分野に加えて、基本的な医療へのアクセスも重要な課題だ。この課題にビジネスからアプローチしているのがルワンダのスタートアップ企業、バビルだ。(注115)同社は携帯電話で医師と電話で相談できるサービスなどを展開し、ルワンダにおける医療アクセスを推進している。患者は医療相談を携帯電話で予約し、相談料をモバイルマネーで支払うと、予約時間に医師や看護師から電話がかかってくる。相談の結果、必要に応じて各種の検査も実施している。患者は近所にある提携医療機関に向かい、モバイル端末でバビルからあらかじめ受け取ったコードを提示して検査を受ける。検査結果はデジタル情報で送られてくる仕組みだ。すでに登録者数は200万人以上にのぼり、130万人以上に対して相談サービスを実施している。

業界別サステナビリティ課題

サステナビリティ課題は業界によって大きく異なる。そこで、①エネルギー、②食品・飲料、③医薬品、④金融、の四つの業界について、それぞれサステナビリティ課題を見てみよう。

業界動向 1 エネルギー

エネルギー業界は、前述のサステナビリティ課題のなかでも、特に「気候変動」に関連の強い業界だ。CO2の排出量全体に占めるエネルギー業界の割合は高く、日本においては全体の4割以上を占めている。(注116)また、火力発電のなかでも石炭発電は、電力を生み出す際のCO2排出量が天然ガス発電や石油発電よりも多いため、環境負荷の大きい発電方法とされ、(注117)石炭発電からの撤退の要請や圧力が世界で強まっている。

要請を強めている主体の一つは各国の政府で、CO2削減目標の設定や脱火力発電に向けた政策の策定を進めている。火力発電に対する法規制が進んでいる欧州では、フランスが2022年まで、英国が2025年までに石炭火力発電を廃止することを法制化している。(注118)また、炭素に価格を付けるカーボンプライシングは、2020年10月現在、約40カ国と20以上の都市で採用されている。(注119)炭素税を導入している英国では、企業に対して使用するエネルギー量に応じた課税がなされており、2018-2019年の総税額は19億ポンドにのぼった。(注120)

日本のエネルギー政策は、火力発電を一部保持し続ける方針をとってきたが、2020年10月に菅義偉首相が2050年までの温室効果ガス排出ネットゼロ達成を表明し、今後、脱火力発電に向けて政策が転換される可能性が高まっている。

また、投資家による石炭関連事業からの投融資撤退も、エネルギー業界への大きな圧力となっている。INGやドイツ銀行など、多くの国際的商業銀行が、石炭火力発電所新設への融資停止、石炭火力事業からの将来的な撤退を発表しており、国内金融機関大手の三菱UFJフィナンシャル・グループ、三井住友フィナンシャルグループ、みずほフィナンシャルグループも、新設石炭火力への融資の原則禁止を宣言している。こうした動きの結果、融資不足により火力発電所の建設が中止となる事例も出てきている。たとえばポーランドの電力会社エネルガとエネアは、ワルシャワの北東に計画していた石炭火力発電所の建設計画を、融資不足を理由の一つとして2020年に取りやめた。(注121)

さらに、電力を使用する企業のなかにもネットゼロ化を目指す企業が増加しており、火力発電のニーズ自体も減少傾向にあると言える。アップルは、2030年までの製造過程の100%再生可能エネルギー化を目標としており、関連するファンドへの多額の投資などを通じて、サプライヤーの再生可能エネルギー利用への転換を支援している。(注122)

エネルギー企業がこうした外部からの要請、圧力への対応を怠り、CO2を大量に排出し続けると、CO2排出に対する法規制の強化や、需要の低炭素燃料へのシフトが生じた際に企業が被るリスク（移行リスク）や、異常気象によるインフラ損害や不具合発生時の被害などのリスク（物理リスク）が増大する。

移行リスクの一つに、規制による火力発電所の休廃炉・炭素税などによるコストの増加（規制・法的リスク）がある。今後、各国が掲げるCO2排出削減目標の期限が近づくにつれて、炭素税の上昇・普及が予想され、それによりリスクも同様に増加していくだろう。ネットゼロ達成を宣言した日本も例外ではない。フランスでは、2030年までに炭素税

の税率を段階的に引き上げることが決まっている。(注120)

また、低炭素燃料への移行が進むことによる市場リスクも大きく、グローバルにおける石炭火力発電量は、2050年には2015年比で67%減少と大幅な縮小が予測されている。(注123) エネルギーセクターの投資回収期間を踏まえると、長期的目線での技術投資が必要であり、投資のタイミングや規模を見誤り新技術獲得が遅れた場合、競争力低下や過大な設備投資による財務への悪影響といったリスクも発生しうる。

逆に、こうした外部環境の変化を事業機会としてとらえ、成功を収めているエネルギー企業もある。デンマークのオーステッドは石炭発電から再生可能エネルギーによる発電に事業転換し、現在、洋上風力発電の世界最大手となっている。同社は1972年にデンマークの国営石油・ガス会社として創業したが、既存事業が経営不振に陥るなか、石炭火力発電事業から再生可能エネルギー事業へと主要事業の転換を進めた。2020年のダボス会議で報告された「世界で最もサステナブルな100社(グローバル100インデックス)」のなかでは、名だたる企業を押さえて、最もサステナブルな企業の世界第1位に選ばれている。(注124)

火力発電は短期的には必要とされており利益を生み続けることから、その利益を確保するために多くの火力発電事業を買収する企業もある。しかし、そうした戦略は、レピュテーションリスクの観点から、継続的に難易度が上がっていくと想定される。

業界動向

2 食品・飲料

原料調達を自然環境に大きく依存する食品・飲料業界は、環境に関するサステナビリティ課題の深刻化の影響が最も大きな業界の一つで、多くのリスクを抱えていると言える。その一つが気候変動により生じる原料調達リスクで、このリスクは「慢性」と「急性」に大別できる。慢性リスクとして想定されるのは、気温上昇や海面上昇などによる慢性的な収穫量減・調達コスト増だ。2050年にかけてコメの収穫量は11％減少、トウモロコシは24％減少（いずれも2000年比）するとのレポートもある。(注125) 一方、急性リスクとしては、台風・干ばつ・洪水による作物被害などによる一時的な収穫量減・調達コスト増などがある。

日本では、2019年に自然災害によって4883億円の被害が発生したが、これは大規模地震の被害を除くと、過去10年間で2018年に次いで2番目の規模だ。2010年と比較すると、2019年の被害額は約5・2倍となり、自然災害の増加・激甚化の影響がうかがえる。(注126)

また、水に関しても同様に調達リスクが高まっている。前述のように2050年には世界人口の52%が水ストレス（必要な水にアクセスできない状態）にさらされるとの推計があり[注44]、水リスクが高い地域での取水に対する批判は強い。

食品・飲料業界は、環境に関するサステナビリティ課題の深刻化によるリスクにさらされていると同時に、自身の事業活動が深刻化を促進させうる側面もある。食品に関わる温室効果ガス排出は、全体の排出量の26%を占めるとされており、気候変動の大きな要因の一つだ[注127]。魚介類などの水産資源も食品・飲料業界の重要な原料だが、人口増加に伴う需要増加の結果、乱獲や過剰漁獲による生物多様性の破壊や水産資源の枯渇が懸念されている[注128]。また、前述（「生物多様性」）のように原料生産のなかでもパーム油・大豆の生産は特に生態系破壊への影響が大きく、パーム油生産の拡大は多くの絶滅危惧種に影響を与えると言われている[注129]。

食品・飲料業界の企業は、自身が環境に与える影響を緩和しながら、サステナビリティ課題が深刻化するなかで事業を継続できるような事業変革が不可欠だ。飲料業界では、水資源のサステナビリティ対策として製造過程での水使用量の削減に取り組んでいる。デンマーク大手酒造メーカーのカールスバーグは、ビール醸造100リットル当たりの水消費量を290リットルから140リットルへ削減し、醸造所での製品製造に使用している水の90%を再利用する設備に投資するとしている。(注130) また、容器包装に関する取り組みも進んでおり、軽量化によるプラスチック使用量の削減、プラスチックから植物由来の素材への変更など、製造過程から排出されるCO2の削減に取り組む企業も増えている。

業界動向

3 医薬品

製薬業界はその業界の特性から、前述の業界と比較して、より人権に関するサステナビリティ課題と関連が深い点が特徴だ。

世界レベルでの医療・医薬品へのアクセスや品質は、中南部アフリカを中心に依然として低いままだ。(注131) 2017年に世界銀行と世界保健機関が合同で発表した報告書は、基礎的保健サービスを受けられない人々は世界人口の半数にのぼると指摘している。(注132) 医療・医薬品へのアクセス・品質の不足による社会的人権の侵害は、製薬を含む医療業界全体の課題であると同時に、大きな事業機会としてもとらえられる領域だ。

医薬品へのアクセス不足は開発途上国のみが抱える問題ではない。政府ではなく、製薬企業が薬価を設定できる米国では、薬剤価格の引き上げが激しく、2019年の上半期だけで3400以上の医薬品の価格が引き上げられた。一つの薬当たりの平均値上げ率が

10・5％だったとする調査報告もある。(注133) このような薬価設定には批判も強い。米感染症学会・HIV医学協会は2015年に米国で大幅に薬価を引き上げた製薬企業に対して抗議の共同書簡を送付し、製薬企業は一部の保険加入者に購入代金の一部を補助する対応を取った。この事例からは、社会的な要請を見誤ることがリスクとなることがわかる。

一方で、薬品製造は地球環境に大きく依存する側面を持つため、製薬業界も環境関連のサステナビリティ課題の深刻化の影響を大きく受けうる。薬の製造過程では多くの純水（水中の不純物を除去した純度の高い水）が使用されており、水は事業継続に必要不可欠な資源だ。そのため、人口増加による水需要増大と供給不足は、製薬業界に少なからぬ影響を与える。

生物多様性も製薬業界と関連の強い課題だ。医療目的で利用される植物は多種にわたり、植物の絶滅は原料の消失として医療業界にも大きなリスクとなりうる。

環境に関するサステナビリティ課題については、製薬業界が受ける影響だけではなく、製薬業界が与える影響も大きい。サステナビリティの環境課題2「資源・廃棄物」で述べたように特に問題とされている廃棄物の一つがプラスチックだ。製薬業界もプラスチックボトルを多用しており無関係ではいられない。

このようにサステナビリティ課題から受ける影響と与える影響がともに大きい製薬業界

だが、業界内での取り組みには依然として温度差が大きいと言われることが多い。ノボ・ノルディスク ファーマは、サステナビリティ課題への先進的な取り組みを進める企業の一つだ。同社は糖尿病の薬であるインスリンのペン型注入器（インスリンペン）を毎年5・5億本以上製造、販売している。注入器の約77％はプラスチックで構成され、多くの場合、一般ゴミとして廃棄されていた。同社はその回収・リサイクルプロジェクトを2020年に開始しており、資源の循環サイクルの構築を目指している。(注134)

このほか、医療・医薬品へのアクセスについても、複数の製薬企業が行動を始めている。2017年には、日本企業を含む製薬企業22社によって、開発途上国の非感染症疾患の予防、治療、ケア改善を目的としたイニシアチブ「アクセス・アクセラレイテッド」が立ち上がった。人々の健康を改善するための拡大可能かつ持続可能なソリューションを共同で創造していくとしている。(注135)

業界動向

4 金融

金融業界の多くは、企業に投融資をする主体という点で他の業界と大きく異なり、他業界に及ぼす影響もその点で大きい。責任ある投資家としてサステナビリティに配慮した投融資の必要性が高まっている。その背景の一つが、前述のEUタクソノミーだ。(注136) 環境的にサステナブルな経済活動の定義づけがここでなされており、欧州で金融商品を提供する市場参加者は、その定義に基づき、自社が提供するサステナブルな経済活動に関する金融商品の割合の開示が義務づけられている。(注137) これにより、金融業界はEUタクソノミーの枠組みに基づいた投融資ポートフォリオの分析が求められると同時に、EUタクソノミーでサステナブルと定義される経済活動に、投融資先の割合を転換していくと予想される。日本の企業でもEUで金融商品を販売する企業はもれなく、このタクソノミーに沿った開示が求められる。また、その金融商品に含まれるポートフォリオ企業に日本企業が入っていれば、その企業も適切な開示が義務づけられる。

企業のサステナビリティ課題への対応は、長期的な企業価値・存続可能性と綿密に関連している。金融業界にとって投融資先企業のサステナビリティ対応の遅れは、運用実績悪化や貸し倒れのリスクになりかねない。そのため、金融業界は規制・ソフトローに対応するだけではなく、自社の業績のためにもサステナビリティへの配慮が求められている。

そうした状況を背景に、金融業界ではサステナビリティを観点とするリスクマネジメントが進みつつある。代表例の一つが、企業の公開情報に基づく投融資ポートフォリオのリスク分析だ。企業に対して気候変動に関する情報開示を求める気候関連財務情報開示タスクフォース（TCFD）への賛同企業数は、日本でも世界全体でも急増している。また、生物多様性に関する情報開示を求める自然関連財務情報開示タスクフォース（TNFD）についても議論が開始される(注138)など、今後、金融機関が投融資先をサステナビリティの観点から評価するための情報は豊富になると想定され、これらの情報に基づく投融資のリスク分析もより高度化していくと考えられる。また、投資ポートフォリオに含まれる気候変動リスクに関して2℃シナリオを含む複数のシナリオ分析が可能な「気候変動移行リスク評価（PACTA）ツール」の開発を、金融業界が共同で進めるといった動きも出てきている。(注139)

こうしたリスク分析で高リスクと判断した企業に対して、投資撤退（ダイベストメント）を実行することもリスクマネジメントの手法の一つだ。特に環境への影響が大きいとされる化石燃料事業からの投資撤退を宣言する金融機関は多く、国際環境NGOの350.orgは2020年11月29日時点で1258の企業・機関が化石燃料事業からの投融資撤退を宣言していると報告している。(注140)他方、ダイベストメントは、最後の手段だ。投資撤退を判断する前に、サステナビリティに関するリスクや機会について投融資先企業が理解を深め、対応を進めてくれることのほうが望ましい。投融資先の企業経営者との対話のなかでサステナビリティ課題への対応を求め、投融資先企業のリスクを緩和するエンゲージメントは、金融機関の重要なリスクマネジメント手法の一つだ。また一方で、これらの変化を事業機会ととらえ、成長につなげようとする企業も増えている。

従来、ESG投融資は、「ESG対応を行っている企業はレジリエンス（強靭性）が高い」という理解のもと、企業に資金提供を行うものだった。現に、2020年の新型コロナ禍においては、ESG対応を行っている企業のほうがそうでない企業よりも、株価の下落幅や回復のスピードが速かったことが、いくつもの調査で明らかにされた(注141)。さらに、世界ではコロナ禍からの回復をグリーンな形で行おうとする「グリーンリカバリー」に注目が集まっており、2020年5月には金融機関を含むグローバル企業155社のCEOの連名で、グリーンリカバリーを求める声明が発表された(注142)。

また最近では、すでに脱炭素化を進めているレジリエントな企業に投融資するだけでなく、炭素集約型企業を脱炭素化させるために必要な資金の投融資、すなわち、トランジション・ファイナンス（低炭素経済への移行のための投融資）に注目が集まっている(注143)。このほか、サステナビリティ分野で成長機会を適切につかんでいる企業、すなわちインパクトを積極的に出している企業への資金提供を行うインパクト投資も注目されている。世界の主要な金融機関を対象にした調査では、2016年から2018年の間にインパクト投資の金額は約80%伸びているという報告もあり、今後の継続的な規模拡大が期待されている(注144)。

ネットゼロ社会に向けて

これまで述べてきたように、地球全体で気候変動を食い止めようとする動きが加速しており、特に欧州発で「ネットゼロ社会」を実現しようとする動きが顕著になり、2030年の気温上昇を1・5℃未満に抑えなければ親亀が確実にこけてしまう、ということに対する国際的コンセンサスが築かれつつある。ネットゼロ社会とは、人為的な温室効果ガス排出量と、地球のカーボン・リムーバル（炭素除去）プロセスによる大気中の温室効果ガス除去量とのバランスが取れている社会のことを示す。パリ協定を受けIPCCが行った検討によると、「（産業革命前と比べて）2050年までの温度上昇が2℃のケースと比較して、上昇を1・5℃に抑制できたケースでは（人類の健康面などに）明確な便益があり、その実現には2050年までにCO2排出量を正味ゼロにする必要がある（メタンなどCO2以外の排出量も大幅な削減が必要）[注145]」としている。これを背景に、どのようにネットゼロ社会を実現していくかに関心が高まっている。前述の四つの環境課題と並行して、各国でネットゼロ社会に向けた法制化や、企業・機関投資家によるネットゼロ宣言などが出始めている。いくつかの注目すべき動きを見てみよう。

各国政府の法制化の動き

ネットゼロ関連の法制化の動きが世界中で進んでいる。2020年10月1日時点で、すでに法制化済みの国は、スウェーデン、英国、フランス、デンマーク、ニュージーランド、ハンガリーの6カ国だ。(注146)

■スウェーデン▼2045年までに温室効果ガス排出量ネットゼロ

スウェーデンでは、2045年までに温室効果ガス排出量をネットゼロとする気候目標を含む気候政策フレームワークの導入が2017年に議決された。気候政策フレームワークは、気候法、気候目標、気候政策審議会の設置を3本柱とする。スウェーデン政府が毎年の予算案に気候報告を明示すること、4年ごとに気候政策行動計画を提示して目標達成に向けた詳細な行動計画を示すこと、気候政策と予算政策の足並をそろえることが定められている。(注147)

■英国▼2050年までに温室効果ガス排出量ネットゼロ

英国は、2008年に制定された気候変動法を2019年に改正し、2050年までに温室効果ガス排出量ネットゼロを法制化した。温室効果ガス排出量削減を進めながら低炭素産業を中心に経済成長を維持する「グリーン成長」を踏まえた改正内容となっている。(注148)これに関連して、英国政府は2020年にグリーンエネルギー推進計画の「10カ条」を提示した。そこには、海洋上の風力発電、原子力発電、低炭素水素などのエネルギー推進や、ゼロエミッション車、公共交通機関や航空機、船、建築物などのグリーン化、CO2回収・貯留(CCUS)技術、自然環境保護、グリーンファイナンスなど、各項目に関する今後の予測や行動計画、投資額などが示されている。(注149)

■フランス▼2050年までに温室効果ガス排出量ネットゼロ

フランスでは、2050年までに温室効果ガス排出量をネットゼロにする法案が2019年に可決された。2030年までに化石燃料の消費量に対する削減割合の目標をそれまでの30%から40%に引き上げ、一部の条件を満たす建物に太陽光発電の導入を義務づける内容が含まれている。また、住宅におけるエネルギー利用の効率化やエネルギー生

産に伴う温室効果ガス排出量削減に向けた法律も制定した。(注150)

■デンマーク▼2050年に温室効果ガス排出量ネットゼロ

デンマークでは、2050年に温室効果ガス排出量ネットゼロ、2030年に温室効果ガス排出量を1990年比で70％減とする目標を盛り込んだ新気候法が2019年に成立した。この法律では、政府が5年ごとに10年先までの削減目標を設定するほか、農業やエネルギーなどの様々な部門に関する脱炭素化に向けた具体的な政策を記した気候行動計画を毎年策定し、第三者である気候評議会が評価する、と規定している。さらに、国際海運や航空における温室効果ガス排出については別途報告を行うと定めている。(注151)

■ニュージーランド▼2050年までに温室効果ガス排出量ネットゼロ

ニュージーランドでは、2050年までに温室効果ガス排出量ネットゼロを盛り込んだ気候変動対応修正法案（ゼロカーボン法案）が2019年に成立した。政府は英国にならって気候変動委員会を設置し、同委員会からの提言をもとに5年ごとに予算や計画を設定するカーボンバジェットの仕組みを取り入れた。ただし、家畜が主な排出源であるメタンはこの法案の対象外となっており、別に設定したメタン排出規制では2050年までに

2017年比で24~27%減の目標を設定している。(注152)

■ハンガリー▼2050年に気候中立目標を設定

ハンガリーは、2050年における気候中立目標の法制化を2020年に行った。これに先立ち政府は、気候と自然保護計画を制定した。そこには、中小企業の再生エネルギーの生産を支援する体制づくりや10年後に太陽光発電容量を6倍に増加すること、大気汚染物質や温室効果ガスを含む排気ガスを排出しないゼロエミッション車(ZEV)の推進に関する内容が含まれている。(注153)

これらの国に加えて、2020年12月時点において法案議論中が3カ国(スペイン、チリ、フィジー)、政策文書化中が12カ国(フィンランド、オーストラリア、アイスランド、ドイツなど)、ネットゼロへ向けた数値目標議論中が100カ国あり、(注146)世界全体でネットゼロ社会を目指す流れが急速にできつつある。

企業のネットゼロ宣言の動き

「TCFD」「SBT」「RE100」などの気候変動への対応を促進するイニシアチブの動きをすでに紹介したが、これに加え、ネットゼロ社会への転換に向けた企業連携のイニシアチブ「Transform to Net Zero」も生まれている。これは、2020年7月にマイクロソフト、ユニリーバ、ナイキなど大手企業9社により立ち上げられた、炭素排出量ネットゼロの未来に向けて具体的な取り組みを進めることを目的としたイニシアチブである。メンバー各社は共同で、2050年までのネットゼロに向けて炭素排出量削減のガイドラインやビジネスプランを作成する予定だ（注154）。

また、個別の企業レベルでも2030〜2050年をターゲットとしたネットゼロ実現に関連する目標設定や対策を講じる企業が増えてきた。図表3-6で紹介する企業の動きは、その企業のサプライヤー向け調達基準という形で直接的に影響を与える場合もあれば、同業他社に向けた間接的な同調プレッシャーとして影響を与える場合もある。アップルがネットゼロを打ち出しiPhoneなどの部品を供給するサプライヤー向け調達基準に影響を及ぼしたのは前者のケースに当たり、後者のケースは、特に食品・小売、消費財などの

図表3-6　ネットゼロに向けた企業の動き

業界	企業	目標	目標年度
IT	マイクロソフト	創業以来排出したすべての量を超えるCO2量の除去	2050
	フェイスブック	バリューチェーン全体でCO2排出量ネットゼロ	2030
	アップル	サプライチェーンや製品ライフサイクル全体で温室効果ガス排出量ネットゼロ	2030
	アマゾン	自社事業のカーボンニュートラル	2040
エネルギー	レプソル	自社と顧客から排出されるCO2排出量ネットゼロ	2050
	BP	自社オペレーションと石油・ガス生産におけるCO2排出量ネットゼロ（絶対値ベース）	2050以前
自動車	メルセデス・ベンツ	バリューチェーン全体でCO2排出量ネットゼロ	2039
運輸	A.P. モラー・マースク	全保有船舶におけるCO2排出量ネットゼロ	2050
食品·小売	ダノン	バリューチェーン全体におけるCO2排出量ネットゼロ	2050
	ウォルマート	カーボンオフセットを使用せずグローバル事業全体で温室効果ガス排出量ネットゼロ	2040
	ネスレ	温室効果ガス排出量ネットゼロ	2050
製造	アルセロール・ミッタル	グループ全体でCO2排出量ネットゼロ	2050
消費財	ユニリーバ	サプライチェーン全体における全製品のCO2排出量ネットゼロ	2039
	ナチュラ	バリューチェーン全体における温室効果ガス排出量ネットゼロ	2025-2030
	ナイキ	CO2排出量ネットゼロ	非明記

出所：各社公開情報をもとにPwC作成

B2C企業で顕著に見られる。

以上のように、各業界のグローバル企業を中心に、ネットゼロへ向けた動きが加速している。これらの企業の取引先企業も必然的にこの動きに連動する形になる。場合によっては後述するような業界再編の動きにつながるケースもあると想定される。

機関投資家の動き

ネットゼロを推進していくための投資家イニシアチブ「ネットゼロ・アセットオーナー・アライアンス（NZAOA）」は、2050年までに運用ポートフォリオのカーボンニュートラル（二酸化炭素ネット排出量ゼロ）実現をコミットするアセットオーナーが参加し、投資先企業にビジネスモデルの脱炭素化を求めている。2020年10月13日現在、30機関が参加している。（注155）
また、欧州機関投資家団体IIGCCは、2050年までにカーボンニュートラルを実現するため、機関投資家が採るべきアクションをまとめた「ネットゼロ投資フレームワーク」を作成し、そのなかで「パリ協定と整合した投資」を求めている。機関投資家の投資基準がこのような動きに連動してネットゼロを意識したものに変化することで、投資家か

ら資金調達する企業の事業運営もこれに沿う形で変革していく必要がある。(注156)

ネットゼロ社会への移行が引き起こす業界再編とM&A

国際社会がネットゼロへ急速に舵を切る動きは、これまでの化石燃料を前提とした私たちの経済活動に根本からの変革を引き起こす。その過程で、いくつかの業界で大きなディスラプション（破壊的変化）が起こり、業界構造の再編のなかでM&Aが多発すると考えられる。

たとえばエネルギー業界では、再生エネルギー関連のM&A件数は2010年で159件だったが、2017年には406件と2・5倍以上に増加した。(注157) BPなど多数のエネルギー企業が化石燃料事業の売却・転換を行い、風力、太陽光などの脱炭素事業に進出している。石炭火力発電の撤廃を法制化した英国・フランスなどを筆頭に、世界各国は石炭火力発電の縮小へ動いており、今後もエネルギー企業の事業ポートフォリオ再編は続くと考えられる。

また、自動車業界では、ネットゼロ実現へ向け、現行の内燃機関車に対する規制や電気自動車へ向けた移行が始まっている。英国、フランス、米国・カリフォルニア州などが、内燃機関車の将来的な販売禁止をすでに法制化しており、中国も2017年より内燃機関車の生産・販売禁止に関する検討を開始している。今後、内燃機関車への規制強化や電気自動車への移行に伴い、自動車・部品メーカーの再編、新規技術の獲得へ向けたスタートアップの買収などが予想される。すでに2019年12月、欧州排気ガス規制強化への対応を一つの要因として、PSAとフィアット・クライスラーの合併が締結された。(注158)

ネットゼロ社会実現の鍵を握るサーキュラーエコノミー

エレン・マッカーサー財団のレポート(注159)によれば、動力の化石燃料から電気への変換追求と再生エネルギーへの移行でアプローチできるのは、温室効果ガス排出量の55%にすぎない。残りの45%は、自動車、衣類、食品など私たちが日々使用する製品の生産に由来する。なかでも鉄鋼、アルミニウム、セメント、プラスチック、食品の生産が主要な排出源であり、この五つの排出源からのCO_2はサーキュラーエコノミーの導入によって削減可能だ。サーキュラーは、「資源・廃棄物」だけでなく、「CO_2・気候変動」にとっても重要な打ち手となる。

サーキュラーエコノミーは、開発から廃棄に至る一連のバリューチェーンそれぞれにおいて、利用を減らし（リデュース）、再利用し（リユース）、リサイクルする取り組み（3R）を進化させることで、最終的には、新規の利用資源（イン）と廃棄物（アウト）をともにゼロにすることを目指す新しい産業のあり方を提唱する（図表3−7）。人口増加によるニーズ増大に、地球の資源は現状のままでは対応できない。人々のニーズを満たすには、この「ぐるぐる回すモデル」をつくり上げなくてはならない。

サーキュラーエコノミーを実現するために、政策整備も進んでいる。たとえば、EUでは2020年に、2050年までの温室効果ガス排出ゼロを目指す50の行動計画「グリーン・ニューディール」を具体的に進めるための政策として、「新サーキュラーエコノミー行動計画」が策定された。また、サーキュラーエコノミーの実現を製造業の生き残り戦略ととらえているアップルやフィリップスなどの一部の企業は、サーキュラーへの投資を始めている。経済産業省の調査によると、サーキュラーエコノミーの経済効果は、2030年には約470兆円に及ぶと予想されている（注35）。

サーキュラーエコノミーを実現するためには、①リサイクルできる素材（有毒でない、再生しやすいなど）の開発、②リデュース、リサイクルしやすいデザイン（修理・解体のため素材別に分解しやすいデザインなど）の開発、③利用者から回収するループをつくり上げること、の三つが重要となる。PwCの調査（注36）によれば、日本企業は、自社製品のリサイクルや、製

図表3-7　サーキュラーエコノミーの概念

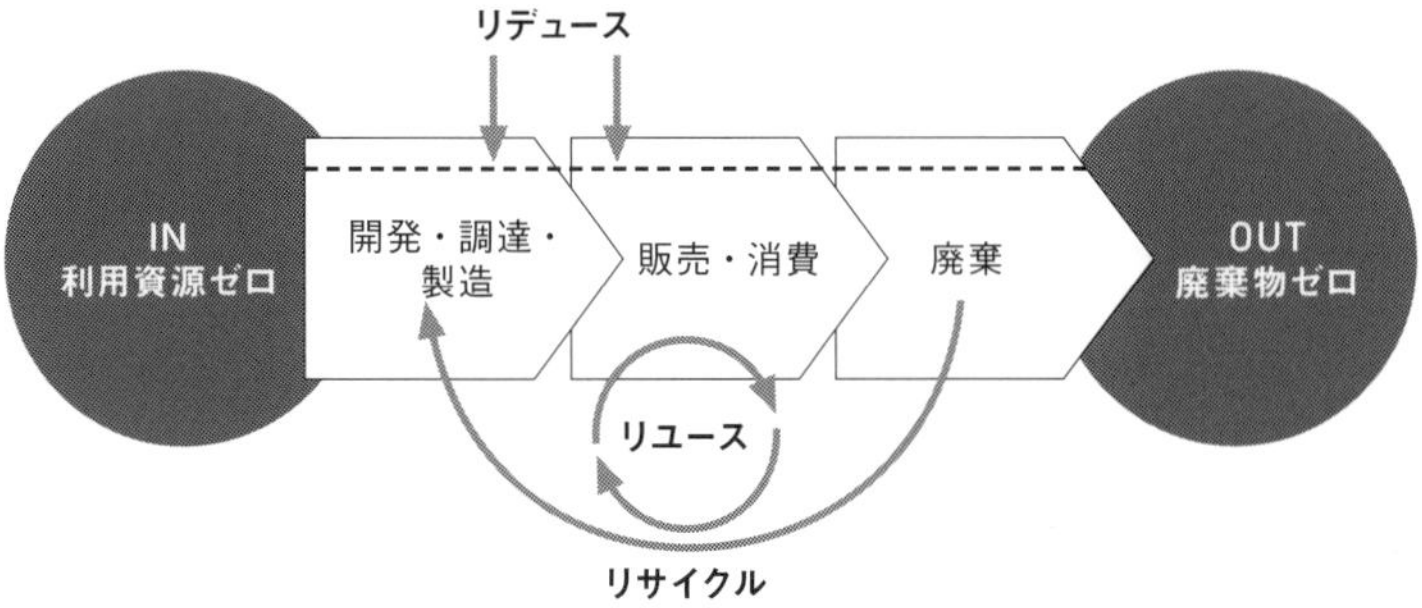

・**リデュース**　対象物の使用·消費を減らしつつ、同じニーズを満たすこと
・**リユース**　すでに世に出た物の使用価値を最大限に高めること
・**リサイクル**　使用された物を再資源化し、新たな資源投入量を減らすこと

出所：PwC作成

図表3-8　海外企業と日本企業の比較結果

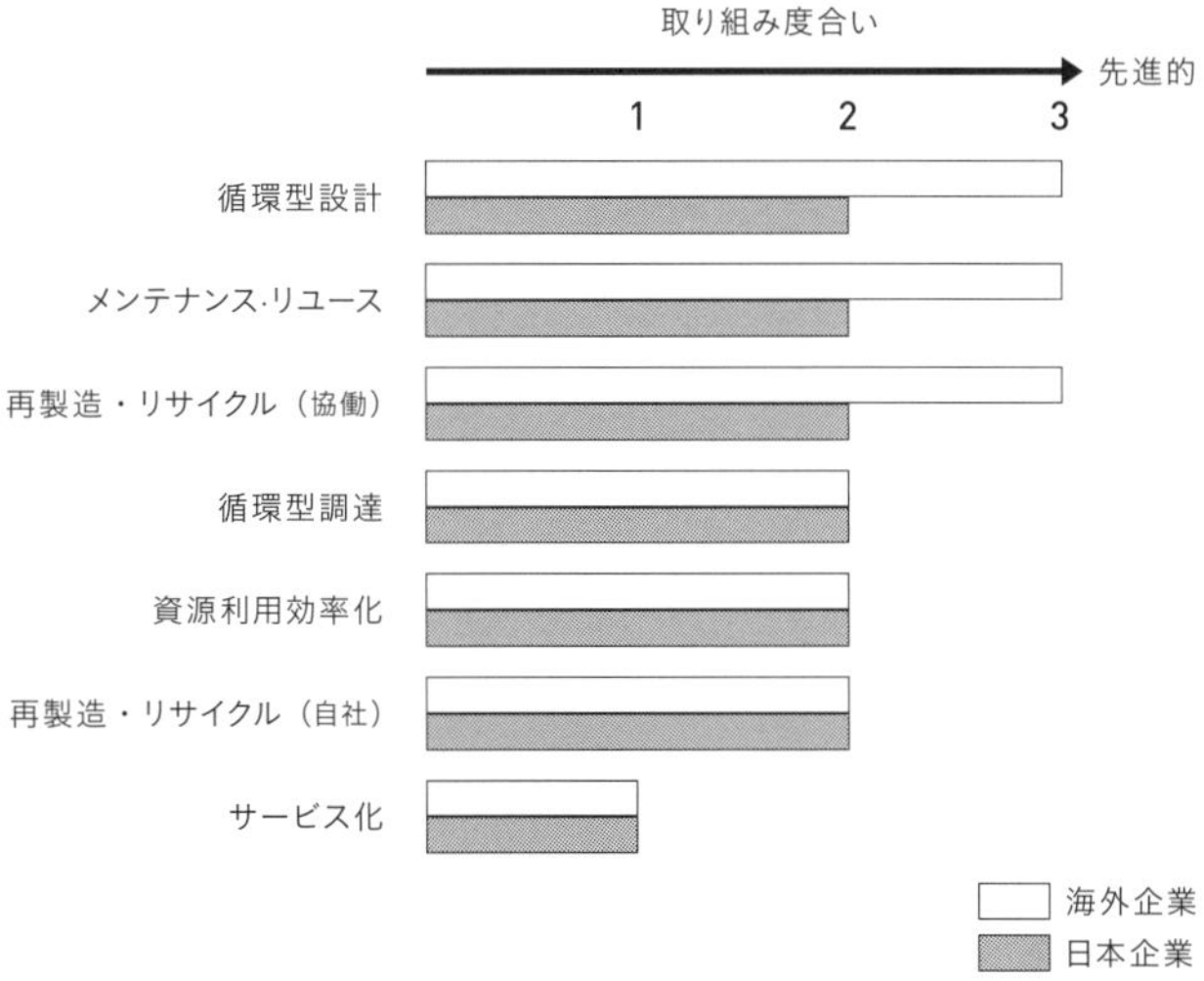

出所：PwC作成

造過程における効率化（リデュース）に関しては、欧米同様の水準に達しているが、リユース・リサイクルしやすいデザインや設計、他社や消費者を巻き込んだ取り組みなどに遅れがみられる（図表3-8）。日本企業が「自前主義」で「真面目」に環境課題に取り組んだ結果と推察されるが、今後は、サーキュラーをめぐる470兆円の市場をどのように獲得していくのか、企業は真剣に考えなくてはならないだろう。

なお、サーキュラーエコノミーで削減しきれない分については、二酸化炭素回収・有効利用・貯留（CCUS）などの新たなテクノロジーでの対応が考えられる。

第4章

未来志向型SXの三つのタイプ

サステナビリティトランスフォーメーションとは、①トレードオン事業を追求すること、②統合思考で長期的戦略を考えること、③実現できる仕組みを構築することの3点に集約される。本章では、サステナビリティトランスフォーメーションとは何か、四つの型についてわかりやすく整理し、そのなかで企業がどこを目指すべきか、そのためにどういうアプローチを取ればよいかを見ていく。

サステナビリティ経営の四つの型

第2章で述べたように、サステナビリティ経営には、規制などの外圧に対処するための「外発的対応」と、サステナビリティの重要性を理解して自ら進める「内発的対応」がある。外発的対応は、「①インシデント型」と「②外部要請型」に分けられ、内発的対応は、「③未来志向型」と「④ミッション・ドリブン型」に分けられる。世界の趨勢から内発的対応の重要性がますます高まっているのは、これまで述べてきた通りだ。外発的対応と内発的対応とでは「時間軸」と「親亀・子亀・孫亀の関係性への理解」が大きく異なる。

一つずつ具体的に見ていこう。

図表4-1　サステナビリティ経営の四つの型

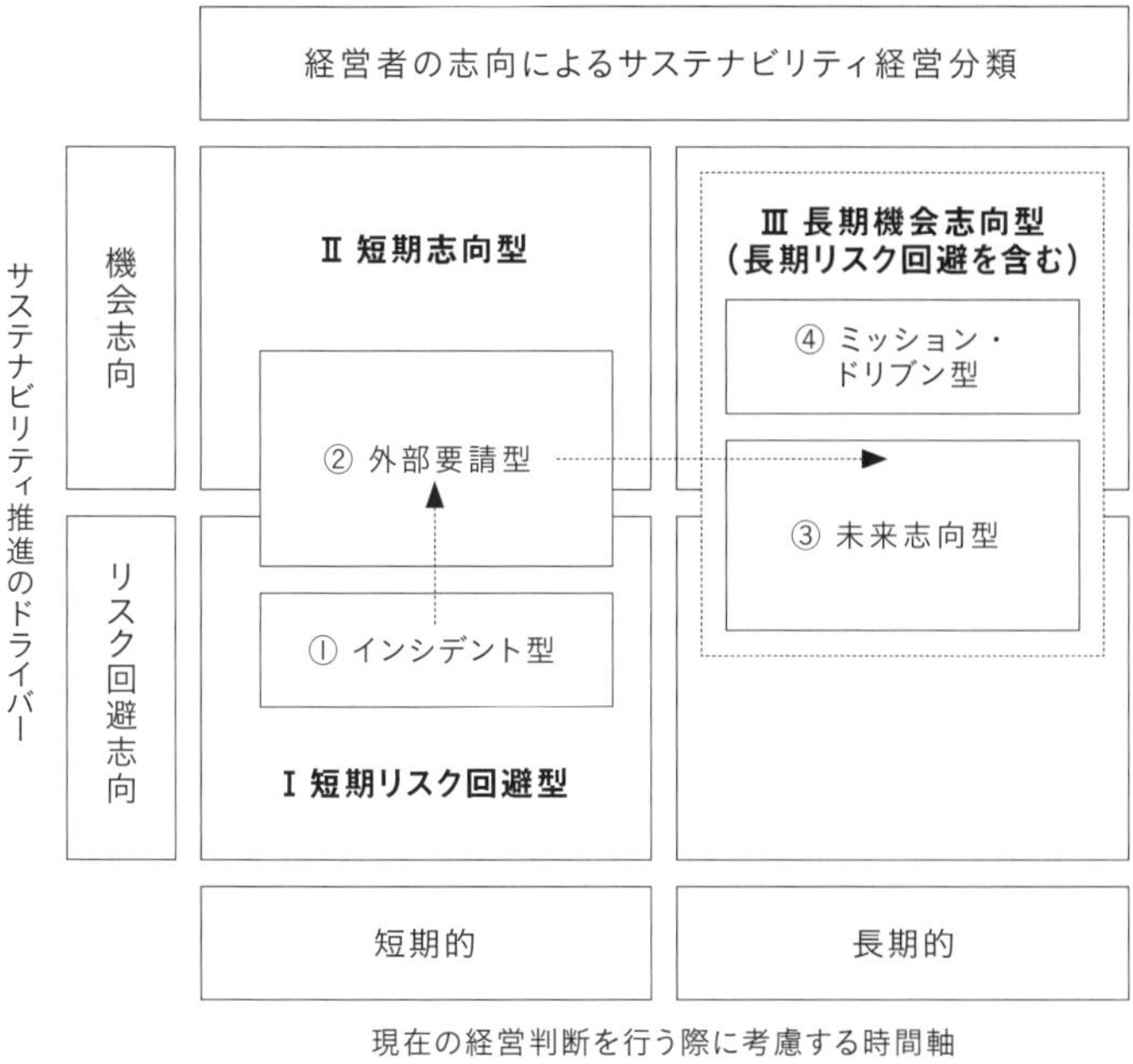

出所：PwC作成

外発的対応

1 インシデント型

何か大きな事件（インシデント）をきっかけに、企業のあり方が変化する型のこと。インシデントとは、タンカー事故による重油流出、児童労働の発覚、環境NGOからの環境汚染への抗議や糾弾などのことで、こうした出来事がマスコミなどで大きく報道されると、企業価値が大きく損なわれる。遭遇した企業は、すでに顕在化してしまったリスクに「超短期的」にダメージを最小限に食い止める対応をとろうとする。

外発的対応

2 外部要請型

政府・地域、投資家、消費者、従業員などの重要なステークホルダーの要請を受けて、環境や社会的な課題に対して受け身的に変化せざるを得ないと考えて動く型のこと。多くの日本企業の現状は、この外部要請型に当てはまるだろう。本音としては、「できることなら何もしたくない」ので、外部からの圧力に対してはミニマムのコストでブランドの価値が下がるリスクを抑えよう、というスタンスだ。外部要請型は、環境・社会をめぐる長期的変化への対応ではなく、何もしないと近い将来、外部から批判されるのでそのリスクを抑えることに注力する。インシデント型よりは時間軸が少し長いものの、「リスク」に対して「短期的」に対応している点では共通している。

内発的対応

3 未来志向型

環境・社会を含む外部環境の長期的変化や、それによって引き起こされるリスクと機会を理解したうえで、企業の事業全体を新しい変化に適応させていこうとする型のこと。「時間軸が長い」点に加え、リスクだけでなく「機会」を理解している点が、外発的対応の二つの型とは大きく違う。また、リスクも「外部から非難されるリスク」ではなく、「親亀・子亀の毀損に伴う事業継続に関わるリスク」を理解している点も大きく異なる。

実は、外発的対応の事例のなかには、外部から「機会」の開示を求められて統合報告書などに「社会課題を起点とする機会」を記述している企業もあるが、このタイプとは明らかに異なる。未来志向型の企業は、長期的な視点で環境・社会の動向を考慮し、自ら先頭に立って、能動的、主体的にサステナビリティ・トランスフォーメーション（ＳＸ）を推進する。

たとえば、オランダの化学企業ＤＳＭは、もともと国営の石炭採掘企業としてスタートしたが、時代とともに常に進化しながら現在は飼料やサプリなどの栄養・食品、衣料用素材、低環境負荷のプラスチックや樹脂などを製造するライフサイエンス・マテリアルサイエンスカンパニーにビジネスを変革してきた。また、ドイツの総合化学メーカーのＢＡＳＦは、環境・社会に貢献する企業が長期的に成長できるという考えのもと、バリューチェーン全体を通じて生み出した環境・社会面の価値を金額換算して見える化する「バリュー・トゥ・ソサエティ（社会への価値）」と名づけた取り組みを通じて、経営戦略、事業ポートフォリオ戦略、商品ポートフォリオの入れ替え、研究開発などに関する意思決定に反映させている。未来志向型の企業は環境・社会の動きに呼応し、将来に向けて事業をダイナミックに変革している。

内発的対応

4 ミッション・ドリブン型

内発的対応の一つだが、未来志向型の延長線上にあるものではない。その企業が掲げるミッション・ビジョンそのものが「環境・社会に関わる課題の解決」であり、企業トップが「このような社会の課題を解決したい」という強い信念を持ち、トップの（時にカリスマ的な）リーダーシップを原動力に、事業を推進している型のことだ。

たとえば、創業時のミッション・ビジョンに、米電気自動車大手のテスラは「できるだけ早く大衆市場に高性能な電気自動車を導入することで、持続可能な輸送手段の台頭を加速する」、植物由来の人工肉などを製造・開発するインポッシブル・フーズは、「動物から食料をつくる必要をなくすことにより、世界の食料システムを真に持続可能なものにする」を掲げた。1973年に設立された米アウトドア用品製造・販売のパタゴニアは早くも1990年代に「最高の商品をつくり、環境に与える不必要な悪影響を最小限に抑える。そして、ビジネスを手段として環境危機に警鐘を鳴らし、解決に向けて実行する」とのミッションステートメントをつくり、2018年に「私たちは故郷である地球を救うためにビジネスを営む」に進化させた。米タイルカーペット販売のインターフェイスは1994年に「2020年までに環境への負荷をゼロにする」とのビジョンを掲げ、経営を変革してきた。

ミッション・ドリブン型では、その会社のすべての事業が「ミッション」を実現するために存在し、「ミッションへ貢献するかどうか」が「採算性」と同じレベルで重要性を持つ。テスラやインポッシブル・フーズのように、創業時から環境・社会課題解決をミッションに掲げる企業が多い一方で、パタゴニアのように創業から一定期間を経たあとであらためてミッションを掲げる企業や、インターフェイスのように何らかのきっかけ（創業者が1冊の本に感銘を受けた）で環境・社会課題解決に目覚める企業もある。カリスマ的リーダーとして知られるパタゴニアやインターフェイスの創業者はすでに退任しているが、その思いは従業員に脈々と受け継がれている。

＊　＊　＊

ここまで説明した四つの型のなかでは、「④ミッション・ドリブン型」がサステナビリティ経営の実現には最も理想的だ。しかし、創業からの長い歴史を持つ多くの大企業は、事業ポートフォリオがバラエティに富み、数多くのステークホルダーとの関係がある。そのため、大胆に事業を変え、「ミッション最優先」に経営の舵を切っていくことは現実的に難しい。サステナビリティ経営の四つの型を紹介してきたが、企業は「①インシデント型」から「②外部要請型」または「③未来志向型」へ、もしくは「②外部要請型」から「③未来志向型」へと、変化していくことが多い。

たとえば、インシデントによる株価の下落や、不買運動で売り上げが減少した企業のなかには、その後、環境・社会問題の重要性を認識し、今では「③未来志向型」の企業として業界をリードする企業となった例も少なくない。日本では、多くの企業が②から入り、一部の先進企業が③に移行しようとしている、という状況にある（図表4-1）。

これからの新しい時代に力強く成長しようと思うなら、外発的な「やらされサステナビリティ経営」からいち早く脱却し、自分たちの意志による「③未来志向型」のサステナビリティ・トランスフォーメーション（SX）への移行が不可欠だ。未来志向型SXは、長期の成長を考える夢のある経営であり、次世代ビジネスのメインストリームの一つだ。

ここからは、未来志向型SXを三つのタイプに分類して、事例とともに見ていく。

未来志向型SX

タイプⅠ

新たな成長領域の開拓を目指し、事業ポートフォリオを変革

長期的視点で親亀・子亀の状況を踏まえて自社の既存事業の将来を見通そうとしたとき、先行きが暗く、現在の延長線上に未来が明確に描けない場合がある。そうした場合に、親亀・子亀の状況に合致する形で成長可能な新領域の開拓を目指して、事業ポートフォリオを大幅に変革することが有力な選択肢となる。

事例

1

石炭採掘からライフサイエンス企業へ変貌

■DSM（オランダの化学メーカー）

DSMは、1902年にオランダ政府が経営する炭鉱会社として設立されたが、オランダ産の石炭の競争力がなくなったため1929年に化学事業へ進出。民営化後、自社の競争力と、石油化学の環境負荷を考えると、石油化学を軸に事業を長期的に展開することは難しいと考え、スイスの製薬大手ロシュからビタミン製造事業やファインケミカル事業を買収するなどして、ライフサイエンス・マテリアルサイエンスカンパニーとなった。

この大幅な事業ポートフォリオ変革の背景には、「イノベーションと持続可能性を企業理念と戦略の中心に据えた目的主導型企業となる」という考えがあり、「世の中のために企業としてのケイパビリティを最大限生かし、社会によいインパクトを与えられるかどうか」を重視している。現在も、栄養、ヘルスケア、サステナビリティ分野での目的主導型のサイエンスベースの企業となるために、事業買収、売却を繰り返し、事業ポートフォリオの改革を進めている。(注1) 業績を見ると、2019年の売上高は約90億ユーロ、利益は約7・6億ユーロで、(注2) 2014年の売上高約93億ユーロ、利益約1・5億ユーロと比較する(注3)と、売り上げは横ばいだが、高利益率企業へと変化している（第10章「先進企業トップが語る

SXの真髄」参照)。

事例 2

「85%再エネ・ビジョン」を21年前倒しで達成

■オーステッド(デンマークの風力発電大手)

オーステッドは1972年に国営石油・ガス会社として設立され、2000年代から電力事業を推進している。2008年に、ステークホルダーからの反対の声などに耳を傾け、化石燃料には将来性がないと判断した。再生可能エネルギー企業への変革を目指し、洋上風力発電を今後の成長領域として拡大することにした。

2009年、同社が供給するエネルギーの大部分は化石燃料で賄われていたが、「2040年までにエネルギー供給の85%を再生可能エネルギーにする」(注4)とのビジョンを掲げて改革を進めた。その結果、オーステッドは、洋上風力発電の世界最大手となり、85%再生可能エネルギー化のビジョンは、2019年に21年前倒しで達成された(注4)。また、同社の売上高は、ビジョンを掲げた2009年の約8160億円(注5)から、2019年には約1兆1200億円(注6)に伸びた。

事例

3

ビジョン達成のため本業にマイナスとなる事業を推進

■ウェイスト・マネジメント（米国のゴミ収集・廃棄物処理大手）

ウェイスト・マネジメントはゴミ処理企業として1968年に設立され、米国各地のゴミ運搬業者を買収して、小さく分断されていたゴミ回収ビジネスを「一つにまとめる」戦略で成長し、ゴミ処理業界のリーダーとなった。しかし、近年、3R（リデュース、リユース、リサイクル）など環境に配慮する動きが広まり、ウォルマートのように廃棄場に送るゴミの量をゼロにすることを目標に掲げる企業も出てきた。(注7)

ウェイスト・マネジメントは、この変化を脅威ではなくビジネス機会ととらえ、ゴミを処理する会社から、「廃棄物から（エネルギーや資源などの）価値を引き出す革新的な方法を模索する会社になる」ことに向けて企業の目的を再定義して改革を進めた。

ゴミの排出削減を考える顧客向けにコンサルティング部門を設立し、設備投資をゴミ廃棄場から資源回収施設に振り向け、リサイクル可能な材料を分別する高度技術を備えた施設につくり変えるなど、自社のゴミ処理ビジネスの売り上げにマイナスとなるビジネスにあえて取り組んだ。その結果、「廃棄物をエネルギーに変える」プロジェクトの数は100を超え、クリーンエネルギーを110万世帯に供給している。(注7)売上高は、2009

年の118億ドル（注8）から、2019年には155億ドル（注9）へと成長している。

事例

4

ビジョン実現のため、大胆な選択と集中を断行

■フィリップス（オランダの総合電機メーカー）

フィリップスは、電球の販売・製造からスタートし、家電製品から軍需までカバーする総合電機メーカーに成長したが、1990年に大きな損失を出すなど不採算事業の赤字に苦しむようになった（注10）。その後、世界的な高齢化や開発途上国の発展に伴う健康ニーズの増大を見据えて「ヘルスケア×テクノロジー」を成長領域と定め、2012年に「2025年までに30億人の人々の生活を改善する」をビジョンに掲げた（注11）。選択と集中による事業ポートフォリオの再構築や半導体事業からの撤退、創業以来の歴史を持つ照明事業の分社化を行い、ヘルスケア・医療機器へ経営資源を集中させた。

開発途上国の多くの人が「健康な生活」ができていない一方、先進国の多くの国が「環境負荷をかけながら」健康な生活をしている、というのが同社の認識で、「環境負荷をかけずに健康な生活を送る」ためのイノベーション（ミーニングフル・イノベーション）をリードする企業への変革を目指した。その結果、売上高は、2012年の約159億ユーロ（2016年に分社化したライティング事業を除く（注12））から、2019年の約194億ユーロ（注13）へと

着実に成長している。

未来志向型SX

タイプⅡ

顧客に対応してサステナビリティに大きく舵を切る

二つめのタイプは、タイプⅠのように既存事業の見通しが暗いわけではないが、今後、長期的に見て、顧客（消費者）やステークホルダーのサステナビリティ志向が強まると想定し、そこに成長領域があると確信して大きく舵を切るパターンだ。

事例 5

環境・社会に貢献するビジネスモデルをつくる

■ユニリーバ（英国の一般消費財メーカー）

ユニリーバは、「消費者が製品を選ぶときには、それが環境や人に配慮してつくられたものかどうかを確かめたいと考えている」(注14)という意識の変化を理解していた。そこで、「社会や環境から奪うのではなく、貢献するようなビジネスモデルをつくれないだろうか」(注15)という問題意識のもと、2010年に「ビジネス規模2倍、環境負荷低減、社会へのポジティブ・インパクト増加」の三つを同時に実現する2020年までのビジョン「ユニリーバ・サステナブル・リビング・プラン（USLP）」を掲げた。[注14]社会貢献のためだけでなく、温室効果ガス削減や小規模農家支援などをサプライチェーンに組み込むことが持続的な成長に不可欠との確信に基づくものだった。

USLPを軸とした変革により、世界を代表するサステナビリティ企業との評判を獲得し、売上高は2009年の約398億ユーロから、[注16]2019年には520億ユーロに増加した。[注17]

事例 6

環境負荷を測定・定量化する革新的なツールを開発

■ケリング（フランスのファッション流通コングロマリット）

ケリングはフランスを本拠地とするファッション・宝飾品関連を中心とする複合企業で、近年は事業ポートフォリオをラグジュアリー分野にフォーカスしている。新しい世代の消費者は信頼性・透明性を求め、[注18]若い世代のクリエイターもサステナビリティを志向しているとの理解のもと、[注19]「ラグジュアリーとサステナビリティは同一」[注20]であり、サステナビリティは倫理的に必要であるだけでなく、イノベーションと価値創出の原動力となっているとして、サステナビリティを積極的に推進している。

同社は、自社製品の信頼性・透明性を高めるため、環境損益計算（ＥＰ＆Ｌ）というグループの事業活動による環境負荷を測定・定量化する革新的なツールを開発した。[注21] ＥＰ＆Ｌによって、サプライチェーン全体にわたるＣＯ２排出量、水使用量、大気汚染、水質汚染、土地利用、廃棄物量を測定し、事業活動による様々な環境負荷の見える化、定量化、比較検討が可能になった。これを通じて、社内外のステークホルダーに対して製品の環境負荷をわかりやすく示し、自社マネジメントにも生かし、消費者も使えるようアプリも提供している。[注21]

２０１０年のラグジュアリー部門の売上高（約40億ユーロ）は全体の約27％[注22]だったが、現在はラグジュアリー事業のみに専念している。２０１９年の売上高は約１５９億ユーロ[注23]と大きく成長している。

事例

7

サステナビリティ分野で金融業界を牽引する

■ＢＮＰパリバ（フランスのメガバンク）

サステナビリティが大きなトレンドとなるなか、ＢＮＰパリバはクライアントの声や外部環境の変化を踏まえ、経営トップがサステナビリティ分野のリーダーになる必要があると判断した。２００２年に最初の社会的責任投資（ＳＲＩ）ファンドを立ち上げ、その後も持続可能な開発目標について経済・社員・社会・環境に関するコミットメントを掲げ、(注24)顧客の要請に応えるという企業のパーパスとともに戦略の中心に据え、サステナブルファイナンス事業を積極的に展開して変革を進めている。(注25)

グループ全体でサステナブルビジネスの戦略部分を担うピエール・ルソー・サステナブルビジネス上級戦略顧問は、ウェブ媒体「サステナブル・ジャパン」の2019年のインタビュー(注26)のなかで、「CEOはサステナビリティの分野においてはリーダーになると決めた。各業界のサステナビリティ分野における『先駆者』とともに仕事をし、彼らから支持されることが重要であると認識している。そのため、WBCSDなど様々なイニシアチブに参加している。リーダーとして差別化し、率先してルールメイキングをする側になることで、市場拡大ができる」と話している。

2019年には再生可能エネルギーによるエネルギー転換に関する投融資を159億ユーロ実行し、2021年に年間180億ユーロに増やすことを新たな目標に定め、社会に好影響をもたらす戦略を、金融商品やソリューションの提供を通して着実に実行している。(注25)同年、意欲的な脱石炭火力計画を策定し、新たに火力発電所を計画している全事業者への融資を停止することを決めるなど脱石炭火力にも注力するほか、TNFD（第3章「七つの長期的構造変化」の「環境課題4 生物多様性」参照）などの国際的イニシアチブにも積極的にコミットしている。営業収益（一般企業の売上高に相当する）は、2002年の約168億ユーロから、(注27)2019年には約446億ユーロに大きく伸びた。(注28)

タイプⅢ

サステナビリティ・フレンドリー企業の進化形

三つめのタイプは、従来からサステナビリティ路線をとっていた企業や、バイオや製薬分野など事業自体がサステナビリティ課題の解決と重なるセクターが、さらに、この領域を進化させるパターンだ。

事例
8

創業時からの企業目的を進化させる
■BASF（ドイツの総合化学メーカー）

世界最大の総合化学メーカーのBASFは、「持続可能な将来のために、私たちは化学でいい関係をつくる」をパーパスに掲げ、(注29)1865年の創業当時から「持続可能な形で製品をつくる」ことを重視している。(注30)環境・社会へのインパクトを最適化しながら、経済的にも成長していくために、前述（「内発的対応3 未来志向型」参照）のように、バリューチェーン全体を通じて生み出した環境・社会面の価値を金額換算して見える化する「バリュー・トゥ・ソサエティ（社会への価値）」[注31]と名づけた取り組みを通じて、経営戦略、事業ポートフォリオ戦略、商品ポートフォリオの入れ替え、研究開発などに関する意思決定に反映させている。2014年の売上高は約743億ユーロ、純利益は約51億ユーロ[注32]、2019年の売上高は約593億ユーロ、純利益は約84億ユーロ[注33]で、5年前に比べて売上高は約150億ユーロ減少しているが、純利益は約33億ユーロ増加している。

事例 9

新興国の医薬品アクセス問題に貢献

■ノバルティス（スイスの製薬大手）

ノバルティスは、「より充実した、すこやかな毎日のために、新しい発想で医療に貢献する」[注34]をミッションとして掲げ、サステナビリティについても先進的に取り組む。特に、医薬品へのアクセスに対して課題意識を持ち、開発途上国の市場拡大を見据えて、低中所得国では入手が難しい非感染性疾患の医薬品について、1カ月分の価格を平均1ドルに設定して提供[注35]し、その効果を最大化させるため、住民の非感染性疾患に関する意識啓発や地域のヘルスケアシステムの強化をサポートしている。

2020年9月には、ESG戦略の目標として、2025年までに低中所得国において、医薬品へのアクセスを最低でも2019年比で200%増（2019年の50万人を2025年に160万人へ）を掲げている。[注36] また、長期的な価値創造に向けた環境・社会インパクトの評価も行っている。2019年の売上高は474億ドル（2015年は426億ドル）で着実に成長しており、そのうち新興国（日本、米国、西欧、カナダ、オーストラリア、ニュージーランド以外）のシェアが25%となっている。[注37]

「夢の現実化」を追求するミッション・ドリブン型の事例

日本の企業がこれから目指すべきサステナビリティ経営の姿として、ここまで「未来志向型SX」について詳しく見てきた。本章の冒頭でも述べた通り、サステナビリティ経営には四つの型がある。残りの一つが、「ミッション・ドリブン型」だ。業歴の比較的長い大企業がここを目指すのはなかなか難しいと思われるが、「未来志向型SX」が夢物語ではないことを理解する意味で、ミッション・ドリブン型企業の事例は参考になるだろう。こうした企業がどのようにして「夢」を「現実」にしてきたのかを以下の事例から読み取ってほしい。

事例

10

植物由来の人工肉でフットプリント削減に貢献

■インポッシブル・フーズ（米国の食品製造・開発会社）

インポッシブル・フーズは、「動物から食料をつくる必要をなくすことにより、世界の食料システムを真に持続可能なものにする」(注38)をミッションに掲げ、植物由来の人工肉や乳製品を製造・開発する。

畜産は、牛のげっぷに含まれる温室効果ガスの量が多く、環境負荷が高い産業であるため、同社の商品が環境保全に与えるインパクトは大きい。たとえば、ハンバーガーのパティを牛肉ではなく、同社の植物由来（主に大豆由来）の人工肉「インポッシブル・バーガー」に変えるだけで、原料を生産するのに使用する土地を96％、水の使用料を87％減らし、温室効果ガス排出量を89％も削減できるという。(注39)

同社は米国、香港、マカオ、シンガポールの約1万7000店のレストランに製品を供給するほか、米国内のバーガーキング（インポッシブル・ワッパー）などファストフードチェーンや小売店でも製品を販売している。(注40)

事例

11

故郷である地球を救うためにビジネスを営む

■パタゴニア（米国のアウトドア衣料品の製造・販売）

パタゴニアは、アウトドア衣料品メーカーとして環境活動を積極的に実施してきたが、急成長したのちの1991年に経営危機に見舞われた。その際、自社の存在意義を問い直し、「最高の商品をつくり、環境に与える不必要な悪影響を最小限に抑える。そして、ビジネスを手段として環境危機に警鐘を鳴らし、解決に向けて実行する」とミッションを定め、環境配慮を経営の中心に据えた。(注41)

生態系への影響を最小限に抑える最も直接的な方法の一つは、何世代にもわたって使用できる（あるいはリサイクル可能な）製品であることだ。その思想のもと、パタゴニアでは機能性に加え、修理可能性、耐久性を重視した商品の開発・製造を始めた。

2011年には、クリスマス商戦前に「ドント・バイ・ディス・ジャケット（このジャケットを買わないで）」と題した持続可能な消費を呼びかける広告をニューヨークタイムズに掲載し、「商品を買う前に少し考えてください。無駄な消費はすべきではありません」と訴えた。(注42) それ以降も同社は、環境配慮を求める様々なキャンペーンや施策に取り組んでいる。なお、ミッションは2018年に「私たちは、故郷である地球を救うためにビジネ

スを営む」とより踏み込んだ表現に変更した。(注43)

事例
12 一冊の本をきっかけに「ミッションゼロ」へ舵を切る

■インターフェイス(米国のタイルカーペット製造大手)

1973年に創業したインターフェイスは、タイルカーペットで世界シェア1位を誇る。(注44)同社の環境配慮イノベーションであるタイルカーペットは、数十センチ角に切り取られたタイル状のカーペットで、汚れや破損が生じても部分的に取り替えが可能なため、廃棄などによる環境負荷が少ない製品だ。(注45)

創業者のレイ・アンダーソン氏は『サステナビリティ革命――ビジネスが環境を救う』(ポール・ホーケン著、鶴田栄作訳、ジャパンタイムズ)という一冊の本に衝撃を受け、サステナブルで生態系に負荷を与えない会社にすることを決意した。(注46)「2020年までに環境への負荷をゼロにする」という「ミッションゼロ」を1994年に掲げ、(注47)環境配慮を中心に製品デザインやバリューチェーン構築を行うようになった。その理念は、2011年にレイ・アンダーソン氏が亡くなったあとも受け継がれている。最近では、海洋プラスチック問題の原因となっている漁網を回収し、カーペットの原材料に使用するバリューチェーンを構築している。(注48)

目の前のトレードオフであきらめるな

親亀（環境）・子亀（社会）の長期的な構造変化を理解し、目指すべきサステナビリティ経営の型が定まったとしても、いざ実際に取り組もうとすると必ず、「コストがかかる」「短期的に儲からない」「十分には儲からない」などの高い壁に直面する。

A（環境）を実現しようとするとB（利益）が犠牲になる、という状態を「トレードオフ」という。サステナビリティを追求しようとすると必ずこうした壁が目の前に立ちはだかる。その際に「トレードオフ思考」にとらわれていると、一歩も進めなくなる。

もちろん、これまで国や第三者が対応してきた（あるいは放置されてきた）外部不経済（環境汚染など経済活動が市場の外部に与える不利益）を自社のビジネスに内包して、かつ利益も出せ、と言われても、戸惑いが生じるのは無理もない。しかし、目の前に現れた「トレードオフ」の壁を見て、簡単に引き返してはいけない。トレードオフとは、「Aを実現するためにBを犠牲にする」ことを意味するが、「Aを実現するためにBを犠牲にせず、AもBも実現させる」こと、すなわち「トレードオン」を目指す必要がある。

もちろん、トレードオンのビジネス構造を考え出すのは簡単ではない。しかし、「トレードオン」を目指すことで、これまでなかった柔軟で斬新な発想や、何らかのイノベーションが生まれる可能性がある。

実際にトレードオフを乗り越えて成功に結びつけている事例がある。

フィリップスの照明事業の分社化により2016年に設立されたシグニファイ（2018年までの社名はフィリップスライティング）は、ビジネスモデルを転換することでトレードオンを実現した。従来のビジネスモデルは、同社がユーザーに電球や蛍光灯を販売し、寿命が来たら廃棄され、ユーザーは交換のためにまた新品を購入するというものだった。このビジネスモデルでは、環境負荷を下げるために製品寿命が長い製品をつくると売り上げ・利益が下がるというトレードオフに直面していた（業績向上を考えると、逆に製品の寿命が短いほうがいい）。

そこで、環境負荷の低下と企業の利益を両立させるトレードオンのビジネスモデルを編み出した。具体的には、電球・蛍光灯などの所有権をシグニファイが保持し、従量課金制で顧客にチャージするという仕組み「ライト・アズ・ア・サービス」（注49）だ。もっとわかりやすく言うと、電球を「モノ売り」から「サービス売り」にシフトした。これによって、製品寿命の延長（＝環境負荷の軽減）が、コスト減（＝交換・メンテナンスコストの削減）につながるようになった。

2016年の売上高は約71・2億ユーロ、営業利益は約3・7億ユーロ（営業利益率5・2％）[注50]で、2019年の売上高は約62・5億ユーロ、営業利益は約4億ユーロ（営業利益率約6・4％）[注51]となった。ビジネスモデルの転換により売り上げは減少したが、利益は増加している。

米ワシントン首都圏交通局は、シグニファイの「ライト・アズ・ア・サービス」を利用して1万3000台の照明機器を一気にLEDに入れ替え、電力使用量の68％削減に成功した。[注52]契約期間は10年で、シグニファイは初期費用無料でLED照明を提供し、電力使用量削減による電力料金の低減に応じて料金を交通局に請求する。シグニファイは交通局の業務を深く理解することで、最適な照明レベルのコントロールを行っている。

シグニファイから見れば長期の大型契約が実現し、ワシントン首都圏交通局から見れば、初期費用なしで最適なエネルギー効率の照明サービスを導入できたうえ電気代の大幅削減にも成功した。両者にとってまさにウィンウィンのビジネスモデルとなっている。

トレードオフであきらめず、トレードオンに変えていくことは重要だが、全事業のうち、いくつかの小さな事業でトレードオンを実現しても、残りの大部分が従来のまま（相変わらずトレードオフ）なら、本物のサステナビリティ経営とは言えない。続く第5章と第6章では、トレードオフの壁を乗り越え、トレードオンに変えていく方法について説明する。

第5章

トレードオンを阻む五つの壁

サステナビリティを追求しようとすると必ず「コストがかかる」「短期的に儲からない」「十分には儲からない」という壁に直面する、と前章で述べた。

多くの企業は、何かを得るためには何かが犠牲になる、それは仕方がないこと、という「トレードオフ思考」にとらわれている。そこから抜け出して、環境・社会の課題解決も企業の成長・利益伸張もともに達成するためにはどんな戦略があるか、という「トレードオン」の発想に転換してビジネスモデルなどを改革していかなければ、これからの厳しい世界には生き残れない。他社に先駆けて「トレードオン」を実現すれば、競合に対して非常に強力な武器になり、優位性を築くことができる。

ただし、「トレードオン」を見つけていくのは、そう簡単ではない。この章では、多くの企業が突き当たる「トレードオンを阻む五つの壁」を解説し、立ちはだかる壁を乗り越えるヒントを第6章で提示する。

図表5-1　トレードオンを阻む壁とそれを乗り越えるヒント

「五つの壁」	トレードオンに変えるためのヒント
第1の壁 大量生産・大量消費じゃないと儲からない	**循環利用·廃棄レスで儲ける** ○モジュール化やアズ·ア·サービスで顧客を囲い込む ○アップサイクル、サーキュラー（資源循環）、シェアリングの活用 ○売り上げ減でも利益増を狙う
第2の壁 社会·環境投資は3年で回収できない	**長期的に儲ける準備をしつつ、評判·理解を得る** ○魅力あるビジョンを掲げる ○長期投資家やユーザーを引きつける ○小さな成功を重ねて将来に備える ○成功パターンを他地域に応用
第3の壁 社会課題解決は事業の柱にはならない	**スケールするための工夫を考える** ○テクノロジーで小さな市場をつなぐ ○レイヤーを上げて事業化 ○地域や用途市場を拡大する
第4の壁 市場制度·インフラが整うまで有効な手は打てない	**民主導·官民連携で新たなインフラを創る** ○民でもインフラは整備できる ○開発途上国のインフラ未整備を逆用 ○官民連携のアプローチ（インフラ、ルールづくり）
第5の壁 消費者の意識がまだ低く市場がない	**潜在市場にリーチして需要を掘り起こす** ○ライトグリーン層を狙う ○品質・機能やファッション性に妥協しない ○市場啓発と消費者教育で需要喚起

出所:PwC作成

第1の壁

大量生産・大量消費じゃないと儲からない

従来は「莫大なエネルギーや資源を投入して大量生産し、効率性とスケールメリットを追求する」ことが、ビジネスの成功要因の一つだった。そして、いまだに多くの企業が次のような考えを持っている。

生産途中や最終製品からも廃棄物は生まれるが、大量に売れれば生産途中の廃棄物など気にならない。どんどんつくるほうが、生産途中に廃棄が生まれないように配慮するよりも経済上合理的だ。また、最終製品も、商品の長寿命化や再利用の道を考えてつくるより、ユーザーが製品を早く捨てて、新しいものを買ってくれたほうが、企業の売り上げは伸びる。原材料は、世界で最も価格が安い供給地から調達するのが利益確保のためにとにかく大事で、「なぜ安いのか?」「現地労働者が不当に扱われていないか?」などと余計なことは考えない。原材料の産地から工場までの輸送で生じるCO2や、大量生産で生じるたくさんの廃棄物や汚水、最終製品が廃棄される際のゴミは、誰かが処理してくれる「外部不経済」として放置してきた――。

こうした企業でも、「利益さえ出れば環境を汚してもかまわない」とまでは思っていないだろう。法律や業界ルールを遵守するのはもちろん、真っ当な経営者であれば、法律の規制がなくても、環境汚染の防止などを企業の問題として受け止め、何らかの対策をとるべきだと思うはずだ。

しかし、外部不経済をどこまで内部化する必要があるのか、という話になると、多くの経営者が途端に思考停止状態に陥ってしまう。

生産工程で生じる廃棄物を減らし、製品の長寿命化を図り、ユーザーが廃棄した製品をリサイクル・再利用したほうが環境にやさしく、再生可能エネルギーの活用でCO2の排出量を減らすべきだと頭ではよくわかっている。自社だけではなく、原材料・部品供給などのサプライチェーン全体の外部不経済までカウントしてそれを内部化したら、莫大なコストになる。それでどうやって事業をすればいいのか……。

環境・社会に配慮したサステナビリティ経営は、企業が負担するコストを押し上げ、「大量生産・大量消費」のスピードにブレーキをかける負の要素であり、売り上げ・利益が確保できなくなるのではないか、という思考が、一つめの壁だ。

第2の壁

社会・環境投資は3年で回収できない

金融市場においては金融技術の発達などもあり、短期的売買で収益を上げようとする投資家の短期志向の傾向が強まっている。2008年以降、日本でも四半期決算報告書の提出が義務づけられ、四半期ごとの利益創出が強く求められるようになった。(注1) さらには、日本企業特有の中期経営計画（中計）や社長の短い在任期間も、3～5年で成果を出さなくてはいけない足かせになっている。多くの企業が中計に合わせて、3～5年での黒字化を内部投資判断の目安にしている。そうした会社は、次のような思考から抜け出せない。

最近になって、投資家のなかにESGを重視する動きが広がり始めている。そうした投資家はスタンスが長期志向だ。彼らはこう言う。「10年後、20年後、気候変動が貴社のビジネスにどんな影響を及ぼすのか予想して、有効な対策をとっている企業にしか投資しない」。しかし、1年後さえどうなるかわからないのに、10年後、20年後の事業環境など予想できるはずがない。もし、10年後の状況を見据えてコストをかけて対策をとったら、中計で掲げた利益目標を達成できなくなるおそれがある。2代か3代先の社長のために、今犠牲を払うのは納得がいかない。ESG投資家は増えているが、従来型の短期志向の投資家もまだたくさんいるので困らないだろう——。

結局のところ、「3年で儲けを出す必要がある」という近視眼的な思考から抜け出せない。これが二つめの壁だ。

第3の壁

社会課題解決は事業の柱にはならない

従来、企業が行ってきた社会貢献活動やCSR活動に加え、社会的事業や社会課題解決型ビジネス、CSV（共有価値の創造）という言葉がしばしば使われるようになった。だが、社会課題の解決からは、利益のにおいがしないと感じている人も多いだろう。そうした人たちの思考は次のような感じだ。

社会課題の解決がビジネスにつながれば素晴らしいことだ。世界は多様な課題で満ちている。たとえば、開発途上国の貧しい人々は、薬も、水も、電気も足りていない。だが、

1人当たりのGDPが500ドルにも達しない国々の人を相手に、どうしたらビジネスが成り立つのか。そもそも、彼らが、浄水器やソーラーパネルを購入できるとはとても思えず、与信がない人たちに分割払いを提供するわけにもいかない。ただ、時代の流れで環境・社会課題への配慮は無視できない。結局、本業とは関係のない分野で少し予算をつけて、社会貢献活動をしてお茶を濁しておこう。外部には「社会・環境課題を解決する新規ビジネスを検討中」と発表して、熱意のある若手社員にガス抜き程度にやらせておけばいい――。

社会・環境課題の解決は、利益を生まずビジネスの柱にはなりえない（つまり、トレードオフ）と決めつけていると、その取り組みはせいぜい小さなトライアル・プロジェクトで終わってしまうことが多い。本書ではそのことを「つぶつぶ（粒々）」と表現する。社内に小さなつぶのプロジェクトがいくつかあっても、経営資源を投じて意識的に育てないと決してメインストリームになりえない。「つぶつぶ」で終わるのか、それともスケールさせるのか、その間には高い壁がある。

第4の壁

市場制度・インフラが整うまで有効な手は打てない

ビジネスは様々な社会・経済基盤のうえで行われている。代表的なのは、法規制やインセンティブなどを含めた市場制度（ソフトインフラ）、交通・電気・廃棄物処理などのハードインフラ、金融や物流などの経済インフラ、教育制度や医療制度などの社会インフラの四つだ。こうした制度・インフラは、企業にとって「外部」から提供されるものであり、通常（一部例外はあるが）自身の意思では変更できない。企業は、こうした制度・インフラのおかげで、スムーズに事業を展開できる半面、ビジネスの可能性はそれらによって制約を受ける。たとえば、化石燃料由来の電力をすべて風力発電に切り替えようと思っても、現段階では供給してくれる電力会社が見つからない。そこだけを見て、サステナビリティ経営で利益を出すのは無理と思ってしまう企業も少なくない。そうした人たちの思考はこんな感じだ。

自分たちは、国や市場が整備した制度・インフラの枠のなかでビジネスをしている。その制度・インフラが社会・環境に配慮した形になっていないのだから、それを飛び越して企業だけに努力せよと迫られても無理な話だ。環境や社会によいビジネスを実現したいと思っていても、制度・インフラが整っていなければ採算は合わない（まして、日本に比べて制度・インフラが数段劣る開発途上国での社会課題解決ビジネスは絶対に成立しない）。制度・インフラをつくるのは民間企業の仕事ではない。国にもっとがんばってもらい、それなりの制度・インフラができたら、企業が努力すればいい――。

確かに、制度・インフラは一企業の力で簡単に変えられるものではないが、単にそれを便利な言い訳に使っていないだろうか。ビジネスは様々な制約のなかで苦心を重ねた末にブレイクスルーを起こして進化していくものだ。外部（特に国）に厳しく自身に甘い企業が陥りがちなのが、この「市場制度・インフラの壁」かもしれない。

第5の壁

消費者の意識がまだ低く市場がない

欧米では、環境や社会課題に対する消費者の意識が高く、それが消費行動にも顕著に表れつつある。たとえば、米国の1000人の消費者を対象にした2017年のコーン・コミュニケーションズの調査[注2]によれば、「環境・社会に便益のある商品を購入できる機会があれば、購入したい」と回答した消費者は87％にのぼり、「12カ月以内に実際に購入したことがある」と回答した消費者も55％に達する。一方、欧州5カ国の550の小売業者を対象にした2019年の国際貿易センター（ITC）の調査[注3]では、回答者の85％が「直近5年間でサステナブルな商品の売り上げが増加している」と答えている。少なくとも欧米においては、サステナビリティ市場は小さくない。

欧米に比べると、現状では、日本の消費者の意識はそこまで高くないと考え、サステナビリティ経営を実践しても利益が見込めないと思い込んでしまう日本の企業経営者もいる。それを代弁すると次のような感じだ。

サステナビリティに取り組んでも、そもそも市場がない。欧米と違って、日本の消費者のサステナビリティへの意識はまだそれほど高くなく、環境などに考慮した商品を購入する層が薄いからビジネスにならない。そこに舵を切るのは時期尚早だ——。

本当にそうだろうか。実は、日本人は年代によって意識にかなりの差がある。

PwCが2019年に実施した調査[注4]によれば、「企業が環境・社会課題に積極的に取り組んでいる」とき、「その企業の製品・サービスを買いたいと思う」という選択肢を選んだ消費者は29％、「直近1年以内に実際に買った」という消費者は12％で、先の欧米の調査と単純な比較はできないが、やや見劣りする。ただ、回答者の年代を調べると、「製品・サービスを買いたいと思う」との回答が最も多かったのはベビーブーム世代（1950〜64年頃生まれ）だったが、「直近1年以内に実際に買った」と答えた回答者ではZ世代（1995年以降の生まれ）がベビーブーム世代を上回っている。つまり、若い世代は、しっかり行動しているのだ（図表5-2）。

その理由はのちほど掘り下げるとして、欧米と比較して日本の消費者の意識が低いので市場がないと簡単にあきらめてしまうのは少し早計すぎる。これが五つめの壁だ。

＊　＊　＊

「トレードオンを阻む五つの壁」に心当たりはないだろうか。

「トレードオフ思考」に支配されている人は、新しい課題を目の前にしたとき、できない理由や取り組まなくて済む理由を探し始める。その安易な思考法を今すぐ廃棄してほしい。本当のサステナビリティ経営の実現に向けて一歩を踏み出すためには、それとは真逆の「トレードオン思考」が欠かせない。一見すると両立できないと思えること（たとえば、環

図表5-2　三つの世代の関心・意識と行動・実践へのコミットメント

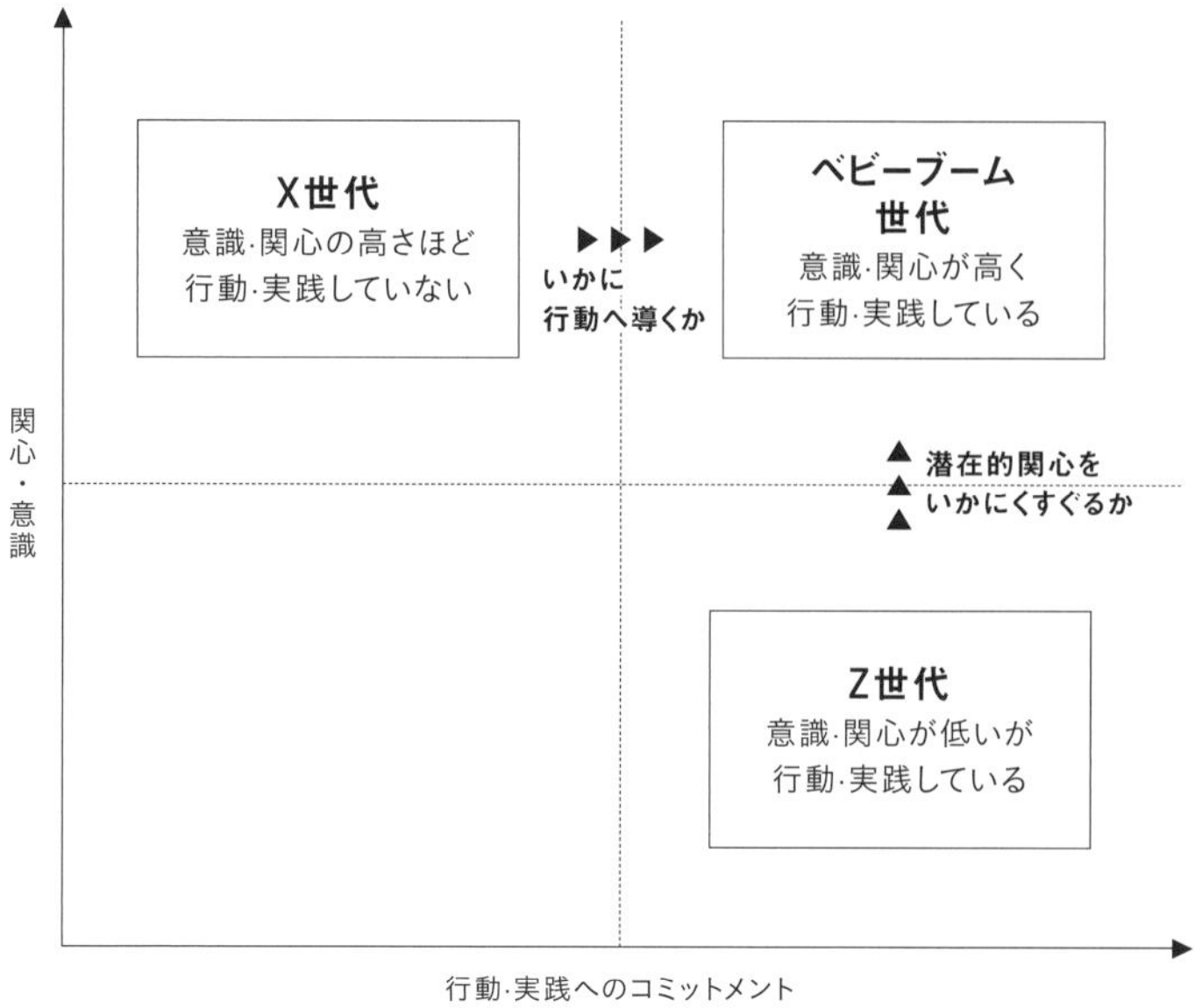

・ベビーブーム世代　1950〜64年頃生まれ
・X世代　1965〜79年頃生まれ
・Z世代　1995年以降の生まれ

出所:独自調査をもとにPwC作成

境保護と企業の利益）に突き当たったら、そこには大きなビジネスチャンスがあると受け止めよう。トレードオン（両立させる方法）を探し出すのは簡単ではないが、その難易度が高いほど強力な競争優位性になる。その方法を次章以降で検討する。

第6章

「五つの壁」を乗り越え、トレードオンを生み出す

第5章で述べた「トレードオンを阻む五つの壁」を乗り越え、事業構造やビジネスモデルをトレードオンに切り替えるための基本アプローチは、イノベーション（新しい商品・ビジネスモデルを創る）と市場創造（ルールや意識、インフラを変える）だ。

新しい商品を開発し、それを普及させるために新たなルール設計を働きかけ、消費者意識を啓発するなど、必要に応じて組み合わせることで、壁を乗り越えるためのより効果的な力となる。「五つの壁」の乗り越え方を一つずつ見ていこう。

第1の壁を乗り越える

トレードオン

大量生産・大量消費じゃないと儲からない
▼
循環利用・廃棄レスで儲ける

再生可能エネルギーの利用など環境・社会によいことは、経済的に見ると「大量生産・大量消費」のスケールメリットを縮小させる負の要素であり、そこに配慮していると儲けが大きく減るというのが「大量生産・大量消費」の壁だった。

何かの事業をビジネスとして成立させるためにスケールは必要だ。ビジネスの基本はスケーラビリティであり、それ自体を否定する必要はない。問題はスケールのとらえ方にある。「大量生産、大量消費」が悪いのではなく、その裏にある「大量資源消費、大量廃棄」が親亀（環境）を痛めつける大きな原因であることに着目すべきだ。

親亀を守りながら、スケーラビリティをもって事業を維持するにはどうしたらいいのか、と考えていくと解決の道筋が浮かんでくる。つまり、「大量資源消費、大量廃棄」をやめることと「スケーラビリティ」の二つをトレードオンさせるということだ。

トレードオンの具体的な方法を考えるヒントとして、モジュール化、プロダクト・アズ・ア・サービス（ＰａａＳ）、ゴミから資源への転換、資源循環、シェアリングの五つを紹介したい。

モジュール化で顧客を囲い込む

買った製品が壊れてしまったとき、修理に出すか、買い替えるかの選択に悩む人は少なくない。だが、たとえばメーカーが使用後の故障や部品の劣化を考慮して、製品を交換可能ないくつかの構成単位（モジュール）に分けて設計し、交換用に在庫しておけば、故障の際に該当部分だけを修理・交換できるので、継続して長く利用できる。もちろん、メーカー側にはモジュールの在庫と手厚いメンテナンス体制が求められるが、こうしたビジネスモデルを「モジュール化」と呼ぶ。

製品を顧客に長く使ってもらうことで、企業は部品交換やメンテナンスから利益を得るとともに、顧客の製品使用状況などに関するデータも入手できる。しかも、製品の長寿命化により廃棄量の最小化も図れたうえ、顧客を囲い込むことで長期的な利益を得られるトレードオンを実現できるビジネスモデルだ。事例を見てみよう。

米国の建設用機械メーカーのキャタピラーは、「リビルドプログラム」というリマニュファクチャリング事業を展開している。(注1) リマニュファクチャリングとは、メーカーが使用済み製品を回収したあと、分解、洗浄、部品交換などによって新品同様によみがえらせて販売することを指す。キャタピラーの場合、不具合や経年劣化などで交換が必要となったエンジンなどの部品を顧客が送付すると、新品を購入する数分の1の費用でリマニュファクチャリングされた部品と交換できる。顧客は、製品全体を買い替える必要がないのでコストが大幅に抑えられ、製品を長く使用できる。このプログラムでキャタピラーは、耐用年数を経過した約1億5000万ポンド（6万8000トン）以上の鉄を再利用し、原材料の使用量を削減している。(注2)

第3章で紹介したオランダのスマートフォン開発のスタートアップ企業フェアフォンは、原材料の調達から顧客がスマートフォンを利用するまでのバリューチェーン全体で、サステナビリティを軸にして事業を展開している。同社のスマートフォンは、モジュール式で設計されている。(注3) スマートフォン本体は簡単に分解できて、ディスプレイやカメラが壊れても部品交換が可能で、本体を廃棄せずに長く利用できる。また、製造を委託している中国の工場の従業員への待遇改善、紛争地帯の武装勢力の資金源や児童労働につながる鉱物を使用しないなど、バリューチェーン全体で人道面、倫理面に配慮していることで知られている。(注3) 同社のスマートフォン販売台数は年々増加しており、2019年は2017年の2倍以上（5万3828台、累計は22万台）で、スペア部品などによる収益は全体の約7％となっている。(注4)

繰り返しになるが、企業にとっては、売り上げ単価は下がっても、買い替えのたびに競合との差別化を求められる売り切りモデルに比べ、顧客との長期的関係性を維持できるビジネスモデルである。

売り上げ減だが利益増を狙えるPaaS

プロダクト・アズ・ア・サービス（PaaS）は、一言でいうと製品のサービス化であり、「製品としての価値」から「サービス（製品の利用）としての価値」に転換したビジネスモデルを指す。顧客は製品を保有せず、期間ごとに利用料を支払う仕組みだ。

このビジネスモデルでは、製品の所有権はメーカーが持つので、製品を長寿命化して長く使ってもらうほうが利益率が上がる。従来、製品の長寿命化は、買い替え頻度の減少による売り上げ減を招くのでトレードオフの関係にあったが、このビジネスモデルでは、製品の長寿命化とメーカーの利益が両立するトレードオンの関係になる。製品の長寿命化により廃棄物（環境負荷）の量とコストを最小化しつつ、顧客を囲い込むことで長期的な利益を得られるビジネスモデルだ。

顧客側のメリットも大きい。従来に比べると初期投資が不要となり、サービスの利用料は経費として落とせるので予算が立てやすくなる。また、製品の保守・管理は基本的にメーカー側が担うので、人材やノウハウもいらない。

第4章で紹介したシグニファイが提供する「ライティング・アズ・ア・サービス」はPaaSの典型例だ。LED照明を販売するのではなく、設置から維持、管理を含む利用サービスを顧客に提供する。

PaaSでは、製品を売り切るビジネスモデルに比べて、短期的には売り上げが下がることが多い。だが、製造・販売に関するオペレーションの最適化によるコスト削減や、顧客の使用状況を踏まえた付加的サービスのバリエーションを増やすことで、利益を拡大させることができる。

フランスのタイヤメーカーのミシュランは、タイヤやエンジンにセンサーを搭載して走行距離に応じて課金する「タイヤ・アズ・ア・サービス」を展開する（サービス名は「フリート・ソリューションズ」）[注5]。ミシュランがタイヤを所有し、パンク修理、メンテナンスから廃棄までの責任を負う。ミシュランは「タイヤの売り切り・販売」から「保有・利用」に舵を切りつつある。それに合わせて、完全再生可能素材のタイヤ製造や利用済みタイヤの回収・再生にも注力するようになり、このサービスにおける廃タイヤの再利用率は90％以上となっている[注6]。

日本でもタイヤ大手のブリヂストンが、売り切りを前提としたビジネスモデルから、タイヤを利用するサービスへの転換に向けて、「Bridgestone T&D PaaS（Tire & Diversified Products as a Solution）」[注7]というプラットフォームの構想を立ち上げるなど、タイヤ業界ではＰａａＳの取り組みが広がっている。

ゴミを資源にするアップサイクル

廃棄物を資源にするアップサイクルは、使用済み製品の単なる再利用ではなく、高い付加価値を持つ新たな製品に生まれ変わらせるビジネスモデルだ。ゴミに価値を付けることで従来の「売上拡大を実現するには廃棄物増もやむを得ない」というトレードオフの壁を乗り越えられる。つまり、「それまで廃棄コストがかかっていたゴミを収益源に変え、環境負荷を軽減する」というトレードオンが実現する。ゴミの廃棄コストが安い現在は、大きな利益は見込めないが、ネットゼロやサーキュラー社会に向けて、廃棄にかかる税金やコストが上がっていった場合には、こうしたビジネスモデルがコスト面で強い競争優位性を持つようになるだろう。

たとえば、パンは日持ちがせず、廃棄量の多い食品の一つだ。英国では製造されたパンの44%が廃棄されているとの報告(注8)もあり大きな社会問題となっている。マイクロブルワリーを経営する英国のトースト・エールは、パン販売店で売れ残った商品を回収して、麦芽の代わりにパンを使って数種類のビールを醸造し、公式サイトやショップなどで販売している。(注9)廃棄パンからビールを生産する同社の方法は、米国、アイスランド、南アフリカなど、世界に広がりつつある。

日本でも、伊藤園が、お茶製品の生産時に排出された茶殻を資源として建材や樹脂、紙製品などに活用する「茶殻リサイクルシステム」を運用している。(注10)工場から排出される茶殻は水分含有率が高く、リサイクル素材として幅広く活用するには、膨大なエネルギー利用が伴う乾燥などの前処理が必要だった。そのため伊藤園は、水分を含んだまま茶殻を利用できる「茶殻リサイクルシステム」を開発し、エネルギーとコストの削減につなげるだけでなく、「茶殻＝有価物」ととらえ、お茶特有の抗菌・消臭効果を身の回りの製品に生かす商品を様々な企業と共同開発して販売し、新たな収益源にしようと考えている。(注11)

味の素は、主力商品の「味の素」などの製造工程で、原料のサトウキビなどを発酵させてアミノ酸を取り出したあとに残る液体（副生物）を、肥料や飼料としてほぼ１００％活用している。(注12) アップサイクルされた肥料を、原料のサトウキビ栽培などに活用すれば、農業を豊かにしながら持続的に原料の農作物を調達する「資源循環型アミノ酸発酵生産方法（バイオサイクル）」が確立できる。副生物の活用は、肥料や飼料のほか、農作物の葉面散布剤（葉から栄養成分を効果的に吸収できるようにする薬剤）などにも広がっている。(注13)

サーキュラー（資源循環）で使い続ける

資源循環は、製品の原材料として一度投入した資源を使い続けるビジネスモデルだ。販売した使用済み製品を回収し、部品・材料などの資源を取り出して新たな製品に利用することを繰り返す。このビジネスモデルは、「有限な資源の枯渇や、資源採掘・原材料生産による環境負荷の問題解決に貢献しつつ、事業の持続可能性を高める」というトレードオンを実現する。一時的にコスト増が見込まれるが、中長期的に見て原材料費の高騰や調達困難な時代が来ることが想定される業種では、サーキュラーによって競争優位性を確立できると考えている企業が投資を進めている。

アップルは、序章で述べたように、製品を100%循環利用する「アップル・トゥ・アップル（Apple to Apple）」を目指している。自社のリサイクル・下取りサービスである「アップル・トレード・イン（Apple Trade In）」を通じて使用済みの端末を回収したあと、分解ロボットでアルミやスズ、タングステン、レアアースなどの鉱物、プラスチックを取り出し、自社製品の原材料に充てている。(注14) 2019年に発売された四つの新製品のうち、17%がリサイクル、もしくは再生可能な素材で構成されている。すでに、アップルは100%リサイクルのレアアースを使用した製品も販売している。

欧州の大手自動車メーカーとリサイクル会社のジョイントベンチャーとして設立された企業は、IT技術を活用することで、販売後の部品の状況を把握するとともに回収のための物流網を最適化し、製品の効率的な回収・再製造を可能としている。また、この企業が所有する中古車部品の回収プラットフォームでは、1日の取引数が数十万件に及び、回収した自動車部品を利用して再製造することにより、原材料の85%、エネルギーコストの55

%の節約を実現しているという。

スポーツ用品大手のアディダスは2019年に、100%リサイクル可能なランニングシューズ「FUTURECRAFT.LOOP（フューチャークラフト・ループ）」を発表した。(注15) ソール、アッパーなど、シューズのすべての部分にリサイクルを念頭に開発した熱可塑性ポリウレタンの単一素材を採用し、特殊繊維の糸を編み込むように製造する。単一素材で接着剤を一切使用していないため、廃棄されたシューズを回収・断裁してそのまま溶かせば、新しいシューズの原料に使用できる。最初から100%再生できる製品設計にしている点で、参考になる取り組みだ。

眠っている製品・資源をシェアリングで有効活用

シェアリングは、利用頻度が少ない資産をシェアして有効利用するビジネスモデルだ。たとえば、カーシェアリングというのは、自動車は90%以上の時間、未利用で駐車されている(注16)という事実に着目し、生まれたサービスだ。カーシェアリングの利用が進めばトータルでの車の台数が減るので、車の製造に必要な資源やCO2排出量を減らすことができる。こうしたシェアリングサービスは、休眠資産の有効活用と環境負荷軽減を同時に実現し、さらに利益を生む可能性を秘めている。

たとえば、フランスのスタートアップ、ブラブラカーが提供するのは、自動車の長距離移動のライドシェアだ。自動車での長距離移動を予定しているドライバーと、お金を出してその移動区間を相乗りしたい人を、同社のサービスで結びつける。車移動する際の空いている座席が「未利用資産」になっていることに着目したサービスだ。現在22カ国で事業を展開し、ユーザー数は7000万人を超えている。(注17)

2014年に米国ミズーリ州で創業したエクイップメントシェアは、個人や企業が所有するトラックやクレーンなどの大型建設機械から、脚立やチェーンソーなどの小型工具まで、幅広い種類の建設機械のシェアリング事業を展開している。(注18)(注19)建設機械は遊休資産となりがちであり、一方で、スポット的に使いたい、あるいは高額な投資をせずに安く使いたいというユーザーニーズは根強くある。事業は拡大しており、拠点のミズーリ州を中心に全米35都市で事業を展開している。同社は2017年の2600万ドルを含め、これまでに総計5870万ドルを調達し、建設機械の稼働状況などを監視するセンシング技術の開発や市場開拓に資金を活用していくとしている。

Yクロゼットは、中国のファッション共有プラットフォームだ。(注17)会員になると、高級ブランドを含む衣料品やアクセサリーをレンタルできる。ユーザーはオンラインでレンタルしたい服やアクセサリーなどを選択すると、商品が送られてくる。使用後、商品を送り返せば、クリーニングはYクロゼットが行う。衣料品やアクセサリーを提供する企業は、レンタル回数が多いほど利益が増えるので、売り切り販売からレンタルに事業の軸足がシフトすれば、製品の長期使用を視野に入れた製品開発につながる可能性もある。Yクロゼットは、同じ服を繰り返し着たくないといった中国の消費者行動の変化を背景に成長し、登録ユーザーは1500万人を超え、アリババから投資を受けるなど投資家からも注目されている。

サプライチェーンの人権配慮を徹底チェックし情報公開

ここまでは、大量生産・大量消費のスケールメリットに依存し、そこから抜け出せない企業に壁を克服するヒントを紹介してきた。大量生産は大量資源消費と表裏一体であり、コストメリットを追求すると「世界で最も安い地域から原材料や資源を調達する（あるいは最も安い地域で製品を製造・加工する）」となりがちだ。だが、現地労働者が不当に扱われていないか、原材料の購入が現地の反政府組織や反社会的勢力の資金源になっていないかなど、調達地域の実情を把握して、サプライチェーン全体で人権に配慮した行動が欠かせない。

ところがここにまた、人権に配慮するとコスト増となり利益と両立しないというトレードオフの壁が出現する。この問題を解決する一つの方法は、「サプライチェーン全体で人権に配慮していることを外部に広く公開し、それを価値の源泉として消費者に訴求する」やり方だ。

前述のスマートフォンメーカーのフェアフォンは、紛争地域で産出される鉱物の使用や製造委託先の児童労働や長時間低賃金労働などを厳しくチェックし、透明性確保のため、製品に関わるすべてのサプライヤーの情報をウェブで公開している。[注20] そこでは、自社のサプライチェーンの構造を示したうえで、原料の調達先や製造などにどんな企業が関わっているかをレポート形式でまとめている。徹底した透明性の確保により、人権に配慮した商品を利用したいという消費者を引きつけており、販売台数は2017年の約2万5000台から2019年の約5万4000台と倍以上に増加している。[注4]

オランダのチョコレート会社、トニーズチョコロンリーは、「100%強制労働に頼らないチョコレートを当たり前に」をミッションに掲げる。[注21] 原料のカカオ豆はどの農家がつくったのか追跡可能なものを使用し、農家が得るべき収入を計算してフェアトレード以上のプレミアムを支払ってカカオを購入することで優良な農家を育成するなど、五つの調達原則をつくり、業界を内側から変えるだけでなく、消費者を巻き込んだ市民運動に広げようとしている。同社のチョコレートはカラフルで目を引くパッケージに加え、おいしさや味にもこだわっている。有料広告などを一切打っていないにもかかわらず、こうした企業姿勢は幅広い層の消費者の共感と支持を集め、現在、オランダではナンバーワンの売り上げを誇る企業となった。(注22)

人権配慮はコスト増要因であり、利益とは両立しないと考えがちだが、これらの事例のようにやり方次第では、コスト増を大きく上回るメリット（消費者の熱烈な支持が広がる）が得られる可能性がある。

第2の壁を乗り越える

トレードオン

長期的に儲ける準備をしつつ、評判・理解を得る

◀ 環境・社会投資は3年で回収できない

親亀・子亀の構造を考えてみると、サステナビリティ経営には、長期的に大きな収益につながる取り組みが少なくない。そのため近視眼的な思考によってこうした機会を逃してしまうと、その企業は10年後、競争力を失っているかもしれない。

そうならないためにも、「3年（あるいは5年）で儲けを出す必要がある」という近視眼的な思考から脱却し、長期で儲けるための準備をしながら、短期投資家を納得させ、長期投資家を呼び込み、ビジネスをスケールさせていく必要がある。その際に重要なのは、「この事業は必ず儲かる」と確信を持てるだけの十分な「長期的市場」を分析することだ。

この自信があるからこそ、短期的な波に動じず、長期的視点で泰然として儲ける準備にかかれる。つまり、長期的に社会に価値を生み出す魅力あるビジョンを掲げ、投資家を含むステークホルダーの理解を得て、短期的には利益が上がらなくてもビジネスをスケールしていき、長期的にビジョンの実現を目指せる。長期ビジョンを実現する力があるというステークホルダーの評判を獲得することは、短期志向の壁を崩す非常に大きな力になる。

たとえば、テスラはまさにそれを体現している。CEOのイーロン・マスク氏が創業時から「できるだけ早く大衆市場に高性能な電気自動車を導入することで持続可能な輸送手段の台頭を加速する」という理念を掲げ(注23)、累積赤字にもかかわらず、長期的にイノベーションを実現して未来を創ることについて、ステークホルダーからの理解を得ている。具体的には、「ハイクオリティな電気スポーツカーをつくる」ことをテスラ ロードスターで、「ハイクオリティでさらに手が届きやすい値段の電気自動車をつくる」ことをテスラ モデル3で実現した(注24)。また、モデル3の週5000台以上の生産など、野心的な目標を掲げそれを達成することで、長期的なビジョンを実現できる力があることをステークホルダーに示した。その結果、いずれ電気自動車が主流になる時代が来ると予測する投資家たちはテスラに投資し、テスラは優秀な人材を集め、製品やサービスの向上により顧客にも選ばれるブランドとなった。

さらに、世界的な環境規制はテスラのような企業にとって有利に働いている。米カリフォルニア州で定められているZEV（ゼロ・エミッション・ビークル）規制は、自動車業界に対して販売台数の一定割合をZEVにすることを規定し、自社で規定台数（クレジット）を達成できない場合は他社から排出枠を購入して割合を満たす仕組みになっている。(注25)テスラはクレジットを他社に販売しており、その収益は売上高の約6％を占める（2020年度）。(注26)コロナ禍の2020年も株価は大幅に上昇し、時価総額は、トヨタ自動車などを上回り自動車業界トップとなっている。

小さな成功を重ね、将来の成長市場に備える

市場を創造するイノベーションや新技術の開発に時間がかかる場合も、「サステナビリティ市場は長期的に必ずある」という考え方をステークホルダーと共有し、小さな成功例

を積み上げて理解を得ることで、短期志向の壁を崩すことができる。その間に技術力を蓄え、将来の成長市場に備えるべきだ。

東レは、赤字が続いていた炭素繊維事業を半世紀近くかけて軌道に乗せ、社会価値と経済価値を生み出した。「航空機や自動車の燃費を考えると、機体や車体の軽量化は必須条件」で、「炭素繊維のような軽量で強度のある素材ができれば、世の中が変わる」との確信のもとで事業を継続してきた(注27)が、航空機メーカーや自動車会社が炭素繊維を採用するには安全性の確認などで時間がかかることも理解していた。そこで、短期的には、規模は小さいものの収益を上げながら技術を磨いていくために、ゴルフクラブのシャフト、テニスラケットのフレーム、釣り竿などの用途を開拓し、それらを通じて着々と技術を磨いていった。(注28)そして、最終的には大きな市場の開拓に成功し、航空機向け炭素繊維の2019年度の売上高は約2369億円で、シェア1位になっている。(注29)最近では、風力発電翼向けの需要が伸びており、ほかにも燃料電池車の水素タンク向けなど、今後も大きな成長が期待されている。

マスターカードは、新興国などの市場を見込み、金融インクルージョン(誰もが取り残されることなく金融サービスにアクセスして恩恵を受けられること)に取り組んでいる。2020年までに、125カ国においてデジタルテクノロジーを活用して金融アクセスを向上させるプログラムを実施し、新たに5億人がデジタルで金融サービスにアクセスできるようになった。(注30)さらに、2025年までに合計で10億人の金融アクセスを実現する目標を掲げている。金融インクルージョンだけで大きな利益は期待できないが、市場の長期的成長を見込み、小さな利益であっても早期に市場に入り込む戦略だ。同社のアジェイ・バンガCEOはこの取り組みについて、「政府や企業とのパートナーシップにより、持続可能なビジネスの発展と社会的なインパクトをもたらすものである(注31)」と述べている。

長期的な市場分析に基づき成功パターンを確立

長期的な市場創造に向けた先行投資の「成功パターン」をモデルケースとしてつくり、それを他の地域にも当てはめて積極的に投資している企業もある。

ノボ・ノルディスクは、中国市場の将来性を見込んで、1960年代から50年以上の長期間にわたって糖尿病治療薬に関連する様々な投資を行った。(注32)まず、医師のトレーニングや患者の啓発、一般市民への糖尿病認知の拡大などの地道な活動から始めて、時間をかけて需要の基盤をつくったうえで薬の販売を開始した。その結果、中国市場における糖尿病治療薬のシェアは2010年に63%に達した。中国で成功したこのやり方を、インドネシア、インド、バングラデシュなど他の新興市場でも展開している。世界では5000万人の糖尿病患者がインスリンにアクセスできていないと推定されている。(注33) そこで同社は、世界の糖尿病人口の3分の1を抱える76カ国でインスリンにアクセス可能にすることをコミットし、さらに糖尿病治療薬の市場を広げようとしている。

第3の壁を乗り越える

トレードオン

スケールさせるための工夫を考える

社会課題解決は事業の柱にはならない

貧しい国々で医療へのアクセスを向上させる、水や電気などの生活インフラを整備する――。とても素晴らしい取り組みだが、ビジネスの視点で見ると、コストがかかる一方で貧困層向けに何か事業を計画しようとしても、大規模のものは考えにくく、所得レベルを考えると儲けはたいして期待できない。社会課題解決ビジネスは、スケールしないので事業の柱になりえない、というのが第3の壁だった。

確かに、現在、行われている社会課題解決型ビジネスは、小さな事業が個別ばらばらに行われている印象がある。その壁を壊し、スケールさせていく方法を紹介したい。

小さなターゲットをテクノロジーでつなぎスケールする

一つひとつのビジネスのつぶを大きくする一つの方法は、デジタルテクノロジーの活用だ。開発途上国では市場が分散しており、「個々の市場は小さいが、テクノロジーを活用することで市場をつないでスケールすること」ができる。

第3章で紹介したBBOXX（ビーボックス）は、ソーラー・ホーム・システム（SHS）を用いて、ペイ・アズ・ユー・ゴー方式で、アフリカを中心とするオフグリッド（電力会社の送電網につながっていない）地域に電力を供給する事業を展開している。アフリカにおける地方電化は、長い間、利益確保が難しいビジネスだった。第一に、料金の徴収が難しい（徴収に行くと顧客が現金を持っていない、徴収スタッフが現金を盗むなど）、第二に現地スタッフの教育不足でメンテナンスが不十分、といった課題があったからだ。しかし、携帯電話による支払いを活用することで第一の問題を解決し、第二の問題もIoTやリアルタイム遠隔管理システムを使って解決した。ビーボックスは、SHSの稼働状況や顧客の支払い状況をシステムで管理・制御している。今後は顧客の生活水準の向上に合わせて、電力に加えてガス、水といった生活インフラの供給や、保険、金融などのサービスを提供し、生活に密着したオフグリッド地域のプラットフォーマーとなることを目指している。

ケニアの通信会社サファリコムと南アフリカのボーダコムが提供するモバイル決済サービス「MPESA（エムペサ）」は、農村部を含むケニア全土で利用されている。携帯電話で送金や引き出し、ローンなどを利用できる、いわゆるマイクロファイナンスのサービスだ。アフリカの農村部は、1人当たりのGDPが低く、従来は金融サービスの市場はないと考えられていた。確かに普通に考えると、サービスを提供しても1人当たりの取引額は小さく、得られる利益は微々たるものでビジネスは成立しない。しかし、携帯電話の普及により状況はがらりと変わった。エムペサは、ケニアで急速に普及して圧倒的シェアを占めるようになり、ほかの国々にも広まっている。2020年時点でケニアでは2491万人（前年比10%増）のアクティブユーザーを獲得し、売り上げは844億ケニアシリング（同12・6%増）となり、サファリコムの売り上げの33・6%を占めるまで成長した。(注34) 現在では、エジプト、ガーナ、タンザニアなど7カ国に広まっており、アクティブユーザーは2019年時点で約4150万人に達している。(注35)

開発途上国の市場において、これまで低～中所得層は莫大な人口を抱えているもののそこで事業をしても「儲からない」と思われていた。しかし、新しいテクノロジー（しかもそれほど高度でなくてもいい）を利用すれば「儲ける仕組み」が創出できることを、エムペサなどの事例が示している。

小さな課題を適度な大きさに拡大する

サステナビリティ課題は、第3章で説明した大枠の概念的レベルの課題から出発して、そこにどんな問題があるかを具体的に落とし込んでいき、解決策を考えるのが適切だ。概念から具現化への落とし込みのレベルが細かすぎると、こまごまとした小さな課題がいくつも生まれることになってしまい、企業が事業の柱の一つとして取り組むのが難しくなる（担当者レベルや傍流の小さなチームで対応することになりがちだ）。

そうした場合は、目線、レイヤーを上げて、小さな課題を自社に合った適度な大きさまで拡大して取り組みを考えることで、事業規模の拡大と付加価値を高めることができる。それぞれのサステナビリティ課題に関し、「市場での影響力を及ぼすことができる規模の取り組みとは何か」を考えることが必要だ。

たとえば、「水資源の枯渇」という概念レベルの課題に対して企業が解決策を考える場合には、「水資源を増やす」→「海水を淡水化する」→「海水の塩分をろ過する」という具合に、事業内容を具体的に検討できるレベルまで課題を落とし込む必要がある。だが、レイヤーが下に行くにつれて市場も小さくなることに注意が必要だ。

この例で言えば、逆浸透膜など「海水の塩分をろ過する装置」に強みを持つ企業は、「海水の塩分をろ過する」という課題解決に貢献できそうだと一見すると思えるが、顧客の求める「海水をろ過する」レベルの浄水技術を提供できる企業はいくつもあるので、結局、サプライヤー同士の競争に巻き込まれるのが関の山だ。高い技術力があったとしても、市場への影響力はたいして発揮できない。

それに対し、レイヤーを一つ上げて「海水を淡水化する」にフォーカスすると、事業規模も、技術レベルも、付加価値もぐっと上がる。「海水淡水化プラントの建設・運営」事業を世界展開するイスラエルのIDEテクノロジーズ(注36)のように、日本企業は技術の販売ではなく、「海水を淡水化する」という一段高いレイヤーでプラントの建設・運営を含むソリューションを提供することで、市場への影響力を発揮し、付加価値の高い、採算性のある事業を展開できる可能性がある。

地域や用途市場を広く展開しスケールする

ほかにも、「第3の壁」を乗り越える方法として、幅広い地域や用途市場への展開がある。限られた小さな市場で展開している製品に関して、他の市場での展開可能性を徹底的に調査・検証する。たとえば、先進国市場で提供されている世界共通の製品（グローバリゼーション）がオーバースペックとなっている場合、開発途上国の開発拠点でその国に合うように開発（ローカリゼーション）された機能限定の安価な製品が先進国市場でも売れる可能性がある。これはリバースイノベーションの考え方だ。このように製品機能と市場ニーズのマッチングを精査することによって、新市場を発掘できるかもしれない。

ＧＥのリバースイノベーションの例は、よく知られている。同社は、米国と日本で開発した医療用超音波検査装置を中国に持ち込んだが、ボディが大型でかつ高すぎてまったく売れなかった。そこで、中国の開発拠点で現地のニーズに合わせて、持ち運び可能で機能を絞り込んだ低価格の装置を開発したところ、中国で広く受け入れられた。さらに、その製品（イノベーション）を逆に先進国に持ち込んだ（リバース）ところ、安価で、携帯性に優れ、特別なノウハウを必要としない点が受けて、救急車内、遠隔地の事故現場、救急救命室、手術室など、従来の検査装置では対応できなかったニーズに合致し、先進国でもヒットした。(注37)

第4の壁を
乗り越える

トレードオン

市場制度・インフラが整うまで有効な手は打てない
▼
民主導でも新たなインフラはつくれる

事業の基盤となるインフラや制度は基本的に公的機関が提供するもので、一企業にはどうしようもない、とあきらめてしまうのが「第4の壁」だった。しかし、制度・インフラが整っていなくても、民間にできることは意外にある。

日本では、プラスチック容器などの一般廃棄物の処理は自治体が担い、企業にとってこうした廃棄物削減の経済的インセンティブがない。また、一般廃棄物は原則、焼却処分される。そのため大量廃棄を前提とした焼却設備などのインフラは整備されているが、リサイクル設備などのインフラは不足している。結果として、廃棄されたプラスチックのうち国内で材料リサイクルと、ケミカル・リサイクル（熱分解などで化学原料にして再利用）されているものは、それぞれ4％にすぎず、57％が焼却の際のエネルギーを一部再利用するサーマルリサイクル（国際的にはリサイクルとは認められていない）、9％が単純焼却、残りは輸出または埋め立て処理されている。(注38)

公的なリサイクル設備が整備されていないなかで、民間企業がプラスチック容器などの循環利用を進めるのは一見難しそうに思える。確かに、リサイクル設備のようなハードインフラを民間企業が整えるにはコスト的に負担が大きい。しかし、やれる可能性はある。

米小売最大手ウォルマートは、コカ・コーラ、ペプシコ、P&G、ユニリーバなど9社と連携し、インパクト投資ファンド「クローズド・ループファンド」を設立し、リサイクルインフラの整備を進めている。(注39) 2015年の設立以来、米国を中心にリサイクルインフラ事業への投資を進めており、2030年までに4・5億ドル投資する計画だ。

すでに第3章で紹介したループ（Loop）は、テラサイクルが立ち上げた循環型プラットフォームだ。廃棄物を再利用するためのインフラではないが、廃棄物（プラスチック容器）を減らすため、繰り返し利用できる容器を使って、食品の配送・利用・回収・洗浄・食品詰め替えのサイクルを民間企業が整備した例と言える。

開発途上国にインフラ、制度がないことを逆利用する

開発途上国には、社会インフラや制度が未整備なところが多く、企業にとってはそれが事業展開の壁となっている。だが、企業はそうした状況を逆手に取ることもできる。しか

も、テクノロジーを生かせば、それほど莫大な投資をしなくても、社会インフラの整備に取り組める。

ドローンで血液や医薬品を空輸する米スタートアップのジップラインは、2016年からアフリカで事業を開始し、最初の配送拠点をルワンダに置いた。ケラー・リナウドCEOは2017年のワイアード誌のインタビューで、(注40)ルワンダを選んだ理由として、「政府がヘルスケアをはじめとするすべての新しい挑戦に協力的」であったことや、「小さな、丘だらけでインフラの整っていない国では、ドローンは従来のように道路を使うより10倍も早い時間でモノを届けることができる」と述べている。先進国では建物や密集地などの安全リスクからドローンに関する規制が厳しいが、「ICT（情報通信技術）立国」を掲げるルワンダは、情報通信技術関連の規制緩和を進めており、(注41)こうした新しいビジネスの進出を後押ししている。

第3章で述べたバビル（国民皆保険制度とモバイル医療・支払いサービスを結びつけたビジネス）やビーボックス（オフグリッド地域への電力供給）も、医療や電気などのインフラが未整備な状況を機会ととらえ、事業展開している事例だ。

インフラを提供して他社に勝つ

一方、開発途上国でインフラが未整備の場合、自ら重要資本であるインフラを整備して、競争優位や市場の成長性を確保するやり方もある。

たとえば、世界最大のコンピュータネットワーク機器開発会社シスコ・システムズは、「シスコ・ネットワーキングアカデミー」という次世代デジタル人材育成プログラムを1万1800の教育機関・団体（参画校）を通じて提供し、世界中で多くのデジタル人材を育成している。(注42) IT関連機器をコア事業とするシスコにとってもIT業界全体にとっても、デジタル人材は重要な資本でありインフラでもある。教育プログラムを通じてデジタル人材を育成してインフラを強化することで、長期的な視点で市場を創造するとともに、デジタル人材の不足が市場の成長のボトルネックとならないように支援している。

英消費財メーカーのユニリーバは、物流網の整備されていない開発途上国の農村部で独自に流通チャネルを構築し、市場を開拓している。そこで活躍しているのが、女性訪問販売員だ。同社は女性の自立を支援するため、現地の女性に販売員になるための教育やトレーニングを受けてもらい、訪問販売員として自分が住む村でユニリーバの商品を売ってもらう。インドで実施した「プロジェクト・シャクティ」（シャクティは「権利委譲」の意味）には7万人の女性が参加した。(注43) その結果、自社製品をインドの16万を超える村に届けることに成功した。

ヤクルトは、2019年時点で、日本だけでなく世界の39の国・地域に自社の宅配システムであるヤクルトレディシステムを導入し、海外には4万7471人のヤクルトレディがいる。(注44) メキシコでは、販売チャネルの約55％がヤクルトレディによる販売であり、ヤクルトレディは重要な流通チャネルとなっている。(注45) もともとメキシコでは、訪問販売員が家庭を回るという売り方になじみがなく、文化の違いに当初は苦労したが、今ではすっかり定着している。

官民連携で新しいインフラをつくる

広範なインフラ整備が必要な場合は、1社だけでは手に負えないため、官民連携によるアプローチを考えることも必要だ。

ノルウェーの世界最大の無機肥料メーカーであるヤラ・インターナショナルは、2000年代半ばに、アフリカのタンザニアへの進出を試みた。(注46) ところが、物流網が未整備なため、製品を港まで持ってきても、そこから農民へアクセスする手段がなかった。農民にとっても未整備な物流網は、肥料などの農業資材の入手や収穫した作物の市場への保管・輸送の障害になっていた。そこで、多国籍企業、市民団体、国際支援組織、タンザニア政府など68組織をまとめるパートナーシップの形成に着手した。(注47) そして2010年の世界経済フォーラムで「タンザニア南部農業成長回廊」(SAGCOT)が発足した。

SAGCOTは、34億ドルをかけて、港湾・道路・鉄道・電力などの整備や、農業協同組合の機能化、関係業者・金融機関の誘致などを行った。SAGCOTは3年後には軌道に乗り、何十万もの農家に所得向上をもたらした。ヤラも6000万ドルを投資したが、このプロジェクトによって、同地域のヤラの売上高は50%、EBITDAは42%増加した。

SAGCOTのような官民連携によるインフラづくりは、開発途上国だけでなく先進国でも行われている。

デンマークに本社を置く産業用酵素製品開発のノボザイムズは、世界初の産業共生センター「カロンボー・シムビオシス(Kalundborg Symbiosis)」を持つデンマークの都市の構築に他社と連携して関わった。(注17) この都市は民間企業や公的機関を含む11の組織がパートナーシップを組み、(注48) 互いに連携することでエネルギーや水などの資源の利用を循環させ、年間2400万ユーロ以上のエネルギーコストと約63万トンのCO_2排出量の削減を実現して

いる。(注49)
従来のコンビナートでも、企業が連携してエネルギーや資源を有効活用していたが、次世代コンビナートではCO2を資源として有効利用することが期待される。こうした新たなインフラを整備するには、企業間の連携を促進し、互いにメリットが得られるような政策的誘導も重要になるだろう。

官民連携でルールをつくり直す

サステナビリティ課題に取り組もうとしたとき、必要なルールがないことが壁となり、議論が前に進まないことがよくある。そうした場合には、市場全体のルールを変えたり、新しいルールづくり（ルールメイキング）を国や関係機関、業界などに働きかけたりすることも視野に入れるべきだろう。

グローバルレベルの課題に関するルールメイキングのベストプラクティスとされているのが、米化学メーカーのデュポンによる代替フロンの取り組みだ。

デュポンは、オゾン層を破壊しない代替フロンの開発を進めるとともに、フロンガスの使用を規制するため環境NGOと連携して米国政府に働きかけ、フロンガスの使用を規制する国際ルールであるモントリオール議定書を1987年に合意（発効は1989年）に導いた。デュポンは、こうした規制の動きを各方面に仕掛けながら代替フロンの研究開発を加速させ、1991年に世界で初めて当時の環境基準を満たす代替フロンを開発し、ビジネスでも成功を収めた。(注50)

日本企業では、空調機大手のダイキンが、温室効果係数の小さい代替フロンを普及させるため、ルールメイキングを仕掛けた。従来の代替フロンはオゾン層を破壊しないが、温室効果がCO_2の数千倍もあるという問題があった。ダイキンは、エアコンの冷媒ガス向けに温室効果の低い新冷媒「R32」を開発し、それをグローバルスタンダードにするため働きかけを始めた。(注51)

開発した新冷媒「R32」をエアコンに搭載するには、冷媒の取り扱いを定めたISO（国際標準化機構）817（冷媒安全分類規格）などの改定が不可欠だった。ダイキンが開発した新冷媒は適切な扱いのもとでは危険性はなかったのだが、当時のISO817の分類では「可燃」（水素やプロパンと同等の扱い）のカテゴリー（ほかは「高可燃」と「不燃」）に当たり、製品での使用が難しかった。そこで、四つめのカテゴリーの新設を求めて、ロビー活動を精力的に行った。(注52)

環境問題や空調関連の国際会議に頻繁に出向いて、国際機関の関係者や各国の政策責任者、オピニオンリーダーらとの交流を深め、自社の冷媒技術が温室効果ガス削減にどれだけ貢献するかを様々なデータで説明した。[注53] そして、この冷媒ガスを搭載したルームエアコンを他社に先駆けて開発して、2012年から販売し、さらに基本特許の無償開放などを行った結果、国際規格の改定に成功した。

ルールメイキングには、プライベートルールをつくり、広げるやり方もある。ユニリーバは世界自然保護基金などとともに、第3章で紹介したパーム油の持続可能な生産を推進するRSPO（持続可能なパーム油のための円卓会議）を2004年に設立し、認証パーム油というプライベートルールをつくり、認証の輪を広げている。[注54] 自社製品にもパーム油は多いが、ルールを自らつくることで、認証基準に見合うパーム油を優先的に調達することができるという競争優位を獲得している。[注55]

第5の壁を
乗り越える

トレードオン

消費者の意識がまだ低く市場がない
▼
潜在市場にリーチして需要を掘り起こす

第5章で述べたように、世界でエシカルな商品に関心を持つ新しい消費者が生まれつつある。しかし、世界の消費者の傾向を見ると、積極的にサステナブルな商品を求める「ディープグリーン層」と言われる消費者は、サステナビリティに関心のある層のうちの一部にとどまり、残りの大部分は、選択肢としてサステナブルな商品が提示された場合に、品質や価格を大きく犠牲にしない程度に購買する「ライトグリーン層」であると推定される。(注56)サステナビリティ商品を展開する場合には、サステナビリティに関心があり人数が多い「ライトグリーン層」に訴求することが重要となる。

たとえばライトグリーン層に訴求している製品として、オーガニックコットンを利用したジーンズが挙げられる。オーガニックコットンはサステナブルなファッション素材としての認知度が高く、繊維商社の豊島の調査によると、その認知率は7割を超えており、身近な環境配慮型素材と言える。(注57)通常のジーンズは生産に大量の水や農薬を使う綿を使用するうえ、染色・加工での多量の水を使うことから、環境負荷の大きい商品としてしばしば批判される。

スウェーデンのデニムブランドで、ヨーロッパ、北米、オセアニアなどを中心に商品を展開しているヌーディージーンズは、すべてのデニム製品の原材料にオーガニックコットンを用いており、製造でも極力薬品を用いず、再生可能エネルギーを用いた工場で生産。オーガニックの繊維製品の国際認証であるGOTS（グローバル・オーガニック・テキスタイル・スタンダード）を取得し、なおかつ、ユーザーが購入後は、何度でも無料で修理するなど、サステナビリティ経営を実践している。（注58）ファッションウェブサイトのメンズファッションブランドナビの「10代20代の人気ジーンズブランドランキング」でも、リーバイス、リーに続いて3位になるなど、現在、若者を中心に人気が高まっていて、（注59）２０１９年の売上高は約60億円となっている。（注58）

ここで日本の消費者に目を転じてみよう。

ＰｗＣが日本で行った消費者調査（注60）では、日用品の購入の際に環境への配慮がされた商品か否かを考慮する度合いについて、優先的に考慮して商品を購入する層を「ディープグリーン層」、ある程度考慮する層を「ライトグリーン層」、特に考慮しない層を「ブラウン層」と定義した。調査結果は、ディープグリーン層（20％）、ライトグリーン層（42％）、ブラウン層（38％）となり、日本でもライトグリーン層が多いことがわかった。また、消費者が環境へ配慮した商品を購入する際に妥協できないものは何か尋ねたところ、回答は多い順に「品質」「使いやすさ・利便性」「デザイン」「価格」「手間が増えること（分別が増えるなど）」だった。

品質に関しては、すべての層で9割以上の人が「サステナブル商品であっても品質の悪い商品に妥協できない」と回答し、品質の高さは日本の消費者にとって外せないポイントであることが浮き彫りになった。次に、利便性（使いやすさ）に関しては、ディープグリーン層は7割以上、ライトグリーン層とブラウン層は8割以上の人が「サステナブル商品であっても不便であることは許容できない」と答えている。また、デザインについても、ディープグリーン層とライトグリーン層は7割以上、ブラウン層は8割以上の人が、「デザインが損なわれることは許容できない」としている。

一方で、価格については、ディープグリーン層は4割以上、ライトグリーン層は3割の人が多少価格が高くても許容する。サステナブル商品（日用品）の価格が、通常商品の1・1倍程度なら購入してもよいと考える人が約3割いる。また、価格と同様、手間が増えることについても、ディープグリーン層は4割以上、ライトグリーン層は3割以上の人が許容すると答えた。

全体として、品質の高さや利便性（使いやすさ）、デザインのよさについてはサステナブル商品でも妥協できないが、高価格や分別などの追加の手間については許容されやすい傾向にある。こうした消費者の傾向なども考慮し、数の多いライトグリーンの消費者に訴求するには、サステナブル商品であることをわかりやすく示したうえで、簡単に入手できるという基本的対応に加え、品質・機能やファッション性に妥協しないことが重要と考えられる。

前述のフェアフォンは、交換可能なモジュール式のスマートフォンで環境に配慮し、紛争鉱物の使用や児童労働による製造を避け、サプライチェーンの透明性を確保するなど、エシカルであることを徹底している。しかし、それではディープグリーン市場にしか訴求できない。そこで、サステナビリティの追求だけでなく、高コストパフォーマンスと市場で評価される他社のスマートフォンと同等のスペックを確保し、価格も470ユーロに抑え、ウェブサイトやパートナー販売店で簡単に入手できるようにすることで、ライトグリーン層に訴求した。

再生可能な原材料を使用したサステナブルなシューズの製造・販売を手掛ける米国のオールバーズは、品質の面でも評価されている。タイム誌で「世界で最も快適なシューズ」と評され、(注61)ウールなどの素材特有の柔らかさで、履き心地のよさを実現している。またファッション性も備えており、ハリウッドセレブや著名人も愛用している。

前出のトニーズチョコロンリーも、「100%強制労働に頼らないチョコレートを当たり前に」というミッションを掲げてエシカルな消費者に訴えかける一方で、品質や味にこだわって生産している。一部の報道では、同社のチョコレートを購入する理由として、消費者の3分の2は味や商品パッケージを挙げている。(注62)同社のチョコレートは、本社のあるオランダやヨーロッパでは路面店やスーパーマーケットで簡単に購入できる。

また、英国のハンドメイド化粧品メーカー、ラッシュは、石鹸、保湿クリームなどの製品の原材料に安全な植物性の成分を使う。製品の9割がヴィーガン対応（動物性の原料は一切入っていない）となっている。[注63] 1995年の創業以来、動物実験への反対を推進するなどサステナビリティをビジネスの中心に置き、49の国・地域でビジネスを展開している。[注64] 日本でも人気があり、2019年のアットコスメのベストコスメランキングで2位を獲得する商品を出している。[注65] ヴィーガン化粧品市場は、2025年までに世界で約200億ドル[注66]に成長するとされている。

これらの企業はすべて、「品質、ファッション性を維持し、簡単に手に入る」ことを徹底的に追求して、ライトグリーン消費者の要望に応えている。

環境・社会価値の必要性を啓発して市場を創造

消費者の意識を含む市場の意識が、新たなサステナビリティの取り組みにまだ追いついていないケースもある。その場合には、市場や消費者の啓発などで市場を創造していかなければならない。また、どこかの地域で社会課題解決に取り組もうとしたとき、地域の住民・消費者にその課題に対する問題意識や課題解決の意義が浸透していないことがよくある。そうした場合も、市場啓発や消費者教育が欠かせない。

製薬会社のノボ・ノルディスクが中国市場を開拓した際、時間をかけて市民や患者、医療従事者、政策担当者に、糖尿病に関する知識・意識の啓発活動を繰り広げて市場を創造したことはすでに述べた。当然であるが、環境・社会によいことをするためだけに、無償で啓発活動や教育をしているわけではない。自社製品の売り上げという果実を最大化するために、市場という地面を耕し、種をまき、水をやっている。つまり、市場を創造し、拡大するための戦略的アプローチである。

ユニリーバは、60カ国で販売され、世界1位の売り上げを誇る除菌石鹸「ライフボーイ」の市場の創造・拡大を目指して、2020年までに開発途上国の10億人に対して、より衛生的な生活習慣を身につけてもらうこと(注67)を目標に掲げ、開発途上国の子どもたちを下痢や肺炎から守るために、正しい手洗いの啓発プログラムを実施した。当然、これも「慈善活動」ではない。

スイスに本社を置く食品用紙容器の開発・製造のテトラパックは、学校給食プログラムを通じて、容器パックの市場を創造している。世界各国で、政府機関、NPO、地元の乳業・酪農業者と連携して、牛乳を飲む利点を栄養学的視点から啓発する学校給食プログラムを展開している。プログラムを通じて、各国で「牛乳を飲む世代」を創り出し、児童の

栄養状態の改善に貢献するとともに、容器パックの最も重要な用途の一つである牛乳の需要を創造している。（注68）

ダイキンは、中国でインバータエアコンの市場を創造している。従来のノン・インバータと比較して58％（注69）省エネを実現するインバータ技術を開発し、日本市場に1984年頃から投入したが、中国では価格面などからノン・インバータエアコンが主流だった。ダイキンは、中国のエアコン大手の珠海格力と提携し、自社のコア技術であるインバータ技術をあえて開示し、代わりに低価格な生産技術・ノウハウと販売網を獲得した。（注70）そして、低価格なインバータエアコンを開発し、中国政府が省エネルギー政策を進めるなか、（注71）省エネ性能を訴求して市場を創造した。中国の住宅用エアコン市場での需要台数に占めるインバータ機の割合は、2009年の約7％から、2018年には76％にまで上昇した。（注69）

第7章

自分の北極星を見つける

第6章では、個別ビジネスにおいて、トレードオフの「壁」に突き当たったときの乗り越え方のヒントを提示したが、第4章で述べた未来志向型のサステナビリティ・トランスフォーメーション（SX）を目指すには、経営の最上位レベルで全社的な長期戦略とアプローチを考える必要がある。個別の事業でトレードオンを実現できても、事業全体がトレードオンになっていなければ生き残れないのだ。

ビジネスの前提の急激な変化（親亀と子亀がこける）は一時的なものではなく「構造変化」なので、大きな方向性を先取りすることが一定程度可能だ。未来志向型SXを進めるには、先取りした方向性に合う形で、自社が抱える様々な事業を貫く、長期的かつ戦略的アプローチをとることが欠かせない。本章では、その具体的な方法を解説していく。

中計だけでは対応できない

大きな方向性を先取りするという意味では、中期経営計画（中計）があるじゃないか、と思われるかもしれない。しかし、次の二つの理由から、多くの企業の現行の中計では、それを軸に未来型SXを推し進めるには不十分と考えられる。

第一の理由は、「長期的変化」に対応できていない可能性があるためだ。一般的な中計の作成では、各事業部が現在のビジネスの延長線上にある計画を積み上げ式で描き、最後に合体させる。このように現状の延長線上で考えていたら、「ビジネスの前提に関わる破壊的変化」には十分に対応できない。ビジネスの大前提が変わる構造変化に対応するには、「既存の事業部」の垣根を越えた新しい事業や、事業ポートフォリオの大幅な見直し、ビジネスモデルの抜本的な再構築などが欠かせない。未来型ＳＸを推し進めるのに必要なのは、「既存事業部」の目線ではなく、自社の事業全体の変化を予想し、「全体の計画」のなかでの「事業部の役割」を検討するスタンスだ。

第二の理由は、未来志向型ＳＸにとって、3～5年という中計の時間軸は短すぎるからだ。外部環境の変化のスピードが緩やかだった頃はそれで機能したかもしれないが、現在起きている破壊的な構造変化のなかで3～5年というのは、非常に中途半端な時間軸と言える。予測不能な急激な変化が起きたときには長すぎ、ビジネス基盤の構造変化に対応するには短すぎるのだ。まったく新しい事業を考え、ビジネスモデルを変革し、トレードオンを事業全体で実現させるには、少なくとも10年から30年の時間軸設定が必要だ。

北極星を目印に短期的な変化をかわして進む

変化のスピードが速い世界では、計画など無意味という見方があるかもしれない。アジャイル経営はこうした考え方の一つだ。時間をかけて「計画」を立てるよりも、「変化に柔軟に対応すること」で目標を達成することを目指す。現代のような変化が激しい時代に合ったアプローチだ。

しかし、アジャイル経営によって、変化に柔軟かつ素早く対応するのは、あくまで先に目標があってそれを達成するためであり、経営環境が激変する今のような時代こそ、道に迷わないために、進みたい方向を指し示してくれる目標を明確にしておくことが必要不可欠だ。

本章の冒頭で、「大きな方向性の先取りは一定程度可能」と述べた。サステナビリティの時代に、経営者はこの変化を適切に予見し、備えなければならない。未来志向型ＳＸを実現するために重要なのは、短期的な変化に目を奪われず、その先にある長期的変化を理解し、長期的な到達点（北極星）を描くことだ。そのうえで、短期的な変化の波をかわしながら（アジャイルに対応しながら）、企業という巨大な船団を北極星に向けて導いていく。

サステナビリティを中心に経営を進める、ある総合電機メーカーのグローバル経営幹部は、「30年後の未来の世界」を描き続け、10年後の事業ポートフォリオを検討することも役割の一つと認識し、この作業を毎年繰り返しているという。また、別の世界的医療機器メーカーでは、30年後の到達点をつくり、1年ずつの事業プランを毎年更新する。どちらの企業も、長期的な構造変化を読み取り、北極星を目指す経営を実践している。前者は北極星がどこにあるのか、その位置を精査し続けることを重視し、後者は、いったん北極星を定めたら、あとは短期的変化の波を乗り越えながら北極星に向かって邁進していく経営と言えるだろう。

北極星とは何か

では、あなたのビジネスの長期的到達点である北極星とは何か。

それは、これまで自分たちが生み出してきた外部不経済の過去のツケを払い、外部不経済の原因を断ち切ることによって未来のリスクを低減し、親亀・子亀と共存しながら成長を続ける新しい事業のあり方だ。実際、先進企業の多くが、このような新しい事業のあり方を長期目標として掲げ、未来志向型ＳＸを実践し始めている。その理由は、長期的に見ると有望市場がそこにしかないことに気づいているからだ。それを踏まえて、北極星とは何かをもっと掘り下げて考えてみよう。

2050年の世界は、人口が増加し、開発途上国の1人当たりGDPの増加とともに、あらゆる資源の需要拡大が予想される。すなわち、エネルギーへの需要は2018年比で50%増、(注1)水は2000年比で55%増、(注2)食料は2010年比で50%以上増えると予想されている。(注3)しかし、それによって市場は拡大するが、今までと同じように、欲しい人に、いいものを安く、いつでも届くようにすればいいということではない。

たとえば、牛肉の需要は今後増加するが、畜産は大量の温室効果ガスを排出する。需要に合わせて生産量を増やし、温室効果ガスを大量に排出し続けていると、規制当局や意識の高い消費者などから批判されるだろう。こうした状況は農産物に限らず、工業製品に関しても同じだ。スマホのタッチパネル透明電極材料として需要が増え続けているインジウムは、現在のペースでの採掘が続けば、わずか14年分の供給量しか残っていないと推定されている。(注4)

ほとんどの企業活動は、外部不経済を生み出し、当事者である企業は誰か（自然の自浄作用や政府機関など）がそれを処理してくれるものと思ってきたが、本書で何度も繰り返すように、その外部不経済はブーメランのように私たちのビジネスの首を絞めに戻ってくる。

原材料の価格高騰や枯渇、外部不経済を取り締まる規制・ソフトローの強化、消費者からの批判や不買運動、企業イメージの低下……。

企業は外部不経済を自社のコストとして内部化するなど、外部不経済のツケを払う必要に迫られている。企業がそれまで得てきた利益は、サプライチェーンのなかのどこかに隠されていた児童労働や低賃金労働によって生み出されたものかもしれない。もしくは、その利益は、環境を大きく毀損する化学物質や農薬によって、短期的には効率的に、低価格で生産された原材料に依拠してきたのかもしれない。企業は、原材料調達、加工・生産、物流、販売などのバリューチェーン全体で、外部（児童労働、低賃金労働、人権蹂躙、差別、環境汚染など）に不利益を押しつけていないかを徹底的に見直し、改善に取り組み、新しい利益構造を考え直さなくてはならない。そうでなければ、いつの日か、不当労働に依拠したビジネスモデルがSNSで暴露され、不買運動や株価の暴落につながるかもしれない。もしくは、環境破壊は限界を超え、原材料の調達がままならなくなるかもしれないのだ。

まずは、外部不経済の最小化が急務だ。外部不経済をこれ以上生み出さないための根源的方法を考え、外部不経済を取り込んでもなお儲かる方法を見つけ出す。そうでなければ、将来、規制・ソフトローの強化や、環境NGO・消費者などから叩かれ信用を落とすリスクをいつまでも負い続けることになる。

環境や社会の問題は、一企業ですべてを解決することなどできない。企業が投資をしてCO2を減らしても、地球のどこかで古い設備から大量のCO2を出して安く製品をつくる企業が増えれば、親亀はこけてしまうだろう。そのうえ、先行して対策を打てば企業間競争においてコスト面でハンディを負うかもしれない。外部不経済の最小化に取り組めば、短期的に損をする場面があるのも事実だ。それでも、自分たちのできる範囲で、外部不経済を最小化する努力をしたほうがいい。

その理由は三つある。第一に、大海の一滴だとしても親亀がこけるリスクの減少に少しでも寄与できる。第二に、規制・ソフトローの強化は時間の問題（従わない企業は市場から締め出される）で、先に準備をしていたほうが有利だ。こうした規制やソフトローの波（第3章参照）は、先進国だけでなく、開発途上国にも広がりつつある。企業は、事業を続けていくために、様々なステークホルダー（日本の政府や顧客だけでなく、原材料調達や製造・販売に関わる地域の政府や関係機関、住民など）から操業許可（Lisence to Operate）を得る必要がある。第三に、親亀・子亀と共存する製品・サービスを社会も消費者も求め始めており、それが「今後の長期成長領域」となるからだ。

このチャンスを誰よりも早く理解し、親亀・子亀と共存しながら利益を出す事業のあり方（北極星）を見つけ出し、ビジネスモデルの変革やイノベーション創出を成し遂げた企

図表7-1　経営における北極星の役割

北極星を特定していない場合

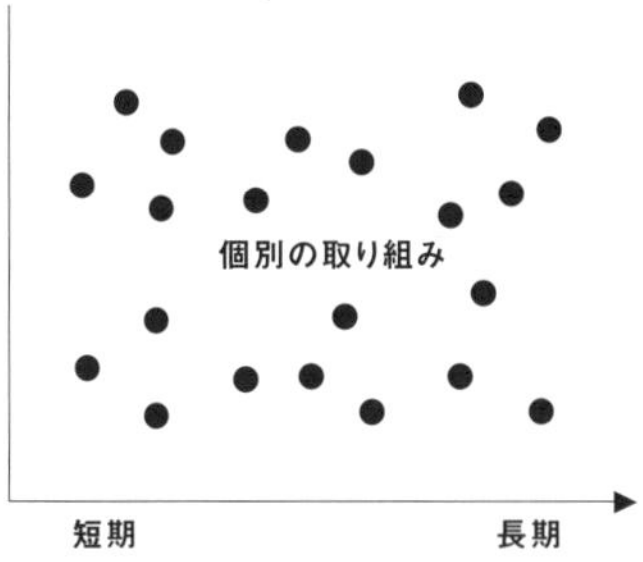

✓社内意識統一が困難
✓リソース分散
✓北極星に直結していない取り組みも実施
✓インパクトが薄くなる

北極星を特定している場合

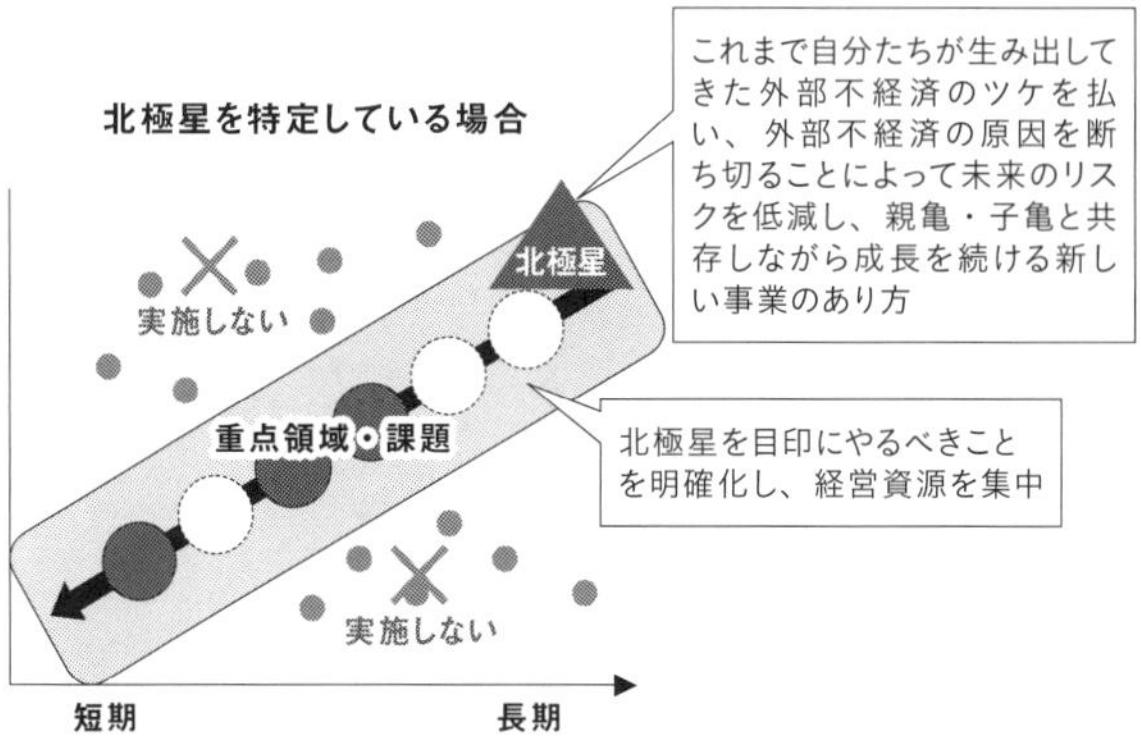

✓社内意識統一
✓リソース集中
✓北極星に直結した取り組みを重点的に実施
✓対外発信メッセージもクリアに

出所:PwC作成

業が、未来のリーディングカンパニーになるだろう。

先行企業に続くフォロワー戦略をとり、規制・ソフトローの強化に対応せざるを得ない状況になった段階で動き始めることを選択する企業は多い。しかし、少なくとも気候変動については、CO_2排出の実質ゼロ（ネットゼロ）実現の期限が近づき、TCFD（気候関連財務情報開示タスクフォース）に対応をせざるを得ない状況が迫っており、対応がぎりぎりになるほど事業継続のリスクは高まると考えられる。フォロワー戦略をとる企業には、再考を促したい。

北極星を見つけ、企業が多数抱える個別事業を貫く方向性を描くことで、「資源を集中させるべき分野」と「やめるべき分野」が明らかになるだろう。そして、さらに重要なのは「なぜその分野なのか」の理由を明確に理解することだ。長期の経営変革を進める間には、判断に迷う困難な局面に直面することもあるだろう。しかし、「なぜこの分野が大事なのか」「なぜこの分野はやめるべきなのか」がはっきりしていれば、短期的な外部変化に惑わされず、一つの方向に進み続けることができるだろう（図表7–1）。

あなたにとっての北極星を見つけるための3ステップ

では、具体的に、企業が自分たちの北極星を見つけるにはどうしたらいいのだろうか。親亀・子亀と共存しながらも利益を出す新しい事業のあり方を、以下の三つのステップで考えてみてほしい。

1 既存事業領域でビジネスモデルの抜本的変革を検討する

2 新しいビジネスモデルや新技術・新商品の開発を検討する

3 顧客の外部不経済を最小化する新商品・新サービスを検討する

北極星というのは、会社の生き残りをかけて議論すべき最重要事項であり、このステップに従って考えれば答えが出る、というような種類のものではないが、三つの要素を多面的に検討することで、目指すべき地点が霧のなかから少しずつ輪郭を現してくるだろう。誰とも違う、自社にとっての北極星とは何かを真剣に考えることが、サステナビリティ経営の醍醐味でもある。

それでは、三つのステップを詳しく見ていこう。あなただけの北極星を見つける参考にしてほしい。

ステップ 1　既存事業領域でビジネスモデルの抜本的変革を検討する

事業というものは、親亀（環境）と子亀（社会）に依存している。しかし、一口に環境や社会と言っても、その中身は様々であり、各事業にとってすべてが同じように大切なわけではない。

たとえば、スターバックスにとっての親亀は、大きくとらえると地球環境となるが、もう少し事業に引きつけてとらえると親亀が「コーヒー豆」、子亀が「コーヒー豆の生産者」となる。私たちが生み出した外部不経済によって生じる地球温暖化によって、今後、コーヒー豆の生産地・生産量が変わり、安定的な調達が難しくなると予想されている。

スターバックスにとって、高品質なコーヒー豆を、大量に、安定的に、長期的に調達できるかどうかは、事業継続の生命線となる。20年先に安定した調達を可能とするため、今対策を始める必要がある。

スターバックスは、２０１６年から２０１９年にかけて合計20億ドル以上のサステナビリティボンドを発行し、この活動に充てている（注5、6、7より算出）。ＣＳＲ（企業の社会的責任）としてコーヒー豆生産者を支援しているのではなく、ビジネスの土台を守るための戦略的な長期投資だ。スターバックスは世界のコーヒー生産量（年約１０００万トン）[注8]の約３％を毎年調達している。[注9]コーヒー豆の生産の担い手は、小規模農家がおよそ半数を占める。[注10]同社は、こうした小規模農家への支援や関係づくりに力を注いでいる。コーヒー生産者向けの低金利融資の提供や生産者の生活向上、生産者に利益が還元される適正価格によるコーヒー豆の購入やフェアトレードの推進のほか、倫理的な調達プログラムの持続的な推進をサポートする「ファーマーサポートセンター」を主な生産地に設置している。[注10]これらの取り組みは、気候変動により生産地域の大きな変化が見込まれるなか、あらかじめ「次世代の生産者」を育成することで、品質の良いコーヒー豆を長期的かつ安定的に調達することを目的としている。加えて、こうした取り組みを行うことで、何かアクシデントがあったときに、生産者と共同で課題解決に取り組める「レジリエントな調達網」を築くことができる。また、コーヒー豆農家との良好な関係は、消費者にも好印象を与え、スターバックスブランドと顧客ロイヤリティ強化にもつながっている。

つまり、長期的にレジリエントなサプライチェーンと強靭なブランドを新たに構築することが、スターバックスの北極星である。

スターバックスの親亀は「コーヒー豆」だったが、ビールやウイスキーなどのアルコールメーカーにとっての親亀は「水」だ。日本にいると実感は薄いが、世界で水は希少性を増している。長期的に見ると、嗜好品であるアルコール飲料に希少な資源である水を利用することへの圧力が高まる可能性がある。

オランダのビールメーカー、ハイネケンは、過去10年でビール1リットル当たりの生産における水使用量を5リットルから約3・5リットルに減らした。さらに、2030年までに3・2リットルに減らし、特に水ストレスの高い地域では、現状の3・2リットルから2・8リットルに削減する計画だ。(注11)

また、アルコールメーカーでは、最終製品に利用する水だけでなく、原材料である穀物の生産などに利用される水も含め、バリューチェーン全体での水使用量(バーチャルウォーター)を見える化し、削減していくという動きも生まれつつある。

英国の酒造企業ディアジオは、ジョニーウォーカーやギネス、スミノフなどの自社製品に関して、バリューチェーン全体での水使用量やCO2排出量(つまりフットプリント)の推計を自社のウェブサイトで公開している。(注12)たとえば、ジョニーウォーカーを見ると、ウイスキー25ミリリットル当たり15リットルの水を使用し、そのうちの91%は原材料の生産に使われる。CO2に関しても、ウイスキー25ミリリットル当たり30グラムが排出され、内訳は、製造工程で32%、原材料生産で29%、瓶詰め工程で24%となっている。(注13) また、2030年までの目標として、水ストレスの高い地域での水の使用量の40%削減と、会社全体で30%削減を掲げている。(注14)

アルコールメーカーは水に依存する産業であると同時に、自社の活動が水不足に影響を与える。つまり、自分たちが水を使いすぎると、生産に使うための水がなくなる（まさに自分で自分の首を絞める）という構造にある。

ハイネケンやディアジオは、自分たちが依存している「水」という親亀を守り続け、長期的な事業の持続性を維持するビジネスを確立することを北極星にしている。

再び、アップルに目を転じてみよう。

同社の製品には、アルミニウム、コバルト、銅、金、リチウム、レアアース、鋼鉄、タンタル、スズ、タングステン、亜鉛などの金属資源が使われているが、(注15) コバルトは採掘可能な埋蔵量が年間採掘量の50倍程度しか存在しないとされている希少金属（レアメタル）だ。(注16) これらの資源はいつか底をつく。製品をつくればつくるほど、そのXデーは早まる。まさに自分で自分の首を絞めている、という事例だ。

対処方法は二つしかない。一つはこうした資源を利用しない製品の開発、もう一つは資源を回収・再利用してぐるぐると使い回し続けることだ。どちらにしても、一朝一夕に実現できることではない。そこで、アップルは、将来的にすべての製品とパッケージを100％リサイクルされた素材と再生可能な素材を使ってつくることを目指し、サーキュラーという新しいオペレーションを導入しようとしている。アップルの北極星は、親亀に依存しない循環型商品をつくり、まったく新しい未来の産業のあり方を築くことだ。

サービス業のなかには、既存事業を存続させるために最も重要な資源が「人」である業種もある。ＰｗＣのようなプロフェッショナルサービスや銀行などの金融サービス、ソフトウェア開発などがそれに当たる。

ヨーロッパ最大級のソフトウェア企業ＳＡＰでは、「従業員の専門性と知的財産」を価値の源泉と位置づけている。その理念に基づき、自社のアプリケーションを利用するなどして、従業員のウェルビーイング（幸福度）を促進して従業員エンゲージメントを向上させ、ひいては生産性の向上、イノベーション促進につなげる経営を進めている。(注17)

従業員を厳しく管理・監督すれば生産性は上がると考える経営者はいまだに多いが、生産性の高い従業員にそっぽを向かれては、企業は競争力を維持できない。「ウチはどんな不況時も雇用を維持し、従業員を大切にしてきた」と胸を張る経営者もいるかもしれないが、雇用を維持しても従業員のウェルビーイングが高まるとは限らない。ウェルビーイングの促進とは、従業員との関係を主従関係から協働関係に変え、従業員一人ひとりの生き方や可能性を活かし、「私らしく生きる権利」を尊重することから生まれる。

従業員を「交換可能な部品」ととらえて厳しく管理し、長時間働かせると、彼らは創造性をなくし、家族との時間を失い、ストレスをためて、結局、生産性は激しく低下する。従業員一人ひとりの個性や人権、多様性、可能性などを尊重しない企業は（いわゆるブラック企業はその典型だ）、社会に大いなる外部不経済を生み出していると言える。

SAPは、従業員を「かけがえのない可能性の源泉」ととらえ、ウェルビーイング促進を「コスト」ではなく「投資」と考える。SAPの北極星は、イノベーションの源泉である従業員とより緊密で良好な協働関係をつくり上げ、イノベーションを無限に生み出す企業となることだ。

ここまでの話を整理すると、サステナビリティ経営の重要な到達点は、次の三つに集約される。

①自分で自分の首を絞める構造を断ち切る
②親亀・子亀と共存しながら長期的に事業を継続できる基盤を固める
③リスクを回避するだけでなく、ファンを増やす、優秀な従業員を確保するといった成長の基盤を築く

そしてここに到達するために、次の四つの質問の答えを考えてほしい。

Q1 自分たちのビジネスは、環境課題（①気候変動・CO2、②水、③資源・廃棄物、④生物多様性）や、社会課題（⑤身体的人権、⑥精神的人権、⑦社会的人権）の要素に依存していないか？

Q2 長期的にこれらを脅かす要素はないか？

Q3 自社にとっての親亀・子亀を守る、すなわち成長の基盤を維持増強するために自社は何をすべきか？　たとえば、これまでのツケを払うために何をしなくてはならないか？

Q4 親亀・子亀をこれ以上傷つけないようにするため、その原因を断つことはできるか？

これらの質問としっかり向き合い、出した答えが、自分たちの会社が目指すべき北極星を見つけるための重要なヒントになるだろう。ぜひ、多くの社員やステークホルダーの人たちも巻き込んで、長期的な視点で、質問の答えをバリューチェーンに沿って考えてみてほしい（図表7-2）。

図表7-2　バリューチェーンにおける環境・社会課題の例

<table>
<tr><th></th><th></th><th>調達</th><th>生産</th><th>物流</th><th>販売・サービス</th><th>その他</th></tr>
<tr><td rowspan="5">環境</td><td rowspan="2">CO2・気候変動</td><td colspan="5">・化石燃料を大量かつ継続的に使用し続けることによるリスクやバリューチェーン上の影響</td></tr>
<tr><td colspan="3">・調達・生産・物流時におけるエネルギー使用について、化石燃料の将来的確保
・化石燃料を継続利用する場合のコスト増</td><td colspan="2">・（通常、相対的にエネルギー消費の少ない）販売・サービス・その他におけるエネルギー消費を抑制するための取り組み</td></tr>
<tr><td>水</td><td>・水アクセスの困難によって影響を受ける原材料
・水コストの増加に伴う原材料コストへの転化</td><td>・生産時の水利用
・利用する水の長期継続的確保
・水コストの増加に伴う生産コスト増
・水使用の多い施設の座礁資産リスク</td><td></td><td>・製品使用時における水消費量
・水消費量の少ない競合製品に対しての競争力の維持
・使用時の水消費抑制余地</td><td>・その他機能における水の消費場面の存在
・水コストの増加と企業の事業費増</td></tr>
<tr><td>資源・廃棄物</td><td>・廃棄に起因した汚染に伴って影響を受ける原材料
・原材料の代替などによるコスト増</td><td>・生産時の廃棄物発生
・廃棄に伴うコスト増
・廃棄物の抑制・再利用余地</td><td></td><td>・製品使用後の廃棄</td><td>・リサイクル素材、生分解性素材を使用した商品の開発余地</td></tr>
<tr><td>生物多様性</td><td>・原料物質や生物の「絶対量」の長期・安定的な確保
・原料物質や生物の「産地」を変えることなく長期かつ安定的な確保</td><td>・生産施設における、周辺の生態系や生物多様性への影響
・影響への不対応によるリスク・コスト増</td><td>・物流施設における、周辺の生態系や生物多様性への影響
・影響への不対応によるリスク・コスト増</td><td>・生物多様性に影響のある原材料の使用
・使用量の抑制や生物多様性への影響</td><td>・生態系に配慮した原材料を使用した商品の開発余地</td></tr>
<tr><td rowspan="3">社会</td><td>身体的人権</td><td>・取引先での人権侵害のリスクの起こりやすい状況や構造</td><td>・生産工程での人権侵害が生じる状況や構造</td><td></td><td>・販売場面での人権侵害が生じる状況や構造</td><td></td></tr>
<tr><td>精神的人権</td><td></td><td colspan="4">・様々なタイプの従業員について、安全・快適な労働環境を提供する必要性
・ダイバーシティについて経営上の課題としての認識</td></tr>
<tr><td>社会的人権</td><td></td><td></td><td></td><td>・金銭やリテラシー面に起因してアクセスできていない顧客の存在
・物理的な制約に起因してアクセスできていない顧客の存在</td><td>・アクセス制限を受けている顧客のニーズに呼応した商品の開発余地</td></tr>
</table>

出所：PwC作成

ステップ

2 新しいビジネスモデルや新技術・新商品の開発を検討する

自社が生産している商品や提供するサービスの負の側面ばかりに目を向け、別の商品やサービスをつくれと言われると、自社の歴史や価値を否定されているように感じる人がいるかもしれない。しかし、外部環境の大きな構造変化を見据えて、建設的な批判を行い、破壊と創造に取り組むことで、企業は大きく進化する。つまり、大変ポジティブなことである。

自動車業界における対応の動き

たとえば、自動車業界の動きを見てみよう。世界中のCO2排出量の11・9%が自家用車やトラックなどの道路輸送からであり、(注18)その排出量は増加の一途をたどっている。(注19)親亀(環境)はそれにより、大きな痛手を受けており、ステークホルダーたち(国連、政府、NGO、市民など)は、自動車業界に苦言を呈し、規制強化に動いている。こうしたステークホルダーたちの要請に従い、自動車業界は長年にわたり、エンジンの改良や車体の軽量化による低燃費化を実現してきた。

2019年の全世界の新車販売台数は0・91億台で前年より約5％落ち込んだが、[注20]途上国の人口増加・経済発展に伴い、2040年には1・1億台から1・3億台に増えると予測されている。[注21]そのため、従来のようなエンジンの改良では、もはやステークホルダーたちが求めるレベルでのCO_2削減は実現できない。そこで、電気自動車（EV）や燃料電池自動車（FCV）などの開発が進むことになった。

これまでは規制や批判に押されて、CO_2削減、EV化が進んできた傾向が強い。ではこの先どこへ向かうのだろうか。

親亀・子亀がこけそうになり、ステークホルダーたちがそれを守るように動く、ということを考えると、今後、自動車業界の進むべき道は、EV化しても残される外部不経済の原因を根源的に断つ方向、つまり、①EVバッテリーの外部不経済の削減、②自動車車体（バッテリーを含む）のサーキュラー化にあるだろう。

EVバッテリーの製造時に排出されるCO_2の量は意外に多い。内燃機関の場合、車1台のライフタイムにおける利用・走行のCO_2排出量は2万1400キログラム（CO_2換算値）、燃料製造は4210キログラム（同）、車両・部品製造は4973キログラム（同）なのに対し、EV車は利用・走行時にはCO_2を一切出さないが、バッテリー製造

図表7-3　自動車のバリューチェーンにおけるCO2排出量（2018年）

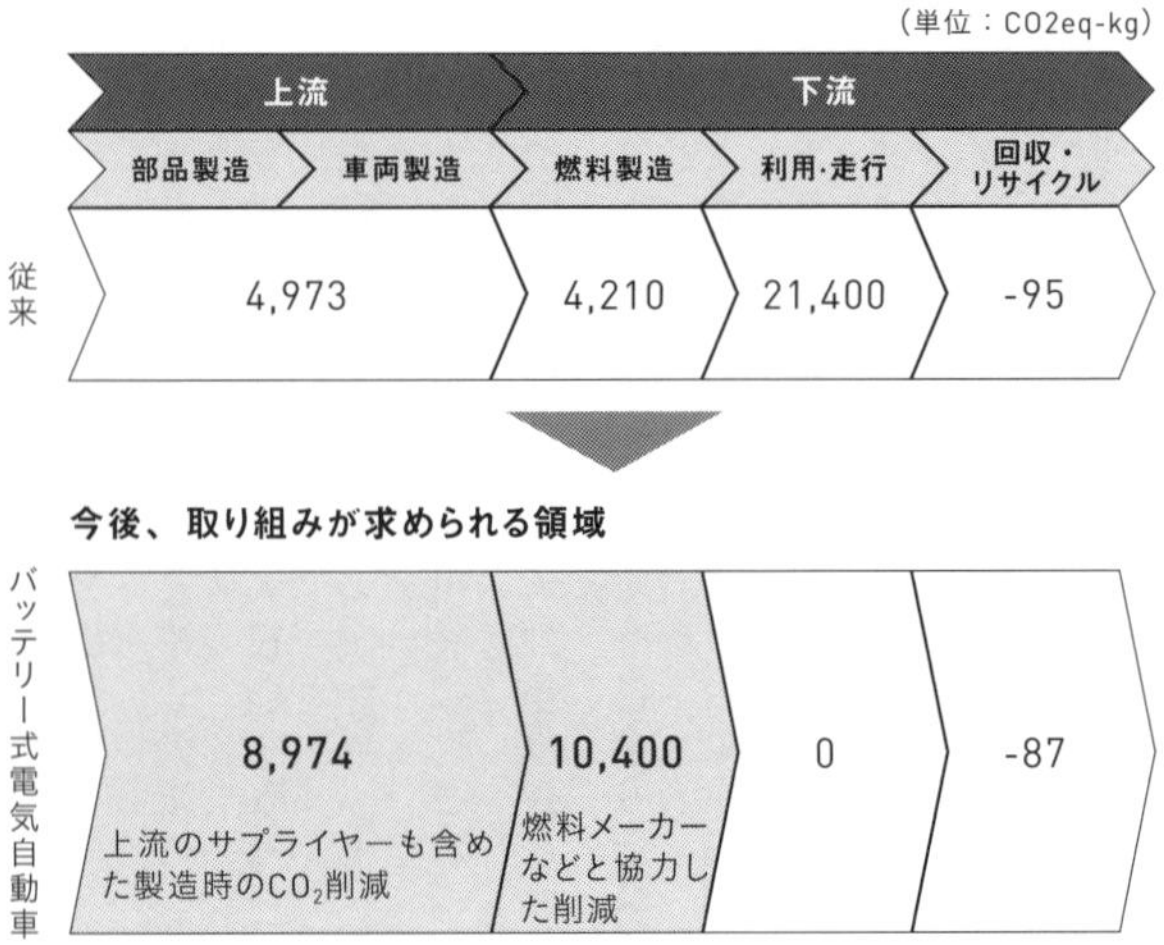

出所："Life Cycle Assessment in the automotive Sector: a comparative case study of Internal Combustion Engine (ICE) and electric car" よりPwC作成

を含めたサプライチェーンにおける排出量は1万9374キログラム（同）で[注22]、内燃機関のライフタイムにおける利用・走行分とあまり変わらない。このバッテリーの外部不経済をどう解決するかが課題であり、チャンスでもある（図表7―3）。

また、自動車はエンジンだけでなく車体も、大きな外部不経済を生み出している。多くの中古車が先進国からアフリカなどの開発途上国にどんどん輸出されているが、最終的には大量の廃車が生まれる。中長期的には、車体という巨大なゴミをアフリカに廃棄して見ないふりを続けることは許されないだろう。自動車の車体をどのようにサーキュラー化していくのかは、非常に重要なテーマだ。

こうした課題について、自動車業界各社はすでに検討を始めている。そしてこの自動車業界の変遷は、すべての製造業や他の産業にとっても参考になるだろう。外部不経済を生み出す製品・サービスに規制がかかり、しばらくの間は既存商品の改良・改善で対応するが、外部不経済の原因を断ち切れなければ限界点を迎える。その前にイノベーションを起こし、まったく新しい技術・商品を生み出さなければならない。

その際、親亀・子亀と共存するには、新技術のどの領域が自社にとっての北極星となるのか、しっかりと見定める必要がある。

バリューチェーンの環境負荷が一目瞭然

自動車業界の場合、CO2が外部不経済の大きな原因であることは明白だが、その他の産業ではどうだろうか。グッチやボッテガ・ヴェネタなど高級アパレル・宝飾品ブランドを擁するフランスのコングロマリット、ケリングを見てみよう。

ケリングは、「ラグジュアリーとサステナビリティは同一」(注23)であり、イノベーションと価値創造の原動力となっているとの信念のもと、サステナビリティを常に自社の戦略の中核としてとらえ、外部不経済を徹底的に減らすファッションの開発を進めている。

2012年からすべてのブランドで、事業が環境に与える負荷を推計して貨幣に換算する環境損益計算（EP&L）を実施し、バリューチェーンのどこでどのような外部不経済が生じているかを見える化した。

2019年の環境損益分析では、[注24]バリューチェーン全体の環境コストが総額5億2430万ユーロで、内訳を見ると、ティア0（店舗、倉庫、オフィス）が8%で、残り92%はサプライチェーンで発生している。特にティア4（原材料の生産）が65%と圧倒的に大きいことがわかる（図表7−4）。

ケリングでは環境損益計算を始めてから、原材料に課題があることを数字でつかみ、環境負荷の少ないオーガニックコットンの積極的使用など、原材料の見直しに取り組んでいる。[注25]このほか、皮革を使用しなければ外部不経済を効率的に減らせると考え、2020年にマッシュルームレザーの開発を行うスタートアップのボルトスレッズと提携した。キノコの菌糸体を用いたマッシュルームレザーは、牛の皮に変わる新しい素材として期待されている。[注26][注27]

環境負荷を見える化して、ブランドごとにバリューチェーンを点検し、負荷の大きい部分を改革していくことで、ケリングは環境損益計算に基づくグループ全体の環境フットプリントを「2025年までに40%減少させる」という目標を立てている。同社の環境損益

図表7-4　ケリングは環境損益計算を実施して外部不経済を可視化

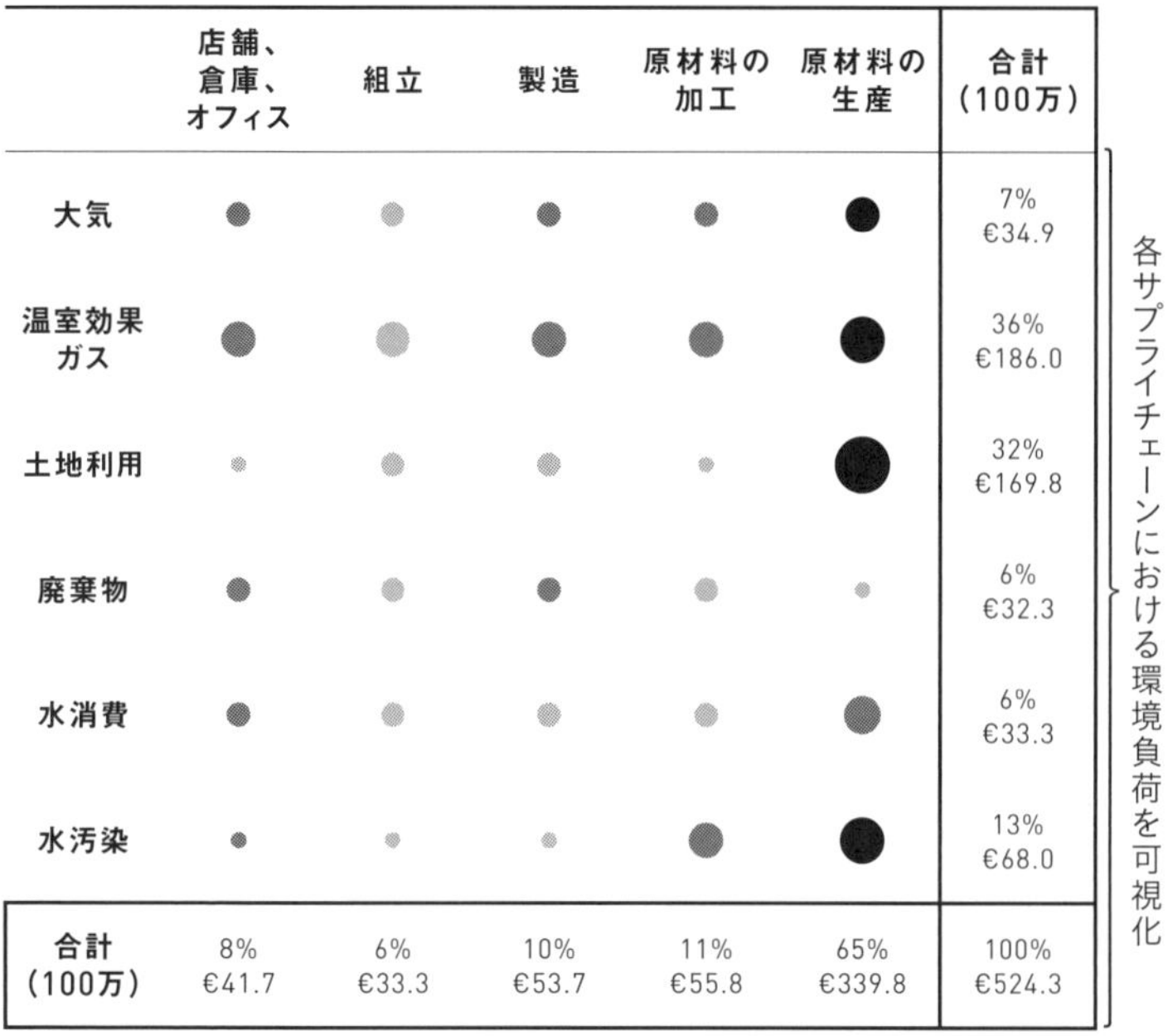

	店舗、倉庫、オフィス	組立	製造	原材料の加工	原材料の生産	合計 (100万)	
大気	●	●	●	●	●	7% €34.9	
温室効果ガス	●	●	●	●	●	36% €186.0	
土地利用	●	●	●	●	●	32% €169.8	
廃棄物	●	●	●	●	●	6% €32.3	
水消費	●	●	●	●	●	6% €33.3	
水汚染	●	●	●	●	●	13% €68.0	
合計 (100万)	8% €41.7	6% €33.3	10% €53.7	11% €55.8	65% €339.8	100% €524.3	

各サプライチェーンにおける環境負荷を可視化

出所:"ENVIRONMENTAL PROFIT & LOSS（EP&L）2019 Group Results," Kering, 2020.より
PwC作成

計算によると、2019年のグループ全体の環境への影響は、2015年比で29%減少し、2018年比で14%減少している。(注24)

ケリングの北極星は、このように外部不経済を徹底的に減らすファッションを提供することだ。環境負荷の見える化を通じて、効果的な素材開発・新商品開発を推し進める。これがケリングの成長戦略だ。環境への配慮と新素材採用などの先進性は、数々の高級ブランドを有するラグジュアリーのリーディングカンパニーにとって、大きな付加価値になりえる。つまり、単に環境によいことをしているのではなく、それが「ビジネスを成功に導く」(注28)原動力となるから取り組んでいる。

ファッション市場では、「できれば環境・社会に配慮した商品を買いたい」というライトグリーン層と呼ばれる消費者層が拡大しつつある、ケリングは、多くの企業がまだリーチできていないこの市場に早々にリーチするとともに、このような発信を続けていくことで、社会や消費者の啓蒙と市場の創造を同時に行っている。これはまさに、第6章で述べた「第5の壁　消費者の意識がまだ低く市場がない」の乗り越え方だ。外部不経済を徹底的に減らし、親亀・子亀と共存しながら利益を確保する新しい企業のあり方に向けて、ケリングは改革を進めている。

ケリングの例は、他の業種にも応用できそうだ。たとえば、水使用への社会的圧力が強まることが予想されるアルコール飲料メーカーの場合、「地表水を使わないアルコール製造（空気中の水分から水を取り出す）を実現する」といったユニークで新しい北極星が見えてくるかもしれない。もしこれが実現できたなら、水を使用する企業から「水ソリューション企業」に変貌を遂げるかもしれない。こうしたことを、すぐに「夢物語」と切り捨てず、実現方法がないかどうかを真剣に検討することが肝要だ。

親亀・子亀と共存するために、新しいビジネスモデルや商品の開発ができる領域はどこか。ステップ1で紹介した「四つの質問」（242ページ）とともに、もう一度答えを考えてみてほしい。出てくる答えには、リスク対応ではない、新しい成長領域が見つかるかもしれない。

ステップ3　顧客企業の外部不経済を最小化する新商品・サービスを検討する

環境・社会課題への対応に迫られているのはB2C企業だけでなく、B2B企業の顧客企業も同じだ。バリューチェーンの図（図表7－2）にあなたの会社の顧客を当てはめて、次の問いの答えを考えてみてほしい。

Q　顧客企業の重要な親亀・子亀は脅威にさらされていないか？

Q　それを守るために彼らは何をしなくてはいけないだろうか？

Q　そこに新しいオペレーションの仕組みの構築、新しい商品に移行するための新素材や設備は必要ではないだろうか？

Q　顧客のこうした新しい課題に答えるために、新規に投資していくべき領域はどこか？

オランダの総合化学メーカーDSMは、エンジニアリング・プラスチックス（強度や耐熱性など特定の機能を強化しているプラスチック）に関する既存事業のすべてにおいて、2030年までにバイオおよびリサイクルベースの素材を利用した製品（重量ベースで25%以上にバイオ・リサイクルベースの含有物を使用）の導入を計画している。[注29] 同社が開発した高耐熱性ポリフタルアミド（PPA樹脂）の「フォーティー・エコ」は植物由来だが、石油由来のPPA樹脂と価格や性能がさほど変わらないことが特徴だ。年々、薄型化が進むスマートフォンのアンテナやコネクタといった極薄部品向けのほか、環境性能への需要が高い自動車業界などで幅広い利用が想定されている。[注30] 自社の事業創造とともに、DSMの顧客企業が、将来的に必ず既存プラスチックから環境によい素材に移行しなくてはならないことを予測し、その成長市場に先手を打つ狙いがある。

またDSMは、10年以上の研究を経て、牛のげっぷに含まれるメタンを約30％削減する牛用飼料添加物を開発し[注31]、2019年7月、EUに販売許可を申請している[注32]。これは、今後、人口増加に伴い牛肉ニーズが高まるとともに、畜産で排出される温室効果ガスも増加し、畜産業への圧力が高まることを見込んだ打ち手だ。特に、牛がげっぷで排出するメタンガスは他の家畜より何倍も多い。顧客である牛の生産農家にはメタンガスの削減ニーズがあるだろうという見立てにより、新製品開発に取り組んだ例と言える。

石油化学世界大手のサウジ基礎産業公社（SABIC）は、サーキュラーエコノミー型の事業として、再生素材や植物由来のバイオ素材を推進するイニシアチブ「トゥルサークル（TRUCIRCLE）」を推進している。同社は、プラスチック廃棄物を高温で熱分解油化して、その油を通常の原油の代替原料として活用したポリプロピレンの生産技術を開発した[注33]。異なる種類のプラスチックでも熱分解できるため、高品質のプラスチックだけを分別・抽出する手間が不要で、前工程のコスト削減が可能だ。同社の再生ポリプロピレン素材は2020年11月、食品大手マースのペットフード包装に採用された。プラスチック廃棄が問題となるなか、顧客の再生素材への移行を助ける取り組みだ[注34]。

一方、金融サービスの分野は、まさにこの点で、融資や投資による資金提供を通じてカギとなる役割を果たしている。ＩＮＧは、顧客の変革を促す方法を提供し、先導的に対応している。今後、多くの企業は、「２℃シナリオ（産業革命前からの世界の平均気温上昇を２℃未満にするシナリオ）」という世界的な動きに対応するための設備投資に迫られるとの認識から、ＩＮＧは顧客企業の現在の状況と「２℃シナリオとの乖離度合い」を把握するツールを気候関連の指標を作成するシンクタンクの２ＤＩＩ（2 Degrees Investing Initiative）とともに開発した。[注35] このツールを使うと、顧客企業の現在の状況や計画が、「２℃シナリオ」で求められる技術変革とどれだけ乖離しているか、いつまでにどれだけの変革が必要かがわかる。設備投資が必要な企業に対し、エンゲージメントを行いながら、顧客企業が漠然としか認識していない課題をツールによって見える化することで、新しい設備投資の需要を発掘すると同時に、顧客企業のサステナビリティ経営への移行を後押しする狙いがある。

親亀・子亀問題の解決に向けて、自社の顧客企業に新しいソリューションの提供をする事業領域には、非常に大きな成長可能性があり、北極星を見定める際の重要な要素となるだろう。

まとめ

忍び寄るリスクに対応するのは重要なことだが、そこには同時に新しい成長可能性がある。本章で取り上げたアップル、ケリング、DSM、SABIC、INGの事例は、「親亀（環境）・子亀（社会）が毀損していることによるリスクを回避する」だけでなく、営利を追求する企業には決して実現できないと思われていた「新しいビジネスのあり方」を追いかけている。新しいビジネスのあり方とは、「親亀・子亀との共存」に取り組みながら利益も確保し、そこを新しい成長領域とすることだ。また、スターバックス、SAP、ハイネケン、ディアジオは、自身の価値創造の源泉（コーヒー豆、イノベーションを起こす人材の能力、水など）の毀損リスクを回避する策を講じるなかで、単なるリスク回避にとどまらずもっと大きな経営視点で「親亀・子亀と共存する新しいビジネスのあり方」を打ち出し、それによって「ブランド価値や信頼度、顧客ロイヤリティを高める」ことを志向している。

長期的に予測されるリスク（親亀・子亀の毀損）に積極的に対応することは、よりよい社会・未来の創造に一役買うという点で、夢と無限の成長可能性がある事業領域だ。市場も、投資家も、政府も、こうした企業の動きを後押しする準備が整いつつあり、追い風は吹いている。外部から言われて仕方がなく実施する経営から、未来に向けて親亀・子亀が共存できる新しいビジネスの形の創造を目指す、夢のある内発的サステナビリティ経営に転換していってほしい。

第8章

SXを実現する仕組みづくり

サステナビリティ経営の実現に向けて、ビジョンや戦略など目指すべき北極星を定めることができたなら、次は、実装させるための仕組みが必要となる。

しかし、大企業の多くは、積み重ねてきた歴史のなかで、組織が複雑・複層的になっている。特に日本では事業部の力が強く、社長の鶴の一声で変わる仕組みになっていない。多くの企業は、一つの大きな船というよりも、「複数の船からなる船団」に近い。

北極星に向かってこの船団を長期にわたって率いていくのは容易ではない。そこで、旅立つ前に、①いつまでにどれくらい北極星に近づくのか決定する（全社目標設定）、②北極星に向かう地図を描く（インパクトパス設計）、③経営の羅針盤を整備する（ＫＰＩ＝重要業績評価指標の設定）、の三つを準備しておこう。これによって、やるべきことが明確になるはずだ（図表８－１）。

旅立ちの準備

1 全社目標設定 ―― いつまでにどれくらい北極星に近づくのか決定する

北極星を目指し、巨大な船団を率いるには、具体的にいつ頃、どれくらいまで北極星に近づく予定なのかについて、全社目標を設定して共有する必要がある。

何度も繰り返すが、サステナビリティをめぐるリスク領域や成長領域は、業界にもよる

図表8-1　旅立つ前の三つの準備とトレードオンを生み出す組織

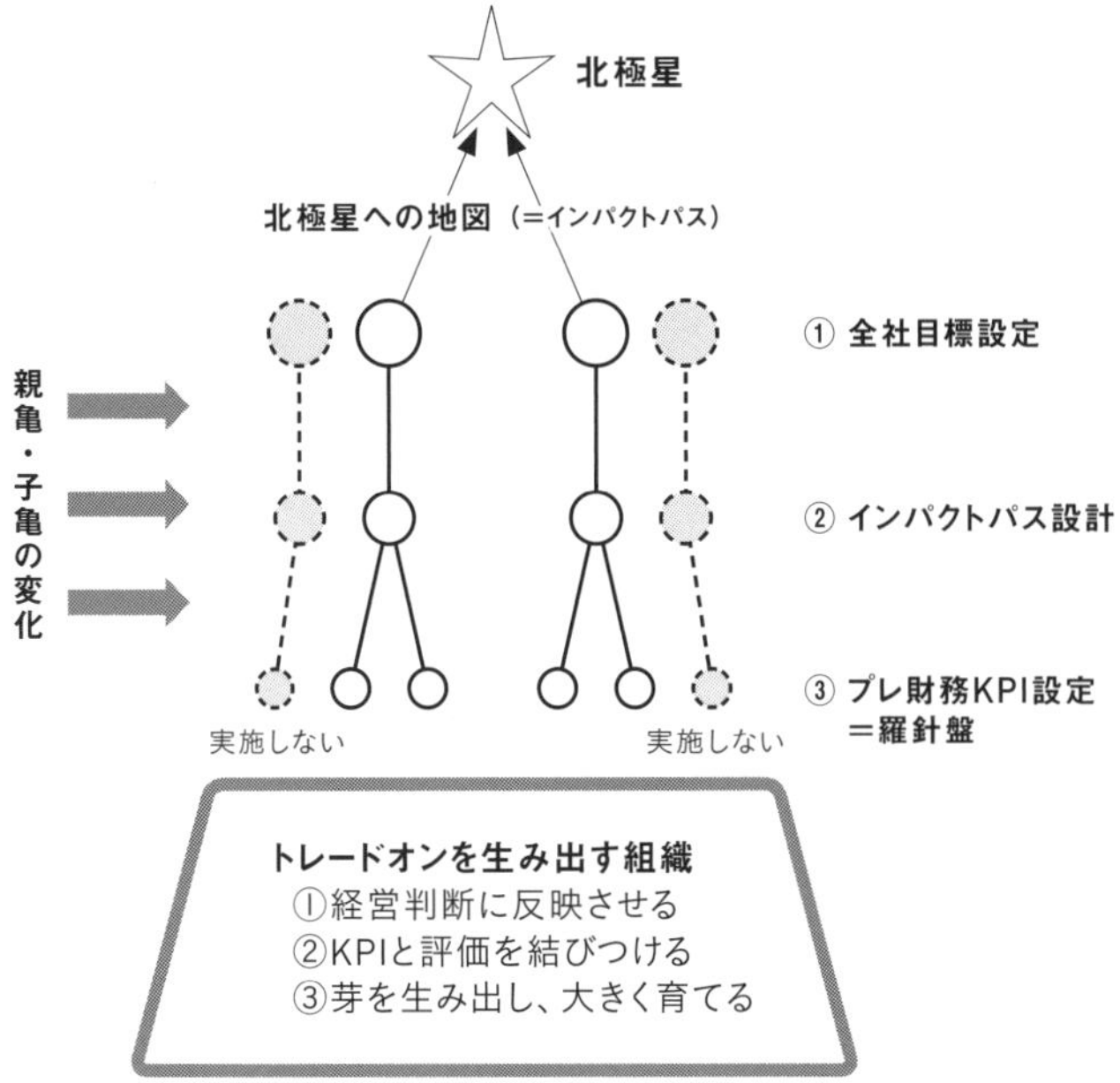

出所:PwC作成

が現時点である程度は見えている。たとえば自動車業界なら、EV（電気自動車）の次に、外部不経済をさらに減らす移動手段が必要となる。もちろん、そこに到達するまでには乗り越えなければならない数多くのハードルがある。

全体像の一部分しか見通せない状況のなかで、全社目標（ゴール）を設定するやり方として、次の三つが考えられる。

（1）トップダウンで「野心的なゴール」を設定する
（2）周りを見ながら、横並びで目標値を設定する（フォロワー戦略）
（3）現在の取り組みの延長線上にゴールを設ける

（1）の「野心的なゴール」を設定している例としては、すでに本書で紹介したアップルの「100％リサイクル」を前提としたサーキュラーと「カーボンニュートラル」を目指す[注1]、BASFの「環境保護と社会的責任の追及、経済的な成功の三つを同時に果たす[注2]」、トニーズチョコロンリーの「100％強制労働に頼らないチョコレートを当たり前に[注3]」のほか、フィリップスの「2025年までに収益の25％をサーキュラー型の製品、サービス、ソリューションから生み出す」「サプライチェーン上にいる100万人の従業員の生活を向上させ、環境フットプリントを削減する[注4]」、タイルカーペット製造のインターフェイスの「地球からもぎ取ったものはすべて返す前提でビジネスをする」(注5)などが挙げられる。これらは営利企業の目標なので、当然「利益を出すこと」と「これらの目標」を同時に実現すること(トレードオン)が彼らの北極星だ。

トップダウンで「野心的なゴール」を設定する企業の多くは業界のリーダー的存在(あるいは異端児的存在)で、「こうしたことを成し遂げたい」という自らの意思をはっきりと持ち、周囲を先導して自分たちが見定めた北極星に向かって力強く進んでいる。意欲的な目標を掲げることでイノベーションを誘発し、誰よりも早くそこに到達して競争優位性を築く狙いがある。

「野心的」なので、目指すゴールのハードルは高い。そこにたどり着くまでにたくさんの困難に直面するだろう。しかし、それをどう乗り越えるかに、マネジメントの醍醐味がある。未開の領域なので、自家製の地図や羅針盤、コックピットを開発・活用して、旅路で遭遇する様々なリスクに対してマネージする必要がある。具体的なマネージの仕方は後述する。

ゴールの設定方法の2番目は、フォロワー戦略だ。他社の取り組みはどれくらい進んでいるのか、環境などの本格的な法整備や規制がいつ頃になるかを横目で見ながら、求められる最小限のところで対応する。サステナビリティ経営に関して、企業の大多数が、このフォロワー戦略をとっているように見える。掲げる目標も、競合を見ながらおそるおそる出している感が否めない。

しかし、サステナビリティに対する外圧がどんどん高まるなか、ある日突然、外部からの圧力や規制強化で、意欲的なゴールをセットせざるを得なくなる可能性がある。

2020年10月の日本政府による「2050年ネットゼロ」の表明など、国の新方針や規制強化のほか、「野心的な目標」を掲げる取引先から「再生エネルギーを使っているサプライヤーからしか調達しない」と通告されることも十分考えられる。前述のように、サステナビリティをめぐる変化は「構造的」なので、外部からの圧力が強まるのは十分に予想できることだ。フォロワー戦略をとったとしても、こうした外部環境変化の兆しをとらえ、要求レベルがどんどん上がっていくことを予測し、それを織り込んだ目標を設定する準備をしておくことが欠かせない。そして、その新たな目標を達成するには、「野心的な目標」の実現を目指す企業と同様に、後述する地図と羅針盤が必要となるだろう。

このほか、(3)の積み上げアプローチというやり方もある。

現在の取り組みを積み上げて、現状のままでも達成できる取り組み目標を掲げている企業も多い。だが、このタイプのアプローチは、残念ながら未来型SXをドライブする目標にはならない。外部環境が破壊的に変化しつつあるなか、既存の取り組みを超えて変化を起こすべきだ。ゴール設定の三つの方法を見てきたが、理想的には（1）、少なくとも（2）を実践してほしい。

旅立ちの準備

2 インパクトパス設計――北極星に向かう地図を描く

掲げた目標に到達するまでの旅路は長く困難だ。北極星を見失わずに船団を進めていくには、ルートを確認するための地図が絶対に必要だ。北極星への道筋を描くためには、「自社のサステナビリティ活動が、どのようなステップを踏んで将来財務に影響を与えるのか」、その経路を可視化する「インパクトパス」の設計が有効である。

インパクトパスとは、ある変化がどういう経路をたどって環境・社会もしくは将来財務にインパクトを与えるかを把握することである。①自社の活動が外部の環境・社会にどのような影響を与えるかを考えるパスと、②外部不経済を断ち切ろうとする自社の活動が、めぐりめぐって自社の財務（コスト、レベニュー）にどのような影響を与えるかを考えるパスがある（図表8–2）。

繰り返すが、企業が注力すべきサステナビリティ活動は、単に環境・社会によいことをすればよいということではない。将来財務を支える長期的な稼ぐ力＝プレ財務ドライバー

図表8-2　サステナビリティの見える化・数値化の全体像

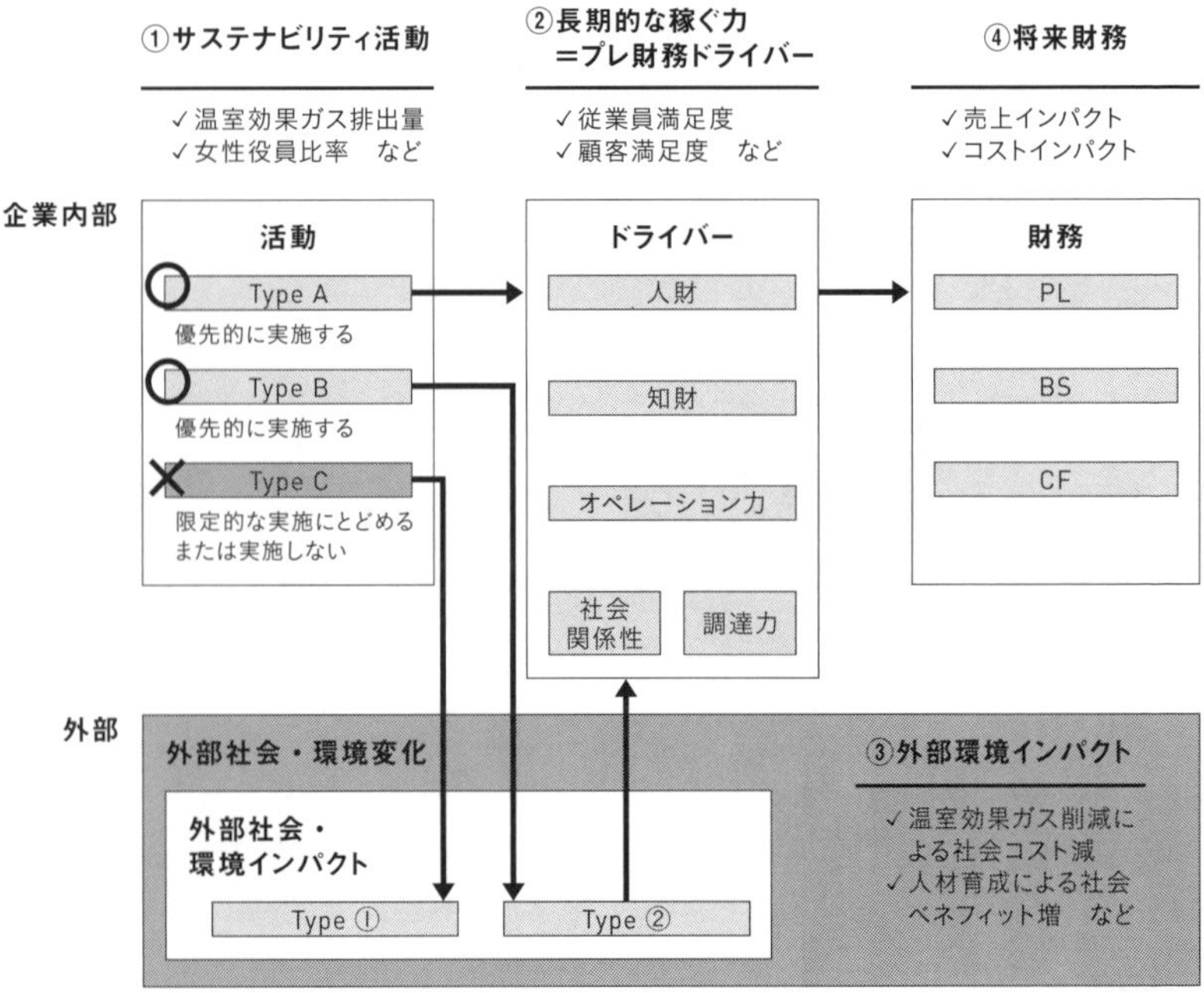

出所:PwC作成

を維持・増強する分野に有限な資源を配分すべきである。インパクトパスの特定により、有限な資源を配分すべき領域（タイプAとB）と優先度を落として対応すべき領域（タイプC）を一定の仮説の下で明確にすることが可能となる。

①のパスの例としては、自動車が排出する窒素酸化物を減らすと空気がきれいになり、空気がきれいになると肺病患者が減り、肺病患者が減ると医療費が減る。つまり、肺病患者が減ると医療費が減るというのが、企業が窒素酸化物の排出を抑えた自動車を販売することで生じる環境・社会インパクトだ。

肺病患者と医療費がともに減ることは素晴らしく、これは環境・社会価値をどのように上げていくかを検討するのに役に立つ。しかし、「利益を出しながら」環境・社会にプラスのインパクトを出すには、この活動が自社の財務価値の向上（コストを下げ、収益を上げる）をどう実現するのかを同時に検討する必要がある。

そこで②の自社の財務へのインパクトパスが重要となる。

たとえば、ネットゼロを標榜する国で、CO2を大量に排出しながら事業を行っていれば、今後、炭素税の対象となり、コスト増につながる。また、アップルやフォルクスワーゲンのようなグローバル企業は、世界中の国や地域、各種団体、消費者などから環境・社会配慮の強い圧力を受けている。こうした企業に部品を納めるメーカーなどにも、当然納入先が受けるインパクト（環境・社会配慮の強い圧力）の影響は及ぶ。環境負荷の低い商品を開発して納入先のニーズに応えることができれば、今後、売り上げ増が見込めるだろう。このように、環境・社会に配慮するかしないかで、炭素税などの規制によるコスト増、あるいは新市場開拓による売り上げ増という形で、インパクトがパスを伝わって収益に影響を与える（図表8－3）。

対象をCO2だけでなく、水やその他のサステナビリティ活動に拡大してインパクトパスを考えると、みんながやっているから何となくCO2削減に取り組んできた企業が、CO2削減も大事だが、実は水に対する対応もコストや収益に影響を与える重要要素だということに気づくかもしれない。

コストと収益を考える前に、第2章で述べた「長期的な稼ぐ力＝プレ財務ドライバー」、すなわち、①調達力、②オペレーション力、③人材、④知財、⑤社会関係性（一般社会・レピュテーション、顧客・ブランド、ルールメーカー・ルール、投資家・資金）、⑥資金調達力にどのように影響を与えるか、というインパクトパスを描いてみるのも効果的だ。調達やオペレーションがリスクにさらされていればコスト増につながり、レピュテーション向上がうまくいけば市場拡大や売り上げ増につながる。多くの経営者にとって、これらのプレ財務ドライバーが受ける影響をどれだけ改善できるかが、企業の財務価値にとっても重要だと腹

図表8-3　CO2削減の外部インパクトと財務インパクト

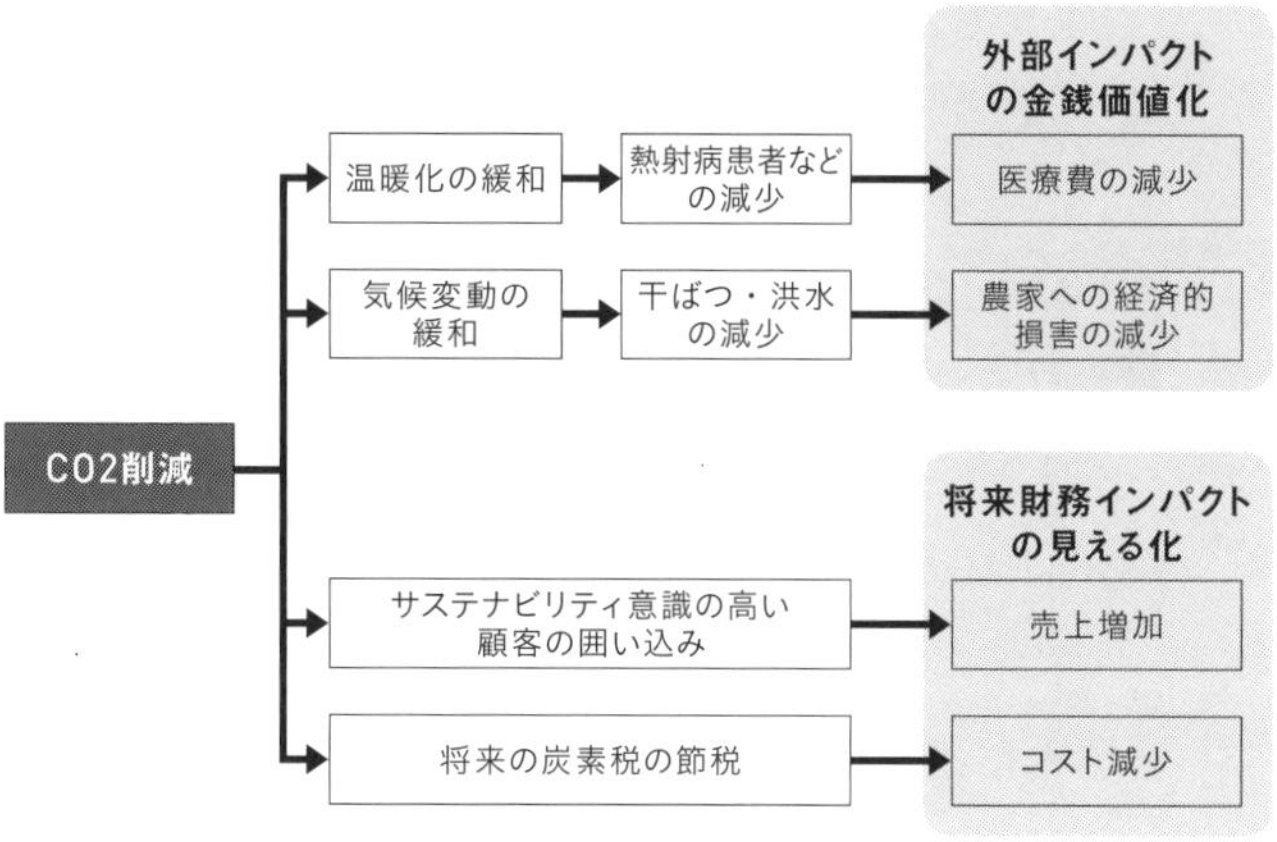

出所:PwC作成

落ちしやすいだろう。

たとえば、炭素税の導入が予測される地域では、いかにCO2を削減できるかが規制対応というプレ財務ドライバーに影響を与えることになり、同時に、レピュテーション向上や新しいグリーン市場獲得に結びつく。

企業が展開している様々な活動を、六つのプレ財務ドライバーの視点で見たとき、どんな影響があるのかを把握することで、やるべき活動とやらなくてよい活動が明確に見えてくる。何をやるかより、なぜやるかを理解することが大切だ。それを理解することで、無駄な資源配分をやめ、リスクを減らして成長を増やす活動に資源を配分できるようになる、すなわち、北極星への地図が描けるということだ。

インパクトパスは、過去ではなく未来の話なので、「仮説」に基づく部分が多数存在する。インパクトパスのパス（道筋）自体も仮説であり、どれだけCO2が減れば、どれだけ外部インパクト（コストや収益の増減、プレ財務ドライバーへの影響）を生み出すかに関する推計も仮説に基づく。

なぜなら、サステナビリティ経営は「過去の延長線上」にはないからだ。親亀・子亀の毀損という破壊的な構造変化のなかで何が起きるのかは、過去のデータからだけでは読み取ることができない。新しい未来を予測しそこに備えるには、仮説であっても地図を描き、自身の進捗と結果を見比べつつ、地図の精度を上げながら進むのが賢明な方法と言える。

実際、こうした「仮説のインパクトパス」に基づいて経営している企業がある。

PwCが実施したプレ財務（非財務）ドライバーに関する調査（注6）では、先進的と言われているグローバル企業は、自社のサステナビリティ活動（CO2排出量の削減、水利用量の削減、従業員への対応、サプライチェーンにおける人権対応など）が、将来のコストや収益にどんな影響を与えているかを内部で明確に把握したうえで、このインパクトパスをもとにKPIを設定して、コストや収益に影響を与える活動に適切に資源配分を行っていることがわかった。

最近、PwCでは、サステナビリティに関するKPI設定の相談を受けることが増えている。その方々に対して私たちは、KPI設定の際には、そのKPIはどこに向かうための羅針盤なのかをよく考えてほしいと伝えている。大海原のなかで自分の位置を確認するのに羅針盤（ＫＰＩ）は不可欠だが、その前に北極星とそこへ向かう地図（インパクトパス）がなければ、羅針盤（ＫＰＩ）だけでは役に立たない。

旅立ちの準備

3 KPI設定——経営の羅針盤の整備

インパクトパスが設定できたら、次に、羅針盤となるプレ財務（非財務）ＫＰＩを設定する必要がある。これに基づき、自分たちの現在地、進捗を計測し、正しい方向に進んでいるかの検証が可能となる。このプレ財務ＫＰＩは次の2段階で設定する。

ステップ① 一般的に利用されているKPI（CO2、水、原材料、コミュニティ、従業員、人権などを図る指標）を利用する。

ステップ② 自社独自のKPIをセットする。

先に述べたＰｗＣが実施したプレ財務ドライバーに関する調査では、先進的と言われているグローバル企業のほとんどが「ステップ１」の段階にあり、一般的に利用されているようなKPI（CO_2、水、原材料、コミュニティ、従業員、人権などを図る指標）を利用していた。指標は一般的なものだが、大きな違いは、前述の「インパクトパス」を描いて「何をやることが自身の将来の稼ぐ力につながるか」を理解したうえで、一般的な指標を利用している点だ。

一方、ステップ2に進んでいる真の先進企業は、「外部経済性」を指標化し、負の影響を最小化し、正の影響を最大化するようにKPIをセットしている。サステナビリティ経営のグランドストラテジーが、「これまで外部不経済として無視してきたことが、実は、めぐりめぐって自社の財務に影響を及ぼすことを理解したうえで、外部不経済を内部化しても、利益を出し続ける方法を考えること」（第2章参照）だったことを思い出してほしい。これらの企業は、一般的に使用されているKPIの先に、このグランドストラテジーに基づいてより本質的なKPIを策定しているのだ。

前述のように、総合化学メーカーのBASFでは、「経済的な成功」に加え、「環境の保全」「社会的な責任」を総合的に評価するツール「バリュー・トゥ・ソサエティ」を利用している（第4章参照）。社会・環境課題への責任を果たすことは、長期的な資源のアベイラビリティと市場競争力の確保につながると考え、自社の活動、製品が及ぼす外部環境インパクト（すなわち外部経済）を指標化し、「正のインパクト」の最大化と「負のインパクト」の最小化を目指している。つまり、このKPIを、経営戦略レベルからプロジェクトレベルまでの様々なレベルでの意思決定（事業地開発、M&A、ダイベストメント、研究開発投資など）で活用している。(注7)

欧州のある大手金融機関は、「従業員」を最も重要な存在と位置づけ、人の価値創造モデルをつくり、インプット（従業員が投入した時間、スキル、努力の投資）とアウトプットの価値（従業員への給与、仕事や研修による従業員の能力・知識開発、雇用によるウェルビーイング向上、職業病やケガによる従業員の健康への影響、従業員によって提供された時間の価値）を数値化し、これらの改善を今後の経営の指針にしている。

外部不経済が大きい業界ほど、規制・ソフトローの強化やSNSなどでの集中攻撃・批判にさらされるリスクが高い。だがその半面、外部不経済を縮小・内部化してプラスの価値を生み出せれば、競争優位性につながる。ステップ2の企業群は、外部不経済が大きい業界に属していることが多く、競争優位性をいち早く築こうと社会・環境課題への対応を進めている。

財務指標とプレ財務KPIの重要度は同じ

短期の数値目標は、第7章で設定した長期的到達点と現在の状況とのギャップを考慮しながら、逆算して決めていく。たとえば、BASFが2015年に設定した「2020年までに、バリューチェーンにおいて、サステナビリティに大きく貢献すると評価された製品の売上高シェアを28%に増やす(注8)」や、フィリップスの「2025年までに、収益のうち、25%をサーキュラーエコノミーを実践した製品、サービス、ソリューションにする(注4)」がこれに当たる。

その際に、財務指標とプレ財務KPIの達成を同レベルでとらえて対応することを徹底したい。そうすることで、短期利益にばかり目を奪われず、「利益は増えたが、社会からの信頼を失う要素はないか」「売上拡大により原材料調達の持続性が毀損されていないか」という視点が組み込まれる。

財務指標とプレ財務KPIの両立は簡単ではない。当然、トレードオフになることがあるだろう。そのときには、仕方ないこととしてあきらめず、第6章で述べたように「トレードオフ」を「トレードオン」に反転させて、立ちはだかる壁を乗り越えてほしい。

開示指標の標準化は進むが、生き残りに独自指標は不可欠

外部インパクトの数値化や評価に関して、現状では、各社が独自に開発した指標やガイダンスが乱立しているが、これらを統合しようという動きも出ている。各社を横並びで比較可能にすることで、投資判断などの意思決定に活用しやすくなる。主な標準化の動きとしては、2019年に複数のグローバル企業により設立されたバリュー・バランシング・アライアンス、(注9)2019年からハーバード・ビジネス・スクールで開発が始まったインパクト加重会計、(注10)2018年に立ち上げられた企業やNGOが参画するワールド・ベンチマーク・アライアンス、(注11)世界経済フォーラムの下部組織である国際ビジネス委員会（IBC）が進めるステークホルダー資本主義指標（Stakeholder Capitalism Metrics）の共通化(注12)がある。(注13)

バリュー・バランシング・アライアンスは、BASFやドイツ銀行、SAPなどのグローバル企業12社が、持続可能な開発のための世界経済人会議（WBCSD）、経済協力開発機構（OECD）、EUなどと連携しながら、財務価値・プレ財務価値につながる企業活動を、社会への影響と依存の両面から評価・測定する手法を開発している。(注9)2020年12月時点で、PwCを含む四大会計会社のプロボノ支援を受けながらパイロット版の開発を進めており、2022年の導入を目指している。(注14)

また、インパクト加重会計は、環境・社会インパクトを財務情報と同じ会計諸表で示すことを目指して開発されている。これまでに何らかの形で56社の企業がインパクト加重会計を採用した。そのうち86％は環境インパクトを、50％は雇用・社会に関するインパクトの推計に活用している。(注11)財務情報だけでなく環境・社会インパクトも含むパフォーマンスを総合的に評価することは、投資家や経営者のよりよい意思決定につながる。インパクト加重会計を採用すると、財務だけを見ると黒字だが、環境社会インパクトを含めると赤字となる企業も多い。(注15)

ワールド・ベンチマーク・アライアンスは、2018年に国連財団、ビジネスと持続可能な開発委員会（BSDC）、英保険会社のアビバ、NGOのインデックス・イニシアチブを中心に設立した組織だ。(注12)SDGs達成に向けて、企業のパフォーマンスを七つの領域（社会、農業と食料、脱炭素化とエネルギー、サーキュラー、デジタル、都市、金融システム）で評価するための指標を2023年までに開発することを目指している。(注16)

世界経済フォーラムの企業委員会であるIBCでは、乱立する指標群の統合を促すため2019年から活動を開始し、21の中核指標（Core Metrics）と34の拡大指標（Expanded Metrics）を選定した。2021年1月のダボスウィーク期間中に、日本企業7社を含む61社がこのステークホルダー資本主義指標へのコミットメントを表明し、(注13)今後この指標に基づく開示を検討していく。

また時を同じくして、欧州を中心に統合報告のフレームワークをリードしてきたＩＩＲＣと、米国を中心に将来的な財務インパクトが高いと想定されるＥＳＧ要素に関する開示基準の設定をリードしてきたサステナビリティ会計基準審議会（ＳＡＳＢ）は、２０２１年の統合を発表した。(注17) 企業に対する非財務情報開示の統合の流れは今後も進んでいきそうだ。

しかし、外部に開示する非財務情報の標準化の動きと、経営戦略を実行するためにプレ財務要素が必要だという話は、別に考えたほうがいい。前者は、ＥＳＧ投資家が投資先を決める際に役に立ち、開示が義務化していくにつれ外部不経済を垂れ流すフリーライダーを市場から締め出すことにつながる。しかし、非財務情報を活用する企業側から見ると、標準化への対応は当然のことであり、さらに上のレベルを目指すべきだ。

サステナビリティ経営とは、誰かが決めたルールやコンプライアンスに従うだけではなく、長期にわたる環境変化で競合が「ゆでガエル」となっていく間に、どれだけ早く、うまく適応できるかという究極の生き残り戦略なのである。そのためには、標準化された非財務指標ではなく、自社の未来を描くための独自の指標（羅針盤）が必要になるだろう。

トレードオンを継続的に生み出す組織

北極星を定め、そこへ向かう地図や羅針盤などコックピットの周りを充実させるのは重要だが、実際にサステナビリティ経営を実践していくのは組織だ。ここからは、組織体制をどのように整備していくべきかを考察していく。

経営者が「サステナビリティ経営に舵を切る」と宣言しても、経営幹部が動かないケースは多々見られる。これは、経営幹部たちが親亀・子亀の動きや、長期的な外部環境の変化と自分たちの事業の関連を十分理解していない、設定したＫＰＩの達成がインセンティブになっていない、サステナビリティ経営のグランドストラテジーが各事業部の戦略に落とし込まれていない、といったことなどが原因として考えられる。

日本の多くの企業は、現在、「サステナビリティ部」といった名の部署を設け、そこが全社のサステナビリティ戦略・方針を検討し、各事業部がそれを実行するのをサポートする役割を担っている。ところが、企業の事業経営や経営計画と分離した形でサステナビリティ戦略・方針を作成しているケースがしばしば見受けられる。最近では、サステナビリティを中計に組み込もうとする企業も増えているが、サステナビリティ要素のＫＰＩをうまく設定できずに頓挫する事例も耳にする。サステナビリティを実装するには、新たなKPIと評価制度・インセンティブの設定が重要となる。

さらに、事業部のなかで生まれているサステナブル事業の小さな芽が、スケールすることなくつぶれていく問題もある。サステナブルビジネスは、企業の様々な部署でばらばらに取り組まれていることが多い。上層部から各事業部に「社会課題解決事業をやってみろ」と指令があり、小さい事業が生まれているケースもあるだろう。しかし、結局、人も金も与えられることなく、事業部の期待する時間軸で黒字化できずに、せっかくの種がつぶれていく、という事例も多数ある。

これらの問題に対処するには、①長期の構造的変化を把握し経営判断に反映させる仕組みをつくり、経営幹部・リーダー層の理解を深める、②サステナビリティに関するＫＰＩと評価制度・インセンティブを結びつけて社員の行動変容を促す、③個別事業を継続的に生み出し大きくする仕組みをつくる、の3点が対策として考えられる。それぞれ詳しく見ていこう。

組織づくりのポイント

1 長期の構造的変化を把握し、経営判断に反映させる

第7章で、長期の構造的変化を見据えて長期的到達点を設定する方法を考えた。しかし、一度設定したらそれでおしまいではなく、継続的に変化をとらえ続け、必要に応じて軌道修正することが欠かせない。また、長期的到達点を設定しても、経営幹部などのリーダー層、さらには社員全員が心から納得していないケースもよくあり、意識変革を促す働きかけや仕組みが必要だ(トップダウンの課題)。

変化というものは「温室効果ガスが増えて気候変動が起こり、災害が激甚化する、人口が増えるとともに水が不足する、といった長期的構造変化」と「実際の災害、技術革新、法律改正などのイベント」がある。「企業が目指すべき長期的到達点」は「長期的構造変化」を理解したうえで特定するべき種類のものだ。しかし、これから起きる構造変化を長期にわたって考えたとき、大まかな方向性(たとえば気候変動が起こり、災害が激甚化する)はわかっていても、それらが、いつ、どれくらいの規模で起きるのかを明確に知ることはできない。さらに、もしも、画期的な新技術の開発によって環境負荷のない半永続的なエネルギー源を確保できたら、長期の構造変化のシナリオは大きく変わる。

長い航海のなかで、長期の構造変化が思ったより早く（もしくは遅く）進んでいないか、その方向性を大きく変えるイベントはないか、目を光らせておく仕組みをつくることが重要だ。その変化を継続的にウオッチすることで、最初はぼんやりとしていたリーダー層の理解が本物となり、組織全体が一枚岩となって動く基盤ができていく。

ある世界的な石油メジャーは、数名からなる長期の外部環境を分析する専門チームを持つ。その役割は、何十年も先の未来を描き続け、シニアマネジメントにぶつけ続けることだ。様々な外部情報をもとに、「ありうる未来のシナリオ」を描き、シニアマネジメントに対し、「このシナリオに備えられているか」と迫る。それを経営判断に活かすかどうかは、マネジメント次第だ。重要なのは、独立したチームが「長期の外部環境変化」の兆しをウオッチし続け、その情報を経営陣にフィードバックする仕組みを持っていることだ。筆者は、このチームに直接話を聞く機会に恵まれた。彼らによると、シニアリーダー層が「長期の外部環境変化とビジネス」の関係を真に深く理解し、真剣に対応するようになるまで、三世代の経営陣の交代が必要だったという。

また、「30年後の世界」を描き続けているある世界的メーカーは、グローバル幹部のミッションは、未来を描き、それに基づいて10年後の事業ポートフォリオを検討することであり、売り上げ目標の達成ではないという。

トップマネジメントが変化の兆しをとらえ続け、未来予想を描き続け、軌道修正し続けることを仕組みに落とし込むことが重要だ。

組織づくりのポイント

2 KPIと評価制度を結びつける

KPIを設定しても、それが評価制度と切り離されていたら、誰も真剣には取り組まないだろう。すでに先進企業では、サステナビリティに関するKPIと評価制度が連動する仕組みが経営に取り入れられている。

フランスのメガバンクのBNPパリバは、サステナビリティ金融企業の実現を目指し、役員報酬の10%を変動給にして、三つのサステナビリティ指標（①主に気候関連と社会課題への取り組み実績、②3年ごとのCSR目標、③非財務格付け機関によるランキング）に紐づけている。[注18]

世界最大級の酪農協同組合であるフリースランド・カンピーナは、①世界のよりよい栄養、②農家のよい生活、③今と将来世代、をパーパスと定め、それぞれに対し、①社内で決めた「良質な栄養基準」を満たす商品の割合、②酪農開発プログラムを受講した地元農家の数、③提携酪農家からの温室効果ガス排出量などをKPIとして設定し、[注19] 経営層の報酬に結びつけた。[注20]

ユニリーバは2018年に、管理職報酬の25％を次に挙げる三つのサステナブルパフォーマンスと連動させることを打ち出した。①2020年までに、人々の健康と福祉の改善に関し10億人以上の人々を支援する、②2030年までに、自社ビジネスを成長させながら、製品の製造と使用の際の環境負荷を半分にする、③2020年までに、自社ビジネスを成長させながら、何百万人もの人々の生活向上を支援する。(注21)

また、ノボザイムズは、役員を含むすべての従業員のボーナスの20％を、サステナビリティKPIの達成に紐づけている。(注22)

ここで紹介した企業は、サステナビリティに関するKPIの達成が、実際の収益に（長期的であっても）結びつく確信を持っているからこそ、こうした仕組みを導入していると言える。

企業には外部格付け機関などから、「サステナビリティに関するKPIと役員報酬を紐づけているか」という問い合わせが増えており、私たちも企業から「役員報酬とKPIを紐づけなくてはいけないのか」との質問をしばしば受ける。それに対する答えは、「KPIの達成が長期的収益に結びつく確信がないのなら紐づけしてはいけない」だ。収益に紐づかないサステナビリティKPIを達成しても、単に業績が悪化するだけで、それに基づいて役員報酬を払えば業績はさらに悪化するだろう。

外部格付け機関からの「サステナビリティKPIと役員報酬を紐づけているか」という問い合わせには、「長期的収益に紐づくサステナビリティKPIをしっかりと考えてください」というメッセージが込められている。本章の最初のほうで述べたように、まずインパクトパスを描いたうえでKPIを設定する。そのうえで、経営陣・リーダー層が、サステナビリティKPIの達成は収益に結びつくと確信を持てる状態まで持っていき、KPIと報酬制度を連動させる仕組みを導入する。こうした順序を踏んで、はじめて車輪は動き出していく。

もちろん、KPIと評価制度の連動は、まだ少数の先進的企業が試行錯誤しながらやっている段階であり、何が正解かは誰にもわからない状況だ。さらに、どのプレ財務の要素が重要かは、業界によっても、業界のなかでもポジションやビジネスモデル、事業展開している国などによって異なる。同じ業界の企業間でも、10年の長期で考えるとなれば、やるべきことはかなり違ってくるだろう。他社のまねをするのではなく、独自のKPIと財務への紐づけロジックをつくり、究極の生き残り戦略であるサステナビリティ経営への体制づくりを進めていってほしい。

組織づくりのポイント

3　芽を生み出し、大きく育てる仕組みをつくる

ここまで述べてきた「トップダウンの課題」とともに、組織体制に関連してもう一つ大きな問題がある。それは、各事業部のなかで生まれているサステナブル事業の小さな芽が、大きく育つことなくつぶれていく「ボトムアップの課題」だ。背景には、各事業部に個別に存在する数々の小さな新事業の芽のなかから、適切な投資対象を選択できていない、という根源的課題がある。投資対象を選定できなければ、当然、ヒトもカネも配分できない。また、様々な事業部から個別に生まれたサステナブル事業の芽は、統一感なくばらばらの方向を向いている、という問題もある。ボトムアップで芽生えつつあるサステナビリティ経営の芽をつぶしてしまうのは、今後の企業の成長可能性を自ら摘み取ってしまうことに等しい愚行と言える。

これらを解決するステップとして、①大きく育てるべき事業を選択する仕組みを整える、②選択した事業をスケールさせる仕組みをつくる、の2点を検討してほしい。さらに、こうしたことを行うために、既存組織から独立した組織を立ち上げるといった方法も検討に値するだろう。一つずつ見ていこう。

大きく育てる秘訣

1 大きく育てるべき事業を選択する仕組みを整える

大きく育てるべき事業を選ぶ基準は三つある。一つめは、決めたゴールに向かっているか、二つめは、ゴールを実現するためのケイパビリティを持っているか、もしくは足りないケイパビリティを加えることができるか、三つめは、市場がスケールをもって出現すると予想できるか。

大きく育てるべき事業は、ゴール達成に長期的に寄与するもので、当然、ゴールを実現できるケイパビリティを何らかの形で（自社のケイパビリティでも、買収・協働でもいい）動員できなければならない。そして何よりも大事なのは、自身が戦うべきスケールのある市場が（長期的に）出現する、もしくは、つくり出せると判断できるかどうかだ。社会課題解決型のビジネスのなかには、スケールしそうにない市場で戦っているケースが多数ある。そのため、この点を徹底的に議論する必要がある。

たとえば、脱炭素、ネットゼロに資する商品やサービスはすでに多数存在し、大きな市場が見えている。他方、サーキュラーエコノミーに関しては、ビジネスモデルも技術もまだ確立できておらず、これから開拓が必要な分野であり多くのトライ&エラーが必要となるだろう。しかし、アップルが「アップル・トゥ・アップル」を目指すように、親亀・子亀の動きを考えると、中長期的には重要市場となりえる。サーキュラーを実現する素材開発や、廃棄物を回収して再生・再利用、処理・処分などを行う静脈ビジネスの整備、データの活用など、サーキュラービジネスの周りに、中長期的に新しい巨大市場が出現する可能性もある。

また、B2C企業にとって、アフリカ市場は長期的に必ずスケールする市場と言えるが、この道もまた長く険しい。2050年には世界人口の4分の1をアフリカ大陸の国々が占め、1人当たりGDPも現在の東南アジアレベルに達すると予想されている。2050年という時間軸をどうとらえるかは、企業によって異なるだろうが、必ず成長する市場に乗り遅れないようにするための検討と準備が必要だ。

繰り返すが、サステナビリティをめぐる外部環境変化は、構造的変化に基づくので一定の予測が可能だ。他方で、「いつその変化が顕在化するのか」「その変化はどれくらいの規模で生じるのか」「技術革新などの突然の変化」などの不確実性ももちろん存在する。このような外部環境の変化を真剣に考え、自社のリソースを配分すべき領域はどこかを徹底的に議論する必要がある。

逆に、スケールしない市場のビジネスに中途半端にトライして、社会課題解決型ビジネスはうまくいかない、と結論づけてしまうのは避けたい。そのためにも、本当にスケールする市場がどこにあるのか、よく検討してほしい。

大きく育てる秘訣 2 スケールさせる仕組みをつくる

大きく成長させたい事業を選んでも、サステナビリティビジネスは「コストがかかる」「短期的に儲からない」「十分には儲からない」などのトレードオフ（第5章参照）にぶつかることが多く、この壁を乗り越える必要がある。そのため、成長には通常の事業よりも時間がかかるかもしれない。サステナビリティ経営の要諦は、「長期の外部環境変化をとらえ、長期的リスクを低減し、成長を最大化するところに資源を配分すること」である。いったん、「長期的に資源を配分すべき分野」をステップ1で特定したら、じっくりと腰を据えてそこに取り組まなくてはならない。他の事業と同じように3年で収益を出せという制約があると、うまくいかないだろう。サステナビリティ経営とは、「長期の外部環境変化をとらえ、長期的リスクを低減し、成長を最大化するところに資源配分を行うこと」である。いったん「長期的に資源配分をすべき分野」を「大きく育てる秘訣1」で特定したら、じっくりと腰を据えてそこに取り組まなくてはならない。最も費用対効果が悪いのは、採算が合わないという理由で3年でつぶし、その間の投資をすべて無駄にしてしまうことだ。育てると決めた事業には、きちんと強いコミットメントを持って長期的に取り組まなくてはいけない。

サステナブル事業の小さな芽をスケールさせるには、①財務KPIをなくす、（あるいは、財務KPI達成の時間軸を長くする）、②ヒト・カネを十分に配分する、③決定権を与える、の三つが重要だ。

財務KPIをなくす（あるいは、財務KPI達成の時間軸を長くする）というのは、次のようなことだ。あるグローバルな金融機関では、アフリカ市場に参入するために、15年がかりの市場参入戦略を描いている。最初の5年の収益目標はプラスマイナスゼロだが、その代わりに、いかに多くの顧客にリーチしたかをKPIに設定している。次の5年は収益をプラスにして、最後の5年で他市場と同じ収益率を目指す計画を立てている。現在、アフリカ市場はまだ小さいが、今後の成長を見込んで将来顧客へのタッチポイントをあらかじめスケールをもって展開し、顧客の経済力が十分についた際には、他社に先駆けて大きな市場を一気にとる戦略だ。そのために、3年で儲けるという視点を捨て、15年という長期戦略とそれに見合うKPIを設定した。小さな芽を大きく育てていくには、仕掛けと覚悟が必要という好例だ。

二つめのポイントは、事業をちゃんと動かそうとするなら、ヒト・カネを十分に配分することだ。ヒトもカネも足りずに、サステナビリティに関する多くの事業の芽がスケールできずにつぶれている。前述のグローバル金融機関の例では、一事業部を立ち上げ、数十人を雇用し、アフリカ市場開拓を任せている。ヒトとカネが与えられてはじめてトレードオフをトレードオンにする離れ業を成し遂げられることを忘れてはならない。

三つめのポイントは、事業推進部隊に決定権を十分に与えることだ。長期的目標を達成するためのビジネスの立ち上げには、通常の事業よりも多くの失敗が見込まれる。失敗を許容し、そこから学び、改善していく権限を現場が持っていなければ、せっかく配分したヒトとカネが有効に活用されないだろう。

こうした三つの仕組みは、選ばれた事業の芽を大きく成長させるための強力な武器になるだろう。

既存組織から独立した組織を立ち上げる

各事業部で個別に生み出された数多くの事業の芽は、それぞれの方向性がばらばらな可能性がある。「北極星」に向かうために、新規事業の方向性は全社のグランドストラテジーに合わせてそろえる必要がある。そのための一つのやり方として、新規事業を既存組織から切り離し、一つの組織にまとめてしまう方法もある。新組織は、次のような形態が考えられる。

1 既存組織から独立したインキュベーション組織

新規事業を既存事業からは切り離して、独立したインキュベーション組織にまとめれば、達成すべき目標や時間軸も既存事業と別に運用することができる。そのため、短期では解決が困難なサステナビリティ課題に取り組むことも可能だ。

大手家具量販店イケアは、SPACE10というイノベーションを起こす組織を持っている。(注23) 外部とのコラボレーションを目指したオープンな組織で、世界中からクリエイターやエンジニア、学生など様々なバックグラウンドを持つ人が集まっている。目的は、サステナブルな生活の実現に向けた将来のモビリティ、インテリア、食品のアイデアの創造など。オフィスではプロジェクトから生まれたプロトタイプの展示や、ワークショップなどが行われている。本体から独立した組織にするため運営はイケアのフランチャイズ世界本部であるインター・イケア・システムズが行い、立地もイケア本社のあるスウェーデンではなくデンマーク・コペンハーゲンにある。こうした組織形態をとることにより、短期の利益にとらわれることなく新しいアイデアを追求することが可能となる。
また、ユニリーバも、ユニリーバ・ファウンドリーというイノベーション組織をつくり、アクセラレーションプログラムの開催やユニリーバブランドとスタートアップとの連携を積極的に進めている。(注24)
日本では、ソニーが実施しているソニー・スタートアップ・アクセラレーション・プログラム(SSAP)がこれに当たる。ソニーが自社で持っている起業ノウハウ、開発環境などを提供し、新規事業の立ち上げから成長をサポートするプログラムで、自社の事業育成にとどまらず、多数の企業や組織と連携して実施している。(注25) 2014年のスタート以来、スマートウォッチの開発など15の新規事業が誕生している。(注26)

2 サステナビリティCVCの活用

自前で新規事業部を立ち上げて取り組むのではなく、特定のテーマに関して、CVC(コーポレート・ベンチャーキャピタル)を立ち上げ、社外の小さな事業の種に幅広く投資する方法も広がりつつある。特に気候変動への対応は、新しい技術が必要となるが、多くの企業のコアケイパビリティではない。そうした企業にとって、ネットゼロのコミットメントを達成するため、イノベーティブな事業開発を進めるスタートアップなどに広く投資するこの手法は有効だ。

「2040年までにネットゼロ」という目標を掲げているアマゾンは、2020年に20億ドル規模の気候変動ファンドを立ち上げた。(注27) このファンドを活用して、電気自動車メーカーのリビアンに4億4000万ドル出資し、2030年までに10万台の電動配送車を発注する予定だ。(注28)

また、「2030年までにカーボンネガティブ」を掲げるマイクロソフトは、2020年に10億ドル規模の「気候イノベーションファンド」を立ち上げ(注29)、再生可能エネルギーソリューションに投資するベンチャーキャピタルのエナジー・インパクト・パートナーズに5000万ドルを投資する予定だ。(注30)

3 オープンイノベーションの仕組み構築

同様に、サステナビリティの課題を解決するために、オープンイノベーションを利用する方法もある。CVCと同様、幅広いアイデアやケイパビリティを活用することが可能になるという利点がある。たとえば、イタリアの電力会社エネルでは、イノベーションとサステナビリティを同時に推進しており、それを「イノバビリティ(Innovability)」と呼んでいる。オープン・イノバビリティというウェブサイトを通じて、エネルが自社の戦略において特定しているサステナビリティ関連課題やSDGsの17目標に貢献するために、チャレンジを特定し、アイデアをクラウドソーシングする。提出されたアイデアのなかで、特に実現可能性の高いアイデアに投資することもある。オープン・イノバビリティを通じて、すでに100カ国以上から7000以上のアイデアが寄せられた。(注31)

ユニリーバは2020年に気候変動や生物多様性の損失を背景としたサステナビリティ戦略の実現と目標の達成に向けて、オープンイノベーションの取り組みを始め、様々な組織や個人が自由にアイデアをオンラインで提案できる機会を設けている。(注32)

H&Mファウンデーションが主催するグローバル・チェンジ・アワードは、「ファッション業界のノーベル賞」と呼ばれており、ファッション業界において直線型から循環型モデルへのシフトを促進する初期段階のイノベーションを支援している。毎年、解決策を考案した5組の発明チームには、総額100万ユーロの資金援助と、H&Mファウンデーションがスウェーデン王立工科大学(KTH)やコンサルティング会社と協力して提供する1年間のイノベーション促進プログラムが授与される。たとえば、2020年に受賞対象となったのは、バイオテクノロジーを利用した研究室で栽培できるコットン、温室効果ガスを転換したサステナブルなポリエステルなどだった。(注33)

日本でもこのような試みが急速に広がりつつある。2030年までに「食と健康の課題解決企業」の実現を目指す味の素は、AUBAというオープンイノベーションプラットフォームを通じてプログラムを推進している。特に、①次世代の調理・食事準備による生活の向上、②環境に配慮した「たんぱく質」、③パーソナライズされた「食」で健康を実現、④フードロス問題を未利用原料の活用で解決、⑤環境にやさしい食品包材の開発、という五つのテーマを中心に活動する企業との連携を目指している。(注34)

1〜**3**のすべてにおいて大事なのは、「自分たちが維持増強しなくてはいけない親亀・子亀に注力する」という点である。何でもかんでも社会課題解決型事業にお金を出していては、結局、資金の垂れ流しになる可能性が高い。「芽を生み出し、大きく育てる仕組みをつくる」で述べたように、大きく育てるべき事業を選ぶ基準を見失ってはいけない。

多様な意見のステークホルダーとうまく付き合う

長期的な航海の最中には、外部のステークホルダーたちが様々な意見を述べてくるだろう。ステークホルダーはみな同じ意見ではなく、親亀・子亀の危機を強く感じているステークホルダー（長期投資家、国際機関、NGOなど）もいれば、あまり気にしていないステークホルダー（短期投資家）もいる。前者は、企業の親亀・子亀を守る活動が十分でないと苦言を呈し、後者は、短期的利益を出さないと投資を引き上げると圧力をかけてくる。

そのようななかで、企業が今後10年間（もしくはそれ以上）かけてSXを実行していくためには、自社のサステナビリティ活動を様々なステークホルダーに対して丁寧に説明し、理解を求めることが欠かせない。統合報告書は、その重要なチャネルとなるだろう。また、統合報告を発表するだけでなく、さらに丁寧なコミュニケーション（個別IRや、一般消費者向け発信、NGOとの個別対話など）が重要だ。

他方で、乱立するガイドラインや開示要求を負担と感じている企業も少なくない。しっかりと情報を開示し、ステークホルダーとコミュニケーションすることは重要だが、すべてのガイドラインや開示要求に応える必要はない。外部からの様々な声には真摯《しんし》に耳を傾けながらも自身の信念に従って一つの方向に進み続け、そのストーリーを発信し続けていくのが最善の策だろう。信念に基づき発信を続けることで、ステークホルダーの理解を得ることに成功した事例として第6章でテスラを紹介した。CEOのイーロン・マスク氏の強烈なリーダーシップ力により、累積赤字にもかかわらず投資家から多額の資金を調達し、事業拡大を継続している。しかし、これは誰にでもできる方法ではないかもしれない。

ユニリーバは、第4章で述べたように、2010年にユニリーバ・サステナブル・リビング・プラン（USLP）を打ち出して長期視点での経営を推進している。それが実現できた背景には、株主基盤に長期的視点を持つ投資家が多く存在していたことがある。USLPの実現に向け、短期的業績への圧力を強める要因となっていた四半期報告を廃止した結果、同社の株主基盤は短期的利益を重視する投資家から長期的な視点を持つ投資家へと変化したという。(注35)

ユニリーバ前CEOのポール・ポールマン氏は、CEO在任中に次のように語っている、「我々は長期的な視点を重視した事業ができる環境をつくりました。四半期報告をなくしましたし、利益予測も発表していません。報酬制度も長期重視の方向へ変えました」「株主価値を生み出すことだけが企業の責務ではありません。他のすべてを犠牲にして株主価値を高めるような近視眼的なビジョンでは、長続きする会社になりません。会社の戦略を支持してくださる株主基盤を惹きつけなくてはなりません。我々は、当社の長期戦略を理解してくれる株主を積極的に探しています」。ヘッジ・ファンドに対しては、「株を少々お買いになったからといって、当社の戦略を台なしにする権利が得られるわけではありません」「よそを当たってもらえばいいのです(注36)」と語っている。

このほか、外部から求められた基準に従って開示をするのではなく、ノボ・ノルディスクのように自分たちで考えて、必要と思われる情報を管理し、開示していく方法もある。ノボ・ノルディスクは、統合報告書などの各種媒体を通じて、第6章で述べた糖尿病の啓発による市場創造など、自社と社会に価値を生み出す取り組みを、既存の開示フレームワークやガイドラインに関係なく、その意味合いも含めて開示している。

様々なステークホルダーの意見に耳を傾けながらも、自身の信念に従って一つの方向に進み続け、そのストーリーを外部に発信し続けることによって、信念に共感してくれる社員、投資家、取引先、顧客があなたの周りに集まってくるだろう。あなただけのストーリーを明確化する際によりどころとなるのは、統合思考、すなわち、自社にとって重要な親亀・子亀を維持増強しながら（外部不経済を内在化させながら）収益を確保するという基本的な事業構造だ。

第9章

成長を続けるリスク・レジリエントな企業の条件

――誰からも尊敬される立派な企業になる

本章では、これまで述べてきたことの復習も兼ねて、サステナビリティ経営の根底にある原理・原則を再度確認したい。まず、ここまで述べてきたことを、簡単に振り返ってみよう。

■現在の状況認識

企業経営を含めたあらゆる経済活動（孫亀）は、環境（親亀）・社会（子亀）の基盤の上で行われていて、親亀・子亀がこけたら、孫亀もこけてしまう。にもかかわらず、従来は、経済活動によって親亀・子亀を傷つけ、「自分で自分の首を絞める」ことを続けてきた（第1章）。

■サステナビリティ経営のグランドストラテジー

こうした状況を認識・理解したうえで、長期的な親亀・子亀の動きを予測し、予想される「リスクを最小化」し、トレードオンビジネスの創出を通じて「成長を最大化」することが、サステナビリティ経営のグランドストラテジーとなる（第2章）。

■サステナビリティ経営の実現法

グランドストラテジーを実現するための方法として、本書では、トレードオンを阻む五つの壁の乗り越え方（第6章）、「長期的到達点＝北極星」を見つける方法（第7章）、北極星に向かうための地図（インパクトパス）と羅針盤（プレ財務ＫＰＩ）を作成して装備する方法（第8章）を詳しく見てきた。

＊　＊　＊

今後、企業にとって環境・社会課題への対応は、大きなリスクとしてのしかかってくる。このリスクをマイナス要因として受け身的に対応するのではなく、成長の機会ととらえて攻めの姿勢で対応することが、長期的に見て生き残りにつながることを述べてきた。受け身的ではなく、攻めの姿勢で臨むべきであることをここでもう少し強調しておきたい

サステナビリティ経営の究極の目的は、親亀・子亀と共存共栄できるビジネスを展開することであり、それを実現できれば、様々なステークホルダーから尊敬され、支持されるようになる。実は、このように親亀・子亀と共存するような事業を実現する「立派な企業

になる」こと自体が、最も効果的なリスク対策と成長基盤になる。

「親亀・子亀と共存共栄できるビジネスを展開する」には、①様々な人たちと協力して社会課題を解決する、②ベネフィットをみんなと分け合う、③ごまかさない（透明である）、④どんなときも倫理的に正しく対応する、という四つの原則に従う必要がある。一つずつ見ていこう。

原則1 様々な人たちと協力して社会課題を解決する

前章までで、ユニリーバ（パーム油の生産拡大に伴う生態系破壊や人権問題）やトニーズチョコロンリー（100%強制労働に頼らないチョコレート）など、社会課題に対応している企業の事例を多数紹介した。

ネスレは、カカオ生産における児童労働をなくすため、企業、政府、労働組合、NGO、消費者団体などが共同で設立した国際カカオイニシアチブが開発した「児童労働監視改善システム（CLMRS）」を導入した。CLMRSでは、農家を訪問して危険有害労働に関わる児童を特定し、データーベースに登録したうえで、児童労働をなくすため、児童の家族の経済問題を解決する支援をしている。2019年時点でCLMRSは、西アフリカの

1751地域をカバーし、監視下にある児童は7万8580人、支援を受けたことがある児童は1万5740人にのぼる。(注1)

これらの企業は、サプライチェーンにおける人権問題を、自社の問題（個別企業のリスク管理の対象）から社会全体の問題（解決すべき人類の社会課題）として、関連する団体などと協力して解決に取り組み、社会課題に積極的に立ち向かう姿勢が高く評価されている。つまり、「非難を避けるため、リスクマネジメントとして児童労働問題に対応する」のではなく、「あるべき社会の姿（たとえば、児童労働がなくてもおいしく、適正な価格のチョコレートが食べられる世界の実現）」のために、プロアクティブに対応する「立派な会社」としての地位を築いている。

従業員との関係で言えば、「従業員と協力する」という視点も非常に重要だ。すでに従業員は「雇用を守ってもらう」ことだけで満足しなくなりつつある。彼らは自分の意見を「聞いてほしい」「考慮されるべきだ」と思っている。

企業の意思決定は、最終的にはより大きな権限と責任を持つ経営者が行うべきだが、社内の声を聞き、ボトムアップのプロセスを大事にして方向性を決めることも、従業員の力を十分発揮してもらうためには重要だ。「決定に参加した」「意見を聞いてもらった」「提案が反映された」と従業員が感じるようになると、「上から言われたことをやる」という受け身の姿勢から、「自分の意思で同じ方向を目指して歩き出す」という自発的姿勢に変わる。当然、従業員のパフォーマンスは高まる。また、従業員は世論や市場の声を反映している可能性がある。その点からも、ボトムアップが大事であることが理解できるだろう。経営者と従業員との関係を「主従」から「協力」に変えていくことで、ダイバーシティ&インクルージョンに敏感な世代の力を成長のドライバーに変えていくことができる。従業員の「個人らしさ」を生かしながら、彼らが積極的に協力したいと思える環境をつくっていくことが重要だ。

原則 2 みんなとベネフィットを分け合う

かつてスターバックスは、開発途上国におけるコーヒー豆の不当な価格設定に対して批判を受けたが、前述のように、現在はコーヒー豆栽培農家への技術指導や融資、適正価格によるコーヒー豆の購入などを通じて、小規模農家とベネフィットを分け合える仕組みを確立している。こうした取り組みの狙いは、自社の強みの源泉である高品質のコーヒー豆を、大量に、安定的かつ長期的に調達するケイパビリティの強化にある。スターバックスは、コーヒー農家とベネフィットを分け合うことで、今後気候変動で深刻化することが予想される高品質なコーヒー豆の調達リスクの回避を目指している。さらに、このような活動に真剣に取り組むことは、スターバックスのファンの増加にも大きく貢献していると考えられる。

原則 3 ごまかさない（透明である）

第6章で取り上げたスマートフォン開発のフェアフォン（紛争原因とならない地域からレアメタルを調達）やトニーズチョコロンリー（100％強制労働に頼らないチョコレート）では、第三者からの透明性を徹底している。フェアフォンでは、サプライチェーン上の製品製造に関わるサプライヤーの情報をウェブ上に詳しく開示して、高い透明性とトレーサビリティを確保している。「100％強制労働に頼らないチョコレートを当たり前に」というミッションを掲げるトニーズチョコロンリーは、第三者にバリューチェーンの調査を依頼し、「強制労働はない」ではなく「強制労働が○件見つかり、それをゼロにするために○○を行う」という形できわめて透明性の高い情報開示を実践している。(注2) このごまかさない姿勢は、「口先だけなんじゃないの？」と疑惑を持っていた消費者を味方につけ、「真に尊敬される企業」として、顧客ロイヤリティのアップにつながっていると言える。

原則

4 どんなときも倫理的に正しく対応する

2018年4月、米フィラデルフィアのスターバックスの前では、抗議デモが行われていた。原因は、黒人男性2人が友人を待つために注文をせず店内にいたところ、店員が警察に通報し、2人は不法侵入で逮捕された。その様子が収められた動画はSNSなどで拡散され、ボイコット運動やデモにも発展。スターバックスは人種差別をしていると批判を浴びた。同社のケビン・ジョンソンCEOは2人に直接会って謝罪したうえで、自らの間違いから学び、どのように行動し、変えていくかについて、同社のリーダー陣と話し合った。その後、スターバックスは全米の直営店を一時閉鎖し、人種的偏見をなくすためのトレーニングを全スタッフに実施した。(注3) ジョンソンCEOは自身の発言を実際に行動で示した。その結果、傷ついた評判を回復させただけでなく、むしろアップさせたと言える。どんなときも誠実に、倫理的に正しい抜本的対応をとることが大事だ。そうすることで、トラブルが起きても信頼は回復し、さらにファンを増やすこともできる。

＊　＊　＊

こうした取り組みを積み重ねて「真に尊敬される企業」となることで、サプライチェーンがレジリエントになり、幅広いステークホルダーから信頼され、社会から「操業許可」のお墨つきももらえる。さらに、ファンが広がり、優秀な社員が増え、トラブルに陥っても、多くの方面から手が差し延べられるようになるだろう。

自分だけが独り勝ちするのではなく、環境と社会と全ステークホルダーに恩恵をもたらし、感謝されるような「真に尊敬される企業」になることが、最高のリスク対応であり、持続的な成長を支える基盤となる。

第10章

先進企業トップが語るSXの真髄

ここまで「本物のサステナビリティ経営」について述べてきたが、最前線にいる経営者は、どんな未来を描き、どんなことを考えて、サステナビリティ経営に取り組んでいるのだろうか。

本章では、サステナビリティ経営の先進企業8社（丸井グループ、三菱ＵＦＪフィナンシャル・グループ、サントリーホールディングス、ＤＳＭ Ｊａｐａｎ、エーザイ、メルカリ、イケア・ジャパン、ＢＡＳＦ）の経営者に、そうした質問をダイレクトにぶつけてみた。特に、本書で重点的に解説しているトレードオンをどうやって実現しようとしているのかに着目して、経営者の生の声から学んでほしい。

サステナビリティ・ネイティブ世代が未来を創る

青井 浩氏［丸井グループ 代表取締役社長］

Q ビジョンや長期視点での経営が重要と考えるようになった経緯と、ご自身の考え方の変化の背景をうかがいたい。

Z世代に代表される若い人たちは「サステナビリティ・ネイティブ」と言われているが、私は「元祖サステナビリティ・ネイティブ」だったと感じる。子どもの頃、「手のひらを太陽に」という歌の歌詞に衝撃を受けた。生き物のなかでもスターではなく、端役のミミズやオケラもみんな友だちだというのが、自分の心にすごくフィットしたからだ。

環境活動家グレタ・トゥーンベリさんの、気候変動対策に対する鋭い批判に対し、一部の大人は眉をひそめたようだが、私には違和感がなかった。「私たちの家は火事です。燃えている家を救おう」というグレタさんの呼びかけはその通りで、「経済発展がいつまでも続くというおとぎ話ばかり。恥ずかしくないのですか？」と言われれば「そうだよね」

と同感する。

サステナビリティ・ネイティブの自分が、「事業とサステナビリティを両立させなくてはいけない」と痛切に感じたのは、（2006年の貸金業法改正や2008年のリーマン・ショック で）経営危機に陥ったときだ。業績がどん底まで落ちたのは、これまでやってきたことの耐用年数が切れたからであり、すべて一からやり直すしかない。そこで、どこからスタートして、何を目指すべきかを考えた。

振り返ってみると、それまでの自分は、企業は営利を追求するというテーゼに引きずられて、自分が本当にやりたいことや、心から共感できること、価値があると思えることをやりたい気持ちを抑えたり、振り捨てたりしながら経営をしてきた。そういう経営姿勢が、苦境を招いた原因ではないかと省みた。

そうであれば、自分の信念に忠実になり、「これをぜひやりたい、やるべきだ」というところから再スタートしたほうがうまくいくんじゃないか、と考えた。私がやりたかったのは、必ずしも単なる金儲けや事業拡大ではない。収益性は大事だが、多くの人たちや社会にとって意味のあることを手掛け、その結果として自然に利益がついてくる。そんなビジネスをやりたいと、経営危機下で思った。

Q とはいえ、「利益を出す」ことと「サステナビリティ」との両立は難しい。「サステナビリティはコストがかかる」と多くの企業が悩んでいるが、青井社長は「サステナビリティを実現したい」という思いを「ビジネスとして」どのように実現されているのか？

サステナビリティ・ネイティブが主流化するなか、サステナブルな暮らしをしたいという市場は今後確実に広がる。しかし、サステナブルな形にライフスタイルを変えるとしても、自らの手で変えていくのは難しく、どうすればいいかわからない方々も多い。そこで、企業が、消費者やお客様に対して、サーキュラーエコノミーやサステナブル消費の選択肢をできるだけ多く提供することが欠かせない。そこに私たちの事業機会がある。

たとえば、丸井のクレジットカード「エポスカード」のお客様にアンケートをすると、約6割が「再エネを利用したい」と回答するが、実際に再エネを利用しているお客様は6%にとどまっている。この結果から、電力会社を変えるハードルが高いことがわかったので、私たちは再エネ電力の申込手続きが簡単に完了できるサービスを始めた。

クレジットカードで電気代をお支払いいただくようになると、お付き合いの期間が長くなり、メインカードとして使っていただける割合が増える。そうするとライフ・タイム・バリュー（生涯利益）が上がるので、経済合理性がある。つまり、環境と経済合理性のどちらをとるかというトレードオフの関係ではなく、両方をかなえるトレードオンになる。

2020年11月、「100%強制労働に頼らないチョコレートを当たり前に」をミッションにするオランダのチョコレートメーカー、トニーズ・チョコロンリーの期間限定のポップアップストアを有楽町マルイに出店した。1カ月弱の短い期間だったが、予想以上の反響がありSNSでの投稿も多かった。ファッションモデルなどおしゃれな人たちの投稿が目立っていた。トニーズの勝因は、かわいいパッケージと手に取りやすさ、そして背景にある「強制労働に頼らない」という話題にしやすい商品のストーリーにある。こうした価値と、プレゼンテーションなどの商売の技術が合致すれば、十分に経済合理性のあるビジネスになるという好例だ。

私たちは、小売りとフィンテックの事業構造に合わせてトレードオンの領域を見つけているが、どんな業種でもトレードオンを見つけられる領域は必ずある。ただ、その領域を見つけても、新事業やビジネスモデルの変更にはコストがかかり、リスクもあると考え、踏み切れない経営者もいる。私は、そうした考えにはまったく同意できない。経営とはそもそも、時代の変化に応じて新しいビジネスを生み出すことによって企業を発展させていくものであり、一定のコストのなかで新たな事業を創出し、収益を増やすのは経営の基本だ。コストがかかる、リスクがあるからできないというのは、経営者としての自己否定ではないだろうか。

経済産業省が2014年にまとめた「伊藤レポート*」でも分析されているように、日本企業のROE（自己資本利益率）は欧州の3分の1程度、米国の4分の1以下と低い。ROEの構成要素別に見ると、総資産回転率と財務レバレッジはほとんど変わらないが、営業利益率、つまり本業の儲ける力が弱い。厳しい見方をすると、日本の経営者はあまり儲けようとしていないのではないかとも読み取れる。本業の利益が大事だから、サステナビリティ経営に踏み込めないという意見もあるが、本気で儲ける気があるなら、サステナビリティ経営を実践できるはずだ。

Q 青井社長は「VISION 2050」という長期ビジョンを掲げて、それに基づく新しいビジネスモデルを追求し、具体的な目標に落とし込んで組織を動かしているが、目標をどう立てるかで悩んでいる経営者は多い。ぜひ、アドバイスを。

自分が実現したいビジョンが頭のなかにありありと浮かんでいれば、それを実現するた

＊「持続的成長への競争力とインセンティブ〜企業と投資家の望ましい関係構築」プロジェクト最終報告書、経済産業省、2014年8月

め、いつまでに何をしないといけないのか、日付の入った具体的な目標がおのずと出てくると思う。自社のことだけでなく、すべてのステークホルダーのために目指したい未来をありありと思い描くこと。そこが出発点になる。

ビジョンというのは大きな仮説とも言える。神の啓示のように突然ひらめくものではなく、試行錯誤しながらいろいろ考えた挙げ句にやっと出てくる一つの仮説だ。仮説なので実行してみて結果を検証し、修正することが欠かせない。それは科学やエンジニアリングと同じであり、言ってみれば経営そのものだ。仮説を立てて、実行と検証によって軌道修正しながら長期的なリターンを獲得していく。サステナビリティ経営は特別なことではなく、普通の経営と基本は変わらない。

2025年には、国内の生産年齢人口の半分以上がミレニアル世代とそれより若い人たち、つまりサステナビリティ・ネイティブ世代になる。この世代はサステナビリティに取り組んでいない企業で働くことを望まず、そうした企業が出す製品やサービスも買わない。

2025年はもう目と鼻の先だ。企業は、サステナビリティ経営を実践しない言い訳をしているうちに、消滅することになりかねない。経営者が早急に考えるべきは、小手先のハウ・トゥではなく、どのような未来を築きたいのか。まずは、ビジョンを明確にすることではないか。

環境・社会課題の解決を起点とした発想への転換

亀澤　宏規氏［三菱ＵＦＪフィナンシャル・グループ 取締役 代表執行役社長 グループＣＥＯ］

Q 経営アジェンダとしてサステナビリティを重要視している背景と、個人としてサステナビリティの重要性を認識するようになった経緯をうかがいたい。

世の中の流れとして、当社の従業員、投資家、若者など、多くの人が、環境や社会課題にどう貢献していくかということを意識している。そうしたなか、新型コロナウイルスの感染拡大が起きたことによって、社会とは何か、コミュニティとは何かを世の中があらためて考えるようになった。環境や社会課題への貢献を意識するというコロナ前からあったトレンドが、より加速してきている。

私個人としても、在宅勤務が増え、社会やコミュニティの大切さをすごく意識するようになり、普通に生活ができる環境、社会の大切さを痛感した。自分の子どもたちを含めて、次の世代が普通に生活できるように、環境や社会をキープしていくことが非常に重要だ。

私たちは「持続可能な環境・社会が三菱ＵＦＪフィナンシャル・グループ（ＭＵＦＧ）の持続的成長の大前提」と考えている。環境・社会がヘルシーでなければ会社もヘルシーではいられず、私たちがヘルシーでなければ環境・社会もヘルシーではいられない。ということは、そもそも会社は社会のためにあると言える。

私は最近、「順番を逆にする」とよく言っている。これまでは、先に業務ありき、つまり、まず業務としてお客様に貸し出しをして、次にそれが環境・社会とどうつながっているかを考えるという順番だった。発想を転換し、その順番を逆にする必要がある。私たちが、「環境・社会課題の解決とＭＵＦＧの経営戦略を一体ととらえた事業運営を目指す」と言っているのは、そこに根差している。それこそが当社の存在意義であり、ミッションである。

ＭＵＦＧには七つの事業本部（デジタルサービス、法人・リテール、コーポレートバンキング、グローバルＣＩＢ、グローバルコマーシャルバンキング、受託財産、市場）がある。経営戦略を考えるとき、各事業本部が直面している社会課題は何か、それに対して何をするのかという順番で考えるようにしている。環境問題もあれば、少子高齢化、事業承継問題などの様々な課題に対して、各事業本部の持っているツールやソリューション、ネットワークなどをどう生かして解決に導くのか、という発想だ。今までは、その順番が逆だった。

Q 顧客（取引先）の企業価値向上に寄与するサステナビリティ活動を、どのような形で支援しているのか？

サステナビリティは世の中の大きな潮流となっており、MUFGにもお客様から様々な相談がある。それに応えるため2019年、三菱UFJ銀行にサステナブルビジネス室を立ち上げた。この部署は、グループ内にあるサステナビリティ経営支援の様々なファンクションをつなぐ機能を持つと同時に、ポータルとして情報提供・機能提供をワンストップで行い、ビジネスチャンスとリスクの両面から、お客様の持続的な成長を支援する。

お客様の持続的な成長を支援するには、中長期的な目標を持って取り組む必要がある。だから、サステナブルビジネス室は、従来の短期目標だけでなく、中長期的なPDCAを回しながらやっていくことになると思う。

また、サステナビリティ経営の推進には、MUFG全体としての組織体制の強化が必要だ。従来、MUFGの環境・社会課題への取り組みについては「サステナビリティ委員会」で審議され、取締役会と経営会議に付議・報告されてきたが、2020年5月には取り組みの推進強化と責任の明確化を目的にチーフ・サステナビリティ・オフィサー（CSuO）を任命し、CSuOがサステナビリティ委員会の委員長を務めている。こうしたMUFG全体の組織体制のもとで、サステナブルビジネス室が具体的な活動をドライブしていく。

具体的な活動を紹介すると、たとえば三菱UFJ銀行の「サステナビリティ・リンク・ローン」は、お客様のESG戦略に沿ったサステナビリティ・パフォーマンス・ターゲット（SPT）という目標を設定し、達成状況に応じて借入条件が変動する融資商品だ。もっと単純化して言うと、環境や社会に対していいことをして目標を達成できれば金利が下がり、達成できなければ金利が上がるイメージだ。2019年11月に日本初となる案件を成約し、その後の成約件数も伸びている（2021年1月末現在の公表ベースにおいて36件を成約）。SPTはお客様の事業内容やサステナビリティ方針に合わせて設定していくので、私たちがお客様のことをよく理解できるだけでなく、お客様も自分たちの事業が環境や社会にどのようなインパクトがあるかを具体的に把握できる。つまり、お客様と私たちが対話を重ねて、ともに成長していくことができる。

もう一つの例は、サステナブルビジネス投資戦略だ。* 投資判断に経済性（財務リターン）だけでなく環境社会インパクトを加味した投資戦略であり、インターナルカーボンプライシング（CO_2削減量に将来の炭素価格を乗じて計算する手法）を採用した。この投資戦略に基づき、インパクト評価を実施する先進的なファンド2本への投資を実行した。これにより、三菱ＵＦＪ銀行出資分ベースで年間約５万トンのＣＯ２削減効果が見込まれる。

Q エネルギーの安定供給という視点では、火力発電はこれまで社会の発展に寄与してきたが、環境の視点からある日突然、批判の矢面に立たされる事態が、現実に起きている。社会に対して正しい事業とは何なのか、悩まれている企業経営者に助言を。

国や社会の意識や成熟度によって、価値基準は変わっていく。その意味で、冒頭で申し上げた自分たちの存在意義、パーパスが非常に重要だと思う。どんな企業も、もともとは儲けることだけを目的に起業したのではなく、「何かのために」というパーパスがあったはずだ。現在、販売している商品・サービスが時代に合わなくなったとしても、パーパスに立ち戻れば既存の商品・サービスにとらわれない事業領域が見えてくるのではないだろうか。

また、社会課題を事業で解決するためには、イノベーションが重要と考えている。イノベーションが起きるのは必然なので、それを受け身ではなく、プロアクティブに取り込ん

＊「サステナブルビジネス投資戦略策定と出資実施について」三菱ＵＦＪ銀行、２０２０年８月５日、https://www.bk.mufg.jp/houjin/info/pdf/20200805.pdf.

でいく姿勢が、私たちとお客様の双方に求められる。

たとえば、最初は多少強引と思える投資でも、お金が集まることでイノベーションが起こり、新たなマーケットが創出できれば、財務リターンもプラスになっていく。お客様がそういうプロアクティブな方向に変わっていけるように、金融機関として貢献していきたい。産業構造が変わっていくなかで、資金やソリューションの提供によりお客様を支援するのはもともと得意とするところであり、最も大きな役割だと考えている。

2020年2月、三菱UFJ銀行は、東南アジアの配車サービス大手でスーパーアプリ事業を展開するGrab（グラブ）と資本・業務提携した。グラブへの出資は、「デジタル×SDGs／ESG」の文脈で行ったもので、デジタルによってSDGsの実現を加速させる必要があると考えたからだ。グラブの2人の若い創業者は、スマートフォンアプリによる配車サービスの普及で雇用や収入の創出だけでなく、銀行口座の開設や金融サービスの提供によって、東南アジアの国々をよくしたい、貧困や暴力をなくしたい、という理念を強く持っている。イノベーションを促進し、ファイナンシャルインクルージョン（金融包摂）を実現するという彼らの考え方に共鳴したことが、資本・業務提携につながった。

様々なインフラが整っており、便利な日常を送れる日本では、イノベーションが起こりにくい。いわゆるイノベーションのジレンマがある。一方で、東南アジアなどの新興国はインフラが未整備なので、コストの安い最先端のデジタル技術の活用により、旧来型のインフラ整備を待つことなく、革新的なサービスを一気に実現させる、いわゆる「リープ・フロッグ」（かえる跳び）現象が起きている。そのノウハウを日本に取り込んでいきたいというのが、今回の出資の目的だ。

サステナビリティこそ経営戦略そのものだ

新浪 剛史氏［サントリーホールディングス 代表取締役社長］

Q なぜサステナビリティ課題を自分事としてとらえ、積極的に取り組むようになったのか、その背景にはどのような変化・推移があったのか？

サントリーに移る以前から、日本の大型台風などによる被災やタイの大洪水、米国のハリケーンや森林火災による記録的な規模の被害など、世界各国で自然災害が激甚化しており、地球に異変が起きていると感じていた。以前在籍していたローソンでは、商品の売れ行きを推定するため毎日気温を予測していたが、天候不順の要因もあり、なかなか当たらなかった。これらの経験を通じて、「これは地球からのメッセージだ」と感じ、そのメッセージをどうとらえて、企業としてどのようなアクションを取っていくのかが重要だと考えるようになった。

日本は、古くから自然を敬い、生活のなかで自然と共存してきた。わざわざ法律や規制で縛らなくても、文化や生活規範のなかに「自然を大切にする」という意識があり、人々はその規範に沿って行動している。それは誇れることでもある一方で、そんな歴史的な背景があるため、「日本はサステナビリティの分野では先進的」という誤った認識が広まっているのではないだろうか。

日本のサステナビリティへの取り組みは、1990年くらいで止まっている印象だ。省エネルギーの分野には強いが、環境問題の解決に強いわけではない。むしろ、海外から見ると圧倒的に遅れている。この遅れをどう取り返すか。どうやって世界と協調していくか。サントリーに来て、そこに強く関心を持つようになった。

今世界では、反グローバリズムが広がり、政治的にはポピュリズムの台頭、外交や通商の分野では多国間主義が後退し、2国間交渉の動きが強まるなど、国際協調という面では懸念材料が多い。その点で、環境問題は国境を越えて、まさにグローバルに対応すべき課題だ。サステナビリティの課題解決に向けて国々が協力して取り組む気運が生まれてきたのは、個人的にも非常に歓迎すべきことだと思う。

Q 日本の企業が「本物のサステナビリティ」を目指し、トレードオンを実現していくには、何に着目して経営に臨めばいいか？

日本企業の課題は利益率が低いことにあり、サステナビリティ経営を推進するためには、まず収益性を高めることが欠かせない。欧米、特に欧州で官民一体となってサステナビリティへの取り組みを強力に推進できているのは「民」の収益力が高いからだ。

株主に対して一定以上のリターンを出していないと、「サステナビリティに懸命に取り組んでいます」とアピールしても認めてもらえない。企業として安定的に利益を創出して持続的に成長できることを示さないと、「経営は大丈夫なのか」と不安視されてしまう。

また、収益力が低いと大胆な意思決定ができなくなる。サントリーの場合、創業以来「利益三分主義」（事業によって得た利益は、「事業への再投資」「お得意先・お取引先へのサービス」だけでなく「社会への貢献」に役立てるという考え）に基づく経営を続けている。サステナビリティ経営は会社の基盤、歴史そのものであり、サステナブルでない経営は想像できない。その点で、サントリーは創業時から脈々とサステナビリティ経営を続けている。

環境や社会への貢献と企業の収益性をトレードオフにしないで、トレードオンにするのには時間がかかる。それは、サステナビリティを成長戦略の中心に据えたとしても、すぐにキャッシュを稼げるわけではないからだ。

また、サステナビリティ経営を推進するには、組織・社員の意識変革や受け入れる力も必要になる。ある日、社長が意を決して「サステナビリティ経営に舵を切る」と宣言しても、「どうせ社長が代わったら、方針も変わるだろう」と社員が思っていたら、腰を据えて取り組むことなどできない。長期的にトレードオンを目指しながら、〝社会〟からのサポートを得て、本業の収益力を上げてしっかり稼ぐという方針にて着実に進めていくと、トレードオフだった関係がトレードオンになっていく。そのロードマップは企業ごとに異なると思う。

Q たとえば、食品・飲料業界において、サプライチェーン全体での温室効果ガス排出削減や長期的な原材料の調達リスクについてどう考えているか？

サントリーでは今、サプライチェーンのマルチ化を進めようとしている。これまではコスト効率の観点から集中化を進めてきたが、今回のコロナ危機で、特定の国や地域に原材料調達を過度に依存するリスクが顕在化した。リスクヘッジのためにマルチ化が必要だが、コスト効率も無視できない。そのためには、デジタル・トランスフォーメーション（DX）を進めることが肝要だ。一方で、いきなり成果を生むことは難しく、DXはまずは取り組んでみて、トライ&エラーを繰り返し修正しながら進化していくことになるだろう。

サプライチェーン全体の温室効果ガス排出量を抑えながら、サプライチェーンのマルチ化を進めるのは非常に困難を伴う。これを実現するには、サプライチェーンの上流から下流まですべての企業を精査する必要があるが、コロナ禍の現在ではなかなか難しい面がある。もちろん取り組まなくてはならない問題であり、温室効果ガス削減ではスコープ3*が課題だ。個々にきめ細やかな対応を心掛け、寄り添っていきたい。

Q サステナビリティに関してプレミアムを払ってもいいと考えている日本の消費者は、欧米に比べて少なく、サステナビリティに投資してもリターンが期待できないと判断している経営者も多い。日本のサステナビリティ消費の今後について、どう見ているか？

確かに、日本のグリーンコンシューマーの数は、欧米に比べて非常に少ない。グリーンコンシューマーでありたいと思っている人は多いけれども、プレミアムを払ってまでサステナビリティに配慮した商品やサービスをあえて高く買う経済的余裕がないのだろう。

そうした状況に対し、企業としてお客様に買っていただける値段にしていく努力が必要だと思う。業界を超えた12社が共同出資して設立された、使用済みプラスチックの再資源化事業に取り組むアールプラスジャパン（2021年2月時点の出資企業は合計22社）のように、他社と一緒になって取り組んでもいい。この会社では競合企業とも協力して、環境負荷を軽減する技術や仕組みをつくることを目指している。競争ではなく共創によってリサイクルによる再生循環の道を切り拓いていくつもりだ。

飲料のペットボトルを回収するルールも、行政主導ではなく、業界のリーディングカンパニー同士が一緒になって仕組みをつくれば、それが業界全体に広がっていくと思う。競争相手と戦う領域と、戦わない領域を明確にしていくべきであり、サステナビリティ分野に関してはそうした対話がしやすい。

環境対応のコストを下げ、入手可能な価格設定にしていく間にきっと、グリーンコンシューマーは増えていくはずである。海外のミレニアル世代とかZ世代の若い人たちも、たとえば高級な洋服を買うのをやめて、飲料や食品は多少値段が高くてもエコフレンドリーなものを買う、というのが消費スタイルだ。日本もやがて、そうなっていくと思う。エコロジーやサステナビリティについての意識は若い人たちにどんどん浸透していて、私世代とのギャップが大きくなっている。意識の進んだ方々に合わせた商品開発が必要であり、競争相手とも組めるところがあれば組む。競争相手と、すべての分野で競争するわけではない。それがこれからの時代だと思う。

＊ 事業者自らの排出だけでなく、事業活動に関係するあらゆる排出の合計量

私たちはB2Cのビジネスなので、消費者意識の変化を常に敏感に感じ取り、市場からよりダイレクトに厳しい要求を受けている。B2Bの企業はそういう危機意識をどのように持てばよいか難しい面があるかもしれない。私たちは市場からの厳しいチェックがあるから環境に配慮していない原材料はおのずと調達できなくなる。一方、B2B企業はそうしたリスクになかなか気づかず、ある日突然、市場からの厳しい意思決定に直面するおそれがある。その意味でも、消費市場の変化には敏感でなければならない。

消費市場は一夜にして激変するわけではないが、変化のロードマップは常に頭に入れておくべきだ。規制やルールも同じで、たとえば、EUではいずれ国境炭素税が導入されることは明らかだ。日本企業にそのあたりの分析がどこまでできているだろうか。

先入観にとらわれず、最前線の生の情報を知り、先々を見通すために、経営トップは社員とどんどん対話すべきだ。リモートワークでビデオ会議が当たり前になった現在は、以前より社員と直接対話しやすくなっている。対話によって世界中の社員とサステナビリティ経営に関する情報と危機意識を共有し、変化を先取りしていかないと変化の激しい時代に生き残ることはできない。サステナビリティこそ経営戦略そのものだ。

事業ポートフォリオは「短期的利益」より「社会的使命」で変革

丸山　和則氏［DSM Japan代表取締役社長］

Q DSMは、石炭採掘会社からライフサイエンス・マテリアルサイエンス企業への大胆な事業ポートフォリオ変革に加え、サステナビリティ経営の先駆者としても知られている。どのようなビジョンでこうした変革を進めてきたのか？

DSMは事業を行うに当たり、自らが有するケイパビリティを生かして社会に対してよいインパクトを与えられるかどうか、同時に適切な利益をあげてその事業を持続的に継続できるかどうかを重視している。1902年にオランダ石炭公社として創業してから、現在の「栄養・健康・持続可能な暮らし」に取り組むサイエンス企業になるまで様々なM&Aを行ってきたが、根底にはこの考え方が脈々と流れている。

1900年代半ば、オランダ産石炭の競争力が衰える一方、社会の近代化に伴いプラスチックなど様々な化学品が必要とされるようになった。石炭化学のケイパビリティを生かし新たな社会課題の解決に取り組むべく、1970年代には石炭事業から撤退、石油化学事業を開始した。2000年代に入り、新興国や産油国の石油化学メーカーが台頭するなか、「多様な社会課題を解決するためにDSMのケイパビリティを最も活用できるのは、オランダでの石油化学事業継続ではない」と判断。石油化学事業を売却する一方、バイオ企業などの大型買収を行い、現在の事業構造への大転換を図った。

石油化学事業もライフサイエンス事業もB2Bビジネスであり、製品のサプライチェーンやデリバリーの形態は類似している。化学・生物学による研究開発やオペレーションなど従来のケイパビリティを生かせる部分も多い。さらに、新興石油化学企業に対して規模が小さく競争力に劣るDSMが石油化学事業を続けることが国や社会にとって最善なのかも検討し、石油化学事業売却の結論に達した。

一方で、「自社のケイパビリティを活かして、社会へ最大最善のインパクトを与えるために何をすべきか」徹底的な議論を行い、「サイエンスとイノベーションによって地球と人類のサステナビリティ向上に貢献する」という社会的使命に至った。この目的に主導される企業実現のために、「栄養・健康・持続可能な暮らし」の分野を中心にM＆Aなどを行い、事業ポートフォリオの改革を続けている。

このようにポートフォリオの見直しに際しては、事業利益の観点に加えて、①未来の市場動向、②自社のケイパビリティ、③社会によいインパクトを与えるか、という三つの視点から、自社が行うべき事業を決定している。

Q「環境・社会に悪い影響が及ぶが、短期的に儲かる事業」に思わず誘惑されることはないか？

ない。「環境・社会に悪いが、短期的に儲かる事業」は、長期的利益には結びつかない。DSMに貫かれている企業理念は、前CEO・現名誉会長のフェイケ・シーベスマの言葉「仮に自分たちが成功しても、そのとき社会が失敗していたら、成功したとは言えない」によく現れている。短期的な儲けに走らないのは、フェイケや後継の現経営陣をはじめとした全社員が「社会に対して善を成し、同時に会社を大きくすること」「よりよい世界を未来に残すこと」が自社の責務であるという強い信念を持っていることが大きい。これを自分たちの存在理由として掲げて、そこから10年以上ぶれていない。

DSMは、地球・人類・事業利益の三つの次元で同時にサステナビリティを追求している。もちろん事業継続のため懸命に利益を追求するが、たとえ短期的に儲かっても地球や人類のサステナビリティに貢献しない事業は撤退や売却の検討対象になる。たとえば前述の石油化学事業は、継続していれば短期的には儲かったかもしれないが、地球温暖化、環境負荷などの観点から見れば、長期的にはサステナブルではなく、利益率も下がることは明白だった。

事業ポートフォリオの検討時には、短期的な利益よりも、まず我々の目的・社会的使命の観点から考え、次のように自問している。「その事業は、本当に自分たちのケイパビリティを用いてやるべきことなのか」「社会に対してよいインパクトを与えると同時に、利益を生み出せる事業モデルを考え抜いているか」。単純化して言えば、我々のケイパビリティでスーパーのレジ袋をつくることも、植物由来代替肉用原料をつくることもできた。ケイパビリティを生かせる点では同じだが、仮にレジ袋のほうが短期的に儲かったとしても、DSMでは「レジ袋の事業をやろう」という議論にはならない。

Q サステナビリティは、どのような「新たなマーケット」を生み出しているか?

DSMは「栄養と健康」「気候とエネルギー」「資源と循環経済」の三つの事業ドメインで社会に貢献できると考えている。

事業規模として大きいのは「栄養と健康」分野で、ビタミンなどの微量栄養素や酵素、酵母エキスなどを食品、医薬品、化粧品などの用途、および畜水産飼料用途に提供している。世界人口は2050年に100億人に迫ると予測され、「食のサステナビリティ」の確立が欠かせない。現在の脆弱なフードシステムをサステナブルなものに変えていくためのソリューションを提供することは、DSMにとって重要なミッションであり、大きな市場でもあると考えている。

たとえば、畜産業は多くの課題を抱えている。牛のゲップや排泄物から発生するメタンガスや飼料生産工程で発生する温室効果ガスは、経済活動によって排出される温室効果ガス全体の大きな割合を占めている（畜産由来の温室効果ガスは全排出量の14・5％を占める）*。また、飼料中のリンや窒素が一部消化吸収されずに排出され、土壌を富栄養化してしまう問題もある。

こうした課題を解決するため、たとえば「Bovaer®（ボベアー）」という牛向けの飼料添加物を開発した。牛1頭に1日スプーン4分の1杯ほどを餌に混ぜて与えると、メタンガス排出量を約30％削減できる。またリン・窒素排出に対するソリューションとして、家畜の体内で難消化性のリン・窒素成分を消化吸収できるようにする飼料用酵素製剤も提供し

＊ "Tackling Climate Change Through Livestock", FAO, 2013, http://www.fao.org/3/i3437e/i3437e.pdf.

ている。

サステナブルな水産業の実現も多くの課題に直面している。魚の養殖では、ASC（水産養殖管理協議会）やMSC（海洋管理協議会）によるエコ認証を受けるために、天然由来の魚油（DHAやEPAなどのオメガ3脂肪酸を含む）を含めた海洋資源由来原料の飼料への使用制限がある。有限な天然魚資源を保護するためだ。そこで、DSMは培養した藻から直接オメガ3脂肪酸を生産する方法を開発し、ドイツのエボニックインダストリーズとの合弁会社「ベラマリス」で商業生産、販売を開始した。2021年1月には養殖飼料用藻類由来油脂として、世界初のASC‐MSC認証も取得。海洋資源のサステナビリティと養殖魚の栄養強化を両立し、水産養殖の世界に革新をもたらしつつある。

DSMでは従来の「手持ちの技術で食のサステナビリティにどのように貢献できるか」という考え方を「食のサステナビリティに貢献するため、DSMのケイパビリティで何ができるか」と逆転させ、イノベーションを推進している。

Q 今後、どのような世界が来ると考えているか。日本の企業が「本物のサステナビリティ」を目指して変革するには、どうすればいいか？

日本企業はこれまで、既存事業、すなわち同じ土俵で後続の新興国企業と戦う場合も多く、コスト勝負になることも多かった。一方、欧州企業の関心は「いかに違う土俵で戦うか」にあり、サステナビリティ分野はその最たるもので、国際世論やルール形成を通じた新市場創造にエネルギーを注いでいる。日本から見ると「欧州に都合のいいルールをつくる」「利益誘導だ」と感じることもあるかもしれないが、サステナビリティ推進と企業利益の両立や、そのための国際ルールづくりは企業の社会的責任であり、その結果、新しいゲーム・市場もできてくる。今後、日本企業の貢献が期待される分野だろう。

DSMは、RE100（事業運営に要する電力を100％再生可能エネルギーで調達することを目標とするイニシアチブ）やSBT（サイエンス・ベースド・ターゲット）に欧州で最も早く加盟した企業の一つだ。オランダ国内の事業はすでに100％再生可能エネルギーで運営されている。

（本書でも紹介しているように）米アップルは数年前から製品生産を100％クリーンエネルギーで賄うという目標を立て、サプライヤーにも協力を要請している。アップルは2019年4月に、部品生産を100％クリーンエネルギーで賄うことを約束したサプライヤー41社を発表し、そのなかにDSMも入っている。

アップルだけでなく、今後は他のグローバル企業もサプライヤーに同様の協力を求めるようになる。再生可能エネルギーで部品を生産できないサプライヤーは、こうした世界的メーカーとの取引ができなくなるだろう。

DSMはまだ市場が存在しないうちに準備を始め、啓蒙活動をしながら仲間を集めている。政府や国際機関、教育機関や他の民間企業も含めて志を同じくする人たちと連帯し、活動を広げていく。それは市場をつくることだけが目的ではなく、未来への責務を果たすためだ。企業として社会や環境への責務を果たしつつ、利益をきちんと出すための方策を試行錯誤しながら考え抜き、新しい市場を自分たちでつくっていく。

非財務価値の定量化で長期的な企業価値の向上へ

柳 良平氏［エーザイ専務執行役CFO、早稲田大学大学院会計研究科客員教授］

Q なぜサステナビリティ経営を重視しているのか。サステナビリティ経営は、エーザイにどのような価値を生み出すのか？

エーザイは、「患者様とそのご家族の喜怒哀楽を第一義に考え、そのベネフィット向上に貢献すること」を企業理念と定め、これをｈｈｃ（ヒューマン・ヘルスケア）理念と呼んでいる。この理念の実現が当社のパーパスであり、サステナビリティ経営とはまさに企業理念を実現することだと考えている。

２００５年の株主総会において、このｈｈｃ理念を会社の定款に盛り込んだ。われわれが知る限り、世界初の試みだ。「会社の憲法」である定款に盛り込むことによって、ｈｈｃ理念を社内だけでなく、ステークホルダーとも共有するためだ。

エーザイでは、「本会社の使命は、患者様満足の増大であり、その結果として売上、利益がもたらされ、この使命と結果の順序を重要と考える」と定款に明記している。hhc理念に基づく当社のビジネスモデルは、経済価値と社会価値の同時実現を目指す、マイケル・ポーター米ハーバード・ビジネス・スクール教授らが提唱したCSV（共有価値の創造）に近い。患者様満足の増大という「使命」が先にあり、「結果」として売上、利益がもたらされるという順番に大きな違いがあり、この「使命と結果の順序」こそが重要と考えている。

定款にhhc理念を盛り込んだことは、短期的な利益を優先するショートターミズムへのアンチテーゼにもなっている。ヘッジファンドなど短期志向の投資家から、一時的にEPS（1株当たり純利益）やROE（株主資本利益率）を上げるために人件費や研究開発投資を過度に削減するように要求された場合、「定款をよく見てほしい」と説明できる。定款を変更するには、株主総会の特別決議を経なくてはならず、そうした短期的要求を押し通すことは容易でないことが理解できるはずだ。

Q ステークホルダーと企業理念を共有するために定款に盛り込んだとのことだが、どの事業領域に経営資源を厚く配分するかといった判断にも影響するのか？

定款に入れた企業理念では、「未だに満たされてない医療ニーズ（アンメット・メディカル・ニーズ）の充足」を、患者様をはじめとするステークホルダーへの貢献の筆頭に挙げている。

様々なアンメット・メディカル・ニーズのなかで、当社は重点領域として、今なお十分な治療法が確立していない神経疾患とがんに集中して、経営資源を投入している。また、hhc理念の観点から、最新鋭の医薬品開発だけでなく、「医薬品アクセス」の向上も重視している。その代表例が、NTDs（顧みられない熱帯病）の抑圧に向けた取り組みだ。NTDsは、アフリカなどの開発途上国、新興国では深刻な社会問題であり、貧困などの理由で必要な医薬品を入手できない人が数多く存在する。

NTDsの一つに、リンパ系フィラリア症がある。開発途上国に遍在する病気なので商業的に市場を成立させることが難しく、治療薬が普及していなかった。その結果、約1億人が罹患、あるいは罹患リスクにさらされていた。当社は、治療薬である「DEC錠」（ジエチルカルバマジン）をインドのバイザック工場で製造し、世界保健機関（WHO）とともに無償提供している。2013年10月に提供を開始し、2020年3月末時点で19・9億錠を供給した。WHOは、世界17カ国でリンパ系フィラリア症の抑圧に成功したと発表している。

「無償提供は株主価値の破壊ではないか」という批判も一部にあったが、当社では寄付ではなく、「プライス・ゼロ」のビジネスとして取り組んでいる。これは市場創造への投資であり、地域の方々の病気が治り、働けるようになれば、中間所得者層が拡大し、結果としてわれわれの薬が購入され新興国ビジネスが拡大するという考え方だ。医薬品アクセスへの貢献によって、開発途上国・新興国でエーザイのブランドエクイティが向上し、長期的な株主価値の向上につながる。

また、DEC錠の製造により、インド・バイザック工場の稼働率が上がった。それに伴い、製造原価低減や、工場従業員のモチベーションの向上と離職率低下、生産性の改善という好循環が生まれ、さらには先進国の工場から一部の薬剤のバイザック工場への生産移転が可能になった。このように、DEC錠の「プライス・ゼロ」ビジネスは社会・関係資本、人的資本、財務資本の面でアウトカムを創出しており、CFOとして、長期視点でのNPV（正味現在価値）はプラスになると試算している。まさに、事業を通じた企業理念の具現化と言える。

Q ESGと企業価値向上の関係を可視化するために取り組んでいる「非財務価値の定量分析」について説明してほしい。

エーザイのESGの88種類のKPIについて、平均12年さかのぼってデータサンプルを収集（1088件のインプット）し、ESGが企業価値として顕在化するまでの遅延浸透効果を考慮し、期差比較のため28年分のPBR（株価純資産倍率）との相関関係について重回帰分析を行った。

その結果は、2020年8月に発行した「統合報告書2020」で公表している。「人件費投入を1割増やすと5年後のPBRが13・8％向上する」「研究開発投資を1割増やすと10年超でPBRが8・2％拡大する」「女性管理職比率を1割改善すると7年後のPBRが2・4％上がる」といった正の相関を持つということを統計学的に有意に得ることができた。これらの分析結果は、エーザイのESGのKPIの1割増強がそれぞれ5～10年の遅延浸透効果で、企業価値を500億円から3000億円創出する相関を示唆している。詳細は拙著『CFOポリシー』（中央経済社）を参照いただきたいが、知る限り、一企業がESGと企業価値の関係を定量的に証明して開示した世界で初めての事例である。

これによって、人的資本や知的資本を充実させることが、中長期的な患者様貢献、持続的な企業価値向上につながることを実証できた。そこで、PL（損益計算書）では通常、「費用」として売上収益から差し引かれる人件費と研究開発費を「投資」として足し戻し、管理会計上の利益「ESG EBIT」を考え、試算してみた。2019年度の会計上の営業利益（ＥＢＩＴ）は１２５５億円だったが、ＥＳＧ ＥＢＩＴは３６７８億円となる。短期志向による過度な裁量的利益調整を排して、本源的利益であるこのＥＳＧ ＥＢＩＴを高めることが、中長期的な企業価値創出につながると私は考える。

Q ＥＳＧや非財務資本の価値を可視化し、長期的な企業価値と結びつけて説明する試みに取り組もうとした場合、どんなハードルがあるか？

私の考案した「ＩＩＲＣ-ＰＢＲモデル（企業価値を構成する六つの資本の価値関連性）」のような概念モデルを組み立て、それに基づいてリサーチ設計することが前提となるが、大多数の日本企業は、当社と同じモデルを使うのは難しいので、まずは自社に適合した概念モデルをつくる必要がある。

また、大量のデータ解析は、自社単独でやるのはハードルが高いので、拙著『ＣＦＯポリシー』などの先行研究の回帰係数を使ったり、外部の専門家の協力を得たりするのがいいだろう。内部統制ルールを定め、管理会計データとして非財務情報を日常業務のなかで長期的に収集し、データの品質や分析の確からしさを外部専門家の目で担保してもらう仕組みなども必要だろう。

ただ、最も大きなチャレンジは、非財務価値を可視化・定量化することではなく、企業理念の根幹を固め、それを組織に浸透させることだ。エーザイは1992年にhhcを企業理念に制定してから30年近くかけて、CEOのコミットメントでhhc理念を浸透させてきた。

hhc理念の独自性は、「患者様とそのご家族の喜怒哀楽を第一義に考え」という点にある。当社では、患者様やご家族の喜怒哀楽に寄り添うために、社員一人ひとりが就業時間の1%を患者様とともに過ごす「hhc活動」を実践している。毎年約1万人が、年間で2日ほどを患者様とともに過ごしている。

この活動を通じて、製品の改良や新製品開発につながった例もある。たとえば、認知症治療剤の「アリセプト」は小さな錠剤だが、嚥下機能が低下した患者様が錠剤を飲み込むのに苦労している様子を、hhc活動で認知症患者様と一緒に過ごした社員が見た。すぐに研究者にフィードバックした結果、アルツハイマー型認知症治療剤としては世界で初めての内服ゼリー剤の開発につながった。

このように、理念が浸透し、それが新たな価値を生むまでには長い時間と努力が必要だ。うわべだけESGに取り組んだとしても、真の企業価値創造は成し遂げられないだろう。

メーカーのSX推進を後押しする存在になりたい

山田 進太郎氏［メルカリ 代表取締役CEO］

Q メルカリは、「限りある資源を循環させ、より豊かな社会をつくりたい」という問題意識から生まれたと聞いている。その真意や背景をあらためてうかがいたい。

僕は旅行が好きなので、前の会社（ウノウ）の売却後、2012年に世界一周の旅に出た。新興国を中心にいろいろな国を回り、豊かになりつつあるけれど、まだまだ貧しい新興国の現実を自分の目で見ることができた。そういう人たちが豊かな生活を送れるようになるにはどうしたらいいのか。そういう問題意識を持って日本に帰ってきた。

日本では、携帯電話がガラケーからスマートフォン（スマホ）に切り替わって一気に普及し始めていて、日本だけでなく新興国の人たちも含めて、1人1台のスマホを持つ世の中が来ると確信した。そんな時代が来たとき、誰かのいらなくなったものが、スマホで簡単に売買できて、それを必要とするほかの誰かの手に渡り、また新たな価値が生まれる。

そんなサービスがあったら便利なだけでなく資源の有効活用になり、新興国の人たちの生活を豊かにすることにも役立つ。そう考えて日本で「メルカリ」のサービスを立ち上げ、次は米国、ヨーロッパ、アジアやアフリカなどにも広げていこうと考えた。

僕自身が一番バリューを発揮できるのはインターネットサービスづくりであり、それで世の中に役に立つものをつくりたいという思いは、最初の起業時からある。だから、「新たな価値を生み出す世界的なマーケットプレイスを創る」をミッションとして掲げている。

Q 環境・社会にいいことをしたい、という「社会起業家」が数多く生まれているが、メルカリのようにスケールできている企業はごく一部だと思う。その秘訣は何か？　また、今後の拡大に向けた重要要素は何か？

「メルカリを使うと、環境・社会にいい」と訴えても、それに同意して使い始めてくれる人はすごく少ないと思う。そのため、「家のなかが片づいて、不要品がお金に換わる」「とても簡単に出品できる」「いろいろなものが安く買える」といった具体的なメリットを打ち出して消費者に訴求した。

そのメリットが広く理解され、マーケットとしての規模が一気に広がった。しかし、いろいろな人が利用するようになり、2017年には現金の出品という問題が起き、報道でも厳しく批判された。そのときに、規模が大きくなると、より多くの人が、安心、安全、公平にサービスを利用できる「社会の公器」になる必要があると痛感した。現在（2020年12月時点）のユーザー数は月間約1800万人で、この先3000万人、4000万人に増やしていこうと思ったとき、もっと公共性を高めていく必要がある。

たとえば、マスクを高値で売る人がいた場合、メルカリの仕組み上は他の商品と同様に取引できるが、それとは切り離して社会の公器としてどうあるべきか、その原理原則を定めていかないと、長期的には成長できないと考えている。そこで、2020年に「マーケットプレイスのあり方に関する有識者会議」を発足させた。この有識者会議での議論を通じて、メルカリが目指す社会とマーケットプレイスの果たすべき役割、規制すべき取引などの判断基準を「マーケットプレイスの基本原則」として2021年1月に発表した。「多様な価値観を持った人たちが、自由に取引できるマーケットプレイスを創ること」を重要な理念として定めたうえで、安全であること、信頼できること、人道的であること、を基本原則とした。

Q 従来の世代とは異なる「新しい世代」の消費行動の特徴は？　また、今後の市場変化

の方向性を教えてほしい。

モノを使っていると、これを捨てるのはもったいないと思う瞬間がある。メルカリを使い始める入り口は「お金が手に入る」かもしれないが、「これって、地球にも環境にもいいことだよね」と思う人が増えている。メルカリのプラットフォーム上でのお客様のビヘイビア（行動、ふるまい）や、アンケート結果を見てもそれが裏づけられている。

また、メルカリで売るという「出口」があるので、モノを買うときに、メルカリでも買い手がいない低い品質のモノよりも、使用後にメルカリで売れる丈夫で高品質なモノを選ぶほうがいい、と思う人が増えている。つまり、リセールバリューを考えてモノを買うという消費行動につながっている。

モノの差別化は、機能面やデザイン面だけでは難しくなっている。「これは、こういう人が、こういう意図でつくっている。だから、価値がある」という背後にあるストーリーや考え方が重要であり、モノの価値は物質的なものから、背後にあるコンテクストにシフトしている。だから、メーカーは製品のストーリーを大事にしないといけない。モノとしては確かにいいけれど、製造時に廃棄物を大量に出していたり、労働者を不当に安く使っていたりしていると、ブランド価値はどんどん下がる。

ＳＮＳが浸透したことで、今はストーリーやコンテクストがものすごく伝わりやすくなっている。そして、特に時代の先端を行くアーリーアダプターと呼ばれる人たちほど、製品がフェアにつくられているか、環境に配慮されているかどうかを気にする。だから、サステナブルな製品は、最初のうちは割高で市場も小さいが、インフルエンサーが採用することによってフォロワーが次々に出てきて市場が大きくなり、その結果、値段は下がり、クオリティは上がっていく。こういうサイクルになっていくことは、容易に想像できる。

メルカリグループは、地球資源が大切に使われる循環型経済（サーキュラーエコノミー）の実現を目指しており、これまでのような大量生産・大量消費から、循環を前提とした生産・消費へとシフトしていく必要があると考えている。一方で、メルカリも含むＥＣ市場の拡大により、商品を梱包する資材の消費の増加や、配送工程におけるＣＯ２排出量の増加など、様々な課題も生まれてきている。そうした課題の解決や仮説を検証するために、メルカリならではのアセットを生かしながら、いろいろな実験に取り組んでいる。たとえば、製品を再利用したとき、ＣＯ２排出量や資源の使用などの環境負荷が新品を購入した場合と比べてどのくらい軽減されるのか。これを数字などで「見える化」して提示したら、消費者の行動や中古品利用への意識がどう変わるか、といったことを大学と共同研究している。

Q 消費者が「二次流通で売れるもの」を考慮して製品を買うようになると、結果的に新しいものが従来より売れなくなる可能性がある。その状況を踏まえて、今後、製造業はどう変わっていくべきか。また、メルカリはどういう役割を果たすのか？

メーカーは循環型経済を前提に、ものづくりを考える必要が出てくるのではないか。できるだけ長く使える品質のいい製品を必要な分だけつくる。そして、何らかの理由で使われなくなった製品は、メルカリなどの二次流通のマーケットを介して別の人の手に渡り、再利用される。サステナビリティを考えたら、それが正義だと思う。また、良質で丈夫な製品なら、値段を高くしても消費者に受け入れられるだろう。

メルカリのような二次流通市場が普及するにつれ、一次流通のほうも丈夫な製品を長く使う方向に変わっていくはずだ。そうした動きを前向きにとらえて対応しようとしているメーカーや小売りの方々も少なくない。そこで、メルカリが持っている二次流通のデータをそうした方々に提供し、活用していただこうと考えている。

たとえば、メーカーから製品のカタログデータをもらい、「去年発売した商品のうち、二次流通市場で値崩れしていないのはAとB」「二次流通でよく売れているのはこの色」「Aを買った人の多くはBも一緒に買っている」といった情報のフィードバックをする。

二次流通のデータは、一次流通における生産から販売の最適化、需要予測・生産計画の最適化、循環を前提とした製品設計・デザインなどに役立つのではないか。こうした情報提供を含めメーカーや小売りの方々との交流や連携を強化していくことで、環境や社会のために、メーカー、一次流通、二次流通を含めて変わらないといけない部分が見えてくると思う。

メルカリが「社会にあってしかるべき公器」と認識してもらえるようになるためには、メーカーや一次流通と対立関係になるべきではないと思っている。今後、様々な企業と連携して、メーカーが「大量生産・大量消費型」のビジネスモデルから、「できるだけ長く使える品質のいい製品を、必要な分だけつくる」というサステナブルなビジネスモデルに転換し、発展していくことを後押しできる存在にメルカリをしていきたい。

「コスト増」を「できない理由」にせず、イノベーションを起こす

ヘレン・フォン・ライス氏［イケア・ジャパン 代表取締役社長兼CSO］

Q サステナビリティ経営は、イケアにどのような価値を生み出すと考えているか？

その答えは非常にシンプルで、地球環境を本当にクリーンにしたいのか、そしてそれを維持したいのかということだ。イケアは、地球規模で製造・小売り・輸送などの事業活動を行っており、気候変動や地球温暖化といった問題に対して一定の責任がある。その責任を真剣に捉えている企業であれば、「私たち自身が問題の一部であり、また解決策の一部でもある」と考えるのが当然だ。

解決の一翼を担う強い意思があるから、環境問題に対してグローバルにコミットしている。こうした責任を果たさなければ、イケアはいずれ世界のどこでもビジネスができなくなるだろう。

もちろんイケアもほかの企業と同じく、利益のことも考えている。しかし、同時に地球の利益も考えなくてはならない。だからこそ、イケアは2030年までにクライメット・ポジティブ（温室効果ガスの排出量より削減量を多くする）を実現するという野心的な目標を掲げた。

それに対して、「目標はわかった。しかし、どうやってそれを実現するのか」と疑問を持つ人もいるだろう。今のままで目標を実現できるとは思っていない。だからイケアは、未来のために、サステナブルな商品開発や新しい物流のあり方など、問題解決のために投資をする。

私たちが未来に向けて積極的に投資をする姿を見たお客様は、イケアで家具を買うことに価値を見いだし、（買い物を通じて）イケアの活動の一部となり、イケアというブランドとつながることに誇りを感じてくれると思う。それを実現できれば、環境問題を軽減できるだけでなく、企業としても成長できる。つまり、未来への投資は、環境負荷低減への投資であると同時に、イケアの成長戦略でもあるのだ。

Q イケアではバリューチェーン全体で、サステナビリティに関して具体的にどんなことに取り組んでいるのか？

イケアのサステナビリティへの取り組みについては、バリューチェーンの重要な部分を自社で構築し、他社に依存していないことが強みとなっている。私たちは自社で製品をデザインし、生産し、輸送し、「イケア」というブランドで販売している。そのため、工場で働く人も、店舗で働く人たちも、イケアの行動規範を順守して仕事に取り組んでくれている。

これは野心的な目標に向けて行動するときや、バリューチェーン全体でサーキュラー（循環型）ビジネスをコントロールしていく際に、本当に大きな強みと言える。そのため、サプライヤー企業の情報に依存することなく、自社のアプローチを自信をもって語ることができ、「私たちを信用してください」と自信をもって言うことができる。

イケアのサーキュラービジネスを考えるとき、「責任ある消費」について語るのはもちろん非常に重要だ。コロナ禍で世界中の誰にとっても、家庭がかつてないほど大切なものとなっており、家庭をより機能的で、快適で、美しいものにするために私たちは大きな役割を果たしている。

たとえば、2020年のブラックフライデー（米国などで年末商戦がスタートする感謝祭翌日の金曜日）の時期に、イケアは日本を含む世界27カ国の店舗において、不要になった家具を買い取るキャンペーン「バイ・バック・フライデー」を実施し、日本では11月26日から

12月6日に「サステナブルウィーク」を開催した。このキャンペーンを通じて、たとえばある家庭でいらなくなった家具が、新しい家具を買う余裕がない他の家庭で役に立つという新しいループが形成された。家具を売った人は、廃棄する代わりに人の役に立ついいことをしたと感じることができ、下取り代金として受け取ったリターンカードで必要なものを買うことができる。

また、イケア・ジャパンの食品事業では、2020年10月から、店内レストランで植物由来の原料のみを使ったミートボール「プラントボール」を発売した。ミートボールは、世界で毎年10億個以上が売れているイケアの看板商品だが、プラントボールの発売から1カ月で全体の3分の1を占めるようになった。

プラントボールのクライメートフットプリント（原材料の生産・加工、製品の製造・輸送、店舗での販売、購入者の自宅での使用・消費までの温室効果ガス排出量）は、従来のミートボールのわずか4％で、環境負荷軽減に非常に大きな効果がある。環境にいいだけでなく、プラントボールはとてもおいしいので、お客様にグリーンな選択肢を提供することにつながっている。

こうしたサステナブルな商品をお客様に受け入れてもらうには、価格も重要だ。イケアでは「サステナブルな商品であっても、その分価格を高くしてはならない」と常に言っている。なぜなら、高価格だとお財布に余裕のない消費者に受け入れてもらえず、結局、多くの消費者が採用しなければ目標を達成できないからだ。

イケアで販売している電球はLED電球だけだが、価格は一番安いもので1個99円と一般の電球に比べても高くない。LED電球を使えばエネルギー消費は劇的に減少し、しかも非常に長持ちする。私たちにはこうした製品を開発する責任がある。

Q コストが増加することを理由に、サーキュラービジネスへの参入を躊躇する企業も多いが、サステナビリティの取り組みにおけるコスト増問題をどのように考えているか？

イケアではグローバルで、2025年までに配送をすべて電気自動車（EV）に切り替えることを目標にしている。すでにイケア中国では、配送の90％がEVトラックに切り替わっている。

日本ではどうかと言うと、困難な目標と言わざるを得ない。なぜなら、日本では小型のEVトラックの購入が難しいからだ。だからといって、「コストがかかりすぎるから、地球を救うことはできない」と言うべきでは断じてない。私たちは、そうした壁をどうやったら乗り越えられるのかを懸命に考え、イノベーションを起こす必要がある。

イケアには十分な企業規模と経営の長期的志向、そして投資できる豊富な資金がある。ただ、1社単独でやれることには限界がある。地球を持続可能にするためには、困難な課題をいくつも乗り越えなければならない。それらを解決する力を得るには、もっと多くの会社と一緒になって取り組む必要があるだろう。

Q イケアでは、どのようにサステナビリティ経営を管理しているのか。また、ヘレン・フォン・ライス社長をはじめ、各地域の社長がチーフ・サステナビリティ・オフィサー（CSO）を兼ねているが、その狙いと役割は何か？

イケアでは、地球規模でのカーボンフットプリントやエネルギー消費から、店舗やレストランで販売する商品に至るまでを、サステナビリティKPIで管理している。このKPIは、私たちに健全なプレッシャーを与えている。サステナビリティKPIがあることにより、これが新しいゲームであることを全スタッフが理解し、KPIをどう達成していくかを考え、実行しなければならないと思うようになる。

CSOとしての私の役割は、対外的にはスポークスパーソン、ストーリーテラーであり、社内的には教育・啓蒙を行うことだ。私には日本で働く3000人以上の同僚をサステナビリティ大使に育成していく責任がある。そのために、たとえばオンラインでアクセスできる社内学習プログラムを開発した。すでに日本の従業員の90％は、このプログラムを受講した。

また、日常生活のなかでサステナビリティにつながる習慣を身に着けてもらうためのスマートフォンアプリ、IKEA Better Livingアプリがあり、従業員にも積極的な使用を呼びかけている。

サステナブルなランチを食べてそれを写真に撮ってアップロードしたり、自動販売機でペットボトル飲料を買う代わりに水筒を持ち歩いたり、公園に散歩に行ったりすると、ポイントが得られる仕組みで、貯まったポイントを見れば、自分の小さな行動が地球環境に対してどんな変化をもたらすかが理解できるようになっている。ゲーム感覚でサステナビリティについて理解できるアプリだ。

Q 北欧企業のイケアから見て、日本の市場や事業環境の特殊性をどう見ているか？

日本の特殊性ということを特に意識しているわけではないが、私が日本に住んで感じているのは、変化が起こるのに長い時間がかかる場合がある、ということだ。日本企業には伝統があるので保守的な面があり、変化に時間がかかる。気候変動問題への取り組みも、首相がカーボンニュートラルの目標を表明したから自分たちも動き出す、という傾向があるように思う。

しかし、地球環境が危機に瀕していることは間違いなく、また、サステナビリティは企業競争の領域でもある。首相が方針を示したから自分たちもやるというのでは、世界で起きているサステナビリティへの動きにスピーディに対応できないかもしれない。日本は大きな国内市場を持ち、島国であり、独自の歴史や文化がある。それらが変化を少し難しくしているのかもしれない。

一方、サステナブル消費への変化は、日本ではまだ始まったばかりだと思う。しかし、若い世代は変化への適応がはるかに早い。私は日本に4年半いるが、その間、若い人を中心にビーガンやベジタリアンへの関心はずっと高まっており、小規模な食料品店でもビーガンやベジタリアン向けの商品が増えている。まだ広がりは十分ではないが、変化は起きている。日本の消費者には、「社会を変える力が自分たちにはある」ということに気づいてほしい。

事業活動の包括的なインパクト評価がもたらす、持続可能な価値創造

カローラ・リヒター氏［ＢＡＳＦアジア太平洋地域プレジデント］
石田博基氏［ＢＡＳＦジャパン代表取締役社長］

Ｑ ＢＡＳＦは、サプライチェーンを含む事業活動の環境・社会・経済へのインパクトを価値評価し、経営判断に活用している。その背景、具体的方法は？

ＢＡＳＦにとって、事業の成功とは、経済的な成功に加えて、環境、社会のために価値を創造することを意味する。この経済、環境、社会というサステナビリティの三つの側面への取り組みは、私たちの活動の中核であり、成長の推進力であり、リスク管理の要素でもある。

ＢＡＳＦでは、バリューチェーンに沿った事業活動全体を通じて、環境、社会、経済に及ぼしている本当のインパクトを測定するために、「バリュー・トゥ・ソサエティ（Value to Society)」というフレームワークを開発した。財務・非財務の両面から全事業を測定し、ユーロに金額換算、定量化するもので、この共通指標を活用することにより、ビジネスの包括的なインパクトを評価し、そこから得られた洞察を将来の事業運営、計画、意思決定に適用することができる。

「バリュー・トゥ・ソサエティ」では、自社の事業だけでなく、サプライチェーン全体や顧客が属している産業におけるインパクトも評価する。環境、社会、経済に及ぼしている本当のインパクトを測定するには、調達や販売活動を通じてサプライチェーンと顧客産業が与えているインパクトも把握する必要があるからだ。インパクト評価では、経済、環境、社会の12のカテゴリーを考慮している。経済要素（ファクター）は純利益、減価償却などの測定可能な変数、環境要素は大気と水質の汚染、CO2排出、廃棄物、土地と水の利用、社会要素は、人的資本、賃金、健康と安全、税などがあり、それらへのインパクトを測定する。

たとえば、従業員教育・育成への投資は、伝統的な会計基準では経費として計上され、企業の利益を減少させるものとして扱われるが、マクロな視点で見れば、企業は人的資本に投資し、社員の能力を高め、それによって事業を強化していると言える。私たちの「バリュー・トゥ・ソサエティ」アプローチは、これらの相互依存関係とそこから生み出される価値に光を当てることができる。また、環境技術に投資した資本の割合が当社の報告書で明らかになれば、他の企業にもサステナビリティ投資を促すことができるかもしれない。

ＢＡＳＦでは、事業戦略、投資戦略、研究開発の注力分野などに関するすべての経営レベルの意思決定プロセスにおいて、「バリュー・トゥ・ソサエティ」のアプローチを活用している。

Q　2019年に、ドイツ銀行やノバルティス、フィリップ・モリス・インターナショナルなど7社と「バリュー・バランシング・アライアンス（VBA）」を設立したが、その目的と活動内容は？　また、非財務価値の定量化基準は、今後どのように進化すると考えるか？

これまで私たちの経済システムは途方もない富を生み出してきたが、今日、このシステムは転換点を迎えている。企業は、いまだに１９７０年代以前に成文化された会計原則と概念に基づいて、会社を管理している。一方で、財務成果の最大化に焦点を合わせる替わりに、ステークホルダーは、事業を通じた持続可能で包括的な価値の創造を求めている。

今後、企業が社会から操業ライセンス（ライセンス・トゥ・オペレート）を得るためには、ビジネスがそれらの価値を創造していることを実証しなくてはならない。そのためには、長期的で統合的な考えを取り入れ、業績や企業価値の測定、評価の方法など、ビジネスの管理手法を変革する必要がある。

ＶＢＡでの活動を通して、意思決定者が長期的な価値を創造し、保護できるようにするための標準化されたモデルを、今後3年間で開発する予定だ。社会、環境、経済に及ぼしているインパクトを測定・評価し、他の企業のパフォーマンスと比較できる会計・報告基準となることを目指している。透明性が高く、標準化された指標があれば、他社との比較が容易になるとともに、改善の可能性の理解など、意思決定にも役立つだろう。

ＳＤＧｓの原則に従って事業に取り組む企業に投資したいと考えている投資家は、ますます増えている。これは、投資の意思決定が環境・社会的側面と経済的パフォーマンスの両面に基づいて行われることを意味している。つまり、投資を受ける側の企業には、財務だけでなく非財務的価値の定量化が求められる。

Q サステナビリティをめぐるクライアント市場の変化をどう見ているか？

資源効率の向上、廃棄物の発生量の削減、ＣＯ2排出量の削減を伴う循環型経済（サーキュラーエコノミー）は、アジア、特に日本では大きなトレンドになりつつある。日本は、1人当たりのプラスチック廃棄物量が世界で2番目に多いが、中国や東南アジア諸国が廃プラスチックの輸入規制を厳格化したため、国内でどう処理するかが大きな課題だ。

当社は、循環型経済への移行のための様々なソリューションを提供している。たとえば、リサイクル材料を使用したPET樹脂、生分解性樹脂やバイオベースの材料などがある。

このプラスチック廃棄物削減という課題へのさらなるソリューションに、リサイクルが難しいプラスチック廃棄物を原料として使用し、製品の品質を損なうことなく、化学品の製造を可能にする「ケムサイクリング（ChemCycling®）」プロジェクトがある。これにより、化学品の生産に使われる化石資源を、プラスチック廃棄物由来のリサイクル原料に置き換えることができる。私たちはパートナーと協力して、プラスチック廃棄物を、熱分解油と呼ばれる二次原料に変える熱分解技術を開発している。

ケムサイクリングは、第三者認証を受けたマスバランス・アプローチを採用している。この方法では、BASFが特定の製品に必要な量の化石資源をリサイクル原料に置き換えたことを、第三者認証機関が認証する。この認証されたリサイクル材料は、従来の製造方法で製造された製品と同等の品質・性能を有しており、お客様は、従来の製造方法を変えることなく使用することができる。これらの認証リサイクル原料は、お客様の製品の差別化に寄与し、持続可能性へのコミットメントやリサイクル目標の達成を支援することができる。

現在、日本でもバリューチェーンのパートナーと協業し、ケムサイクリングのアプローチの実行と実装を検討している。こうした活動とともに、製品のカーボンフットプリントの透明性や全体的なカーボンマネジメント、Alliance to End Plastic Waste（ＡＥＰＷ）への参画、持続可能な調達慣行、ＣＯ２排出量の削減や、循環型経済へ寄与する持続可能な製品ポートフォリオの絶え間ない提供など、多様なサステナビリティへの取り組みにより、日本における循環型経済の推進に貢献できると考えている。

Q 日本のサステナビリティ経営や今後の市場拡大をどのように見ているか。

今後、日本でも、サステナビリティへのニーズや取り組みが大きく拡大すると予測している。

２０１９年に発表された、欧州委員会による２０５０年までにＥＵ域内の温室効果ガス排出をゼロにする「欧州グリーンディール」などの欧州における強力なイニシアチブは、日本にも大きな影響をもたらしている。欧州に続いて日本政府も、２０５０年までに温暖化ガス排出量実質ゼロの目標を発表し、取り組みを推進していく。これに伴う法律や規制の制定は、BASFのお客様のビジネス環境に大きく影響を与える。BASFは、このような環境の変化においても、ビジネスを成功させるための革新的なパートナーとしての地位を確立してきた。

日本の産業界も、ESG経営へ舵を切っており、技術や製品を抜本的に見直そうとしている。日本のお客様のなかでも、欧州で事業展開している場合は、まず欧州で環境対応を進めていき、そこで蓄えた知見を活かし、さらに技術や製品を改良し、日本やアジア各国で展開していく動きが見受けられる。

Q 日本企業が「本物のサステナビリティ」を目指すにはどうすればいいか、アドバイスを。

日本企業にとって、2021年はサステナビリティにおける節目の年になると思う。真のサステナビリティ経営を進めるには、官民学一体となった社会全体でのアプローチ、「バリュー・トゥ・ソサエティ」やサーキュラーエコノミーなど、一企業の枠組みを超えたアライアンスの構築が必要不可欠だ。鍵はコラボレーションだと考える。日本を含めどの国においても、どんな企業も、1社単独で大きな変化を起こすことはできないだろう。

また、２０５０年のカーボンニュートラル実現に向け、法整備や消費者の意識改革も重要だ。日本企業の世界に誇る技術力を結集し、この流れをチャンスと捉え、スピード感を持った経営が欠かせない。ＢＡＳＦとしても、これらの目標の達成に向けて、少しでも役に立ちたい。

付録

プレ財務情報の「見える化」を実現する方法

サステナビリティ経営ではＫＰＩの設定が不可欠だが、サステナビリティ関連のプレ財務（非財務）情報は定性的な情報が多く、定量的に見える化するのは簡単ではない。世界では、プレ財務情報の見える化に対して、様々なアプローチがある。ここでは、本書の第8章で紹介した、①外部環境へのインパクトを可視化する方法、②それがめぐりめぐって自社の財務に及ぼす影響を可視化する方法、の二つについて、さらに掘り下げて解説する。

社会・環境インパクトの可視化

第4章と第7章で紹介したファッション・宝飾品関連のコングロマリットであるケリングは、事業が環境に与える負荷を推計して貨幣に換算する環境損益計算（ＥＰ＆Ｌ）を開発し、バリューチェーン全体で環境インパクト（環境に対する外部不経済）を測定して最もインパクトの大きい領域（原材料の生産）を特定した。そこで、バリューチェーン全体でのインパクトを減らすために数値目標を設定し、全体管理を行っている。原材料の生産での環境負荷を減らすために、バッグなどに使う牛皮に代わる新素材（マッシュルームレザー）の使用を検討していることはすでに述べた。同社は新素材の開発や新素材を利用した商品の売り上げを指標にして、進捗をチェックしている。

第8章で紹介したBASFも同様に、自社全体のポートフォリオ、各投資案件、各商品などの社会・環境インパクトを可視化し、マイナスのインパクトの最小化、プラスのインパクトの最大化を目指している。

外部環境のインパクトの可視化は、企業活動が与えている社会・環境へのインパクトを金銭価値（つまり「○円」という形）で表すアプローチだ。10年以上前から欧州を中心に広がっていて、日本でもサステナビリティ経営の浸透とともに、PwCにも問い合わせが増えてきている。

外部環境へのインパクトの可視化には次のようなメリットがある。たとえば、「1億円の投資により、CO2排出量を1万トンを減らした」と言う代わりに、「1億円の投資により、10億円分の社会・環境価値を生み出した」と表現できる。こうすれば、サステナビリティに関する投資の価値を測りやすくなる。実際、投資判断などの際に、従来の「ROI（投資利益率）」に加えて、「SROI（社会的投資利益率＝投資単位額当たりの創出される社会・環境価値）」という指標を用いる企業もある。

もう一つのメリットは、「CO2排出量○トン」「水利用量○トン」のように、対象となる物質が異なるため比較できない指標が、金銭換算することで比較可能になることだ。たとえば、ある企業が製品製造のために、市場からは遠いA地域にある既存の工場を活用するか、市場に近いB地域で森林を切り開いて新工場を建てるかの判断を迫られたとする。A地域にある既存工場を活用する場合には、市場から遠いため輸送によるCO2排出量が多くなる。B地域に工場を建てる場合には、森林を伐採する必要があるので社会・環境価値が減る。両者を比較する際、金銭換算されていれば、どちらのほうが、社会・環境に与える負のインパクトが大きいかが一目瞭然となる。

このように、外部環境のインパクト可視化は、企業が社会・環境価値の観点から意思決定をする際、財務指標と同等以上の客観的な判断材料になりうる。

社会・環境インパクトの測定方法

では、実際にどのようにして社会・環境インパクトを測定するのか。その基本的なコンセプトを紹介する。

まず、「インパクトパス」を描くことから始める。

インパクトパスとは、インパクトを与えるおおもとの企業活動から、社会・環境に最終的に与えるインパクトまでの影響が波及する「経路（パス）」を記述するものだ。

たとえば、ある企業が製造を通じて大気中に汚染物質を排出しているとする。大気汚染が進むと、工場の周辺住民の呼吸器の病気が増加し、その結果、医療費が増加する。また、大気汚染で視界不良となり、船舶や航空機の安全な運行のため従来必要のなかったコストがかかるかもしれない。このように、企業活動が社会・環境価値にどんな影響を及ぼしているのかを多角的に把握する。

このインパクトパスを参照しながら、次に、インパクト価値を算出する計算ロジックを設計する。計算ロジックは、基本的に、入力データである企業のプレ財務指標に、係数である当該指標の単位当たりの金銭価値をかけることで求められる。たとえば、CO2排出によるインパクトは、実際のCO2排出量（トン）に、CO2排出量1トンによって社会が負担するコスト（円）をかけることで求められる。このとき、「CO2排出量1トンによって社会が負担するコスト」のような係数を新たに定義する必要があるのだが、こうしたコストは簡単に計算できるものではない。世界中で研究されているが、いずれもコンセンサスは得られていない。

だからといって足を止めてはいられない。その間に、ケリングやBASFなどのような独自の計算手法を開発している先進企業との差が開くだけである。これらの企業が使っている係数は「一定の不確かさを伴う仮説」に基づいているが、それでも社会・環境価値を可視化することで、事業のサステナブル化を推進できている。係数の定義については、先行研究のいくつかを抽出し（その際、査読付き論文かどうかなど、信ぴょう性について確認する）、たとえばその平均値を採用すれば、不確かななかでもある程度の信ぴょう性は確保できる。

こうして係数を定義すれば、あとはＣＯ２排出量などの入力データを収集するだけだ。製品別やプロジェクト別のＣＯ２排出量を測定していれば、製品やプロジェクトごとの社会・環境価値を算出することができる。逆に、データがなければ、インパクトは測れない。

将来財務へのインパクト可視化

インパクトパスを利用して、自社のサステナビリティがどのように将来財務に影響を及ぼすのか、将来財務インパクトを可視化することもできる。

すでに述べたように、これを実践するための確立された方法はまだないが、ＰｗＣでは次の三つのステップが有効だと考える。

1　インパクトパスの可視化
2　財務インパクトの重要係数の定量化
3　財務インパクトのスコア化

インパクトパスは、社会・環境インパクトから一歩踏み込み、第2章で述べた「長期的な稼ぐ力＝プレ財務ドライバー」、すなわち、①調達力、②オペレーション力、③人材、④知財、⑤社会関係性（一般社会・レピュテーション、顧客・ブランド、ルールメーカー・ルール、投資家・資金）、⑥資金調達力、のいずれかを通じて、財務への影響までを見える化する。定量化の方法に異なる部分があり、スコア化が必要である点が、社会・環境インパクト評価とは異なる。

インパクトパスを描いたら、インパクトパスごとに、コスト・レベニューへの金額インパクトを推計するが、推計に当たっては、①既存の研究結果や、②過去のインシデントなどの実数値、③そうした数値の得られないものは、その他推定値を活用して、合理的な計数を推計する（B）。出来上がったロジックに、自社のプレ財務要素情報の実績値（A）をインプットすることで、自社の分析が可能となる。最後に、財務インパクトをプレ財務要素指標間で比較するためには、（1）各インパクトパスの損益に対する潜在的なインパクト（財務インパクトスコア）はどの程度か、（2）自社でそのインパクトが顕在化するリスク・期待値（プレ財務ドライバーパフォーマンス）はどの程度か、という視点から、スコア化する（C）（図表A-1）。

図表A-1　財務インパクト可視化の基本枠組み

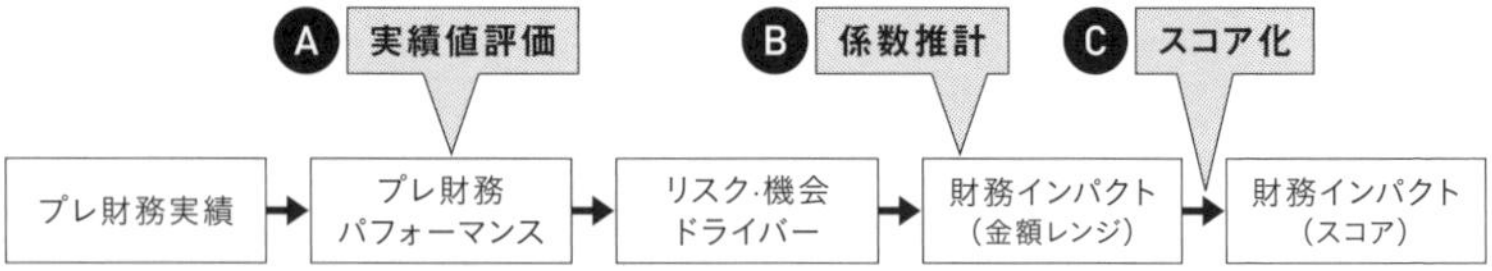

A 実績値評価
プレ財務の実績値に対し、業界平均との比較、生産拠点のリスクの高さ、各種ポリシーの有無を評価

B 係数推計
同様事例の過去データ、研究・調査データ、その他フェルミ推定での試算をインプットに係数を算定

C スコア化
各パスの横並び比較ができるように、財務のインパクトレンジとパス発生の蓋然性を踏まえて評価

出所：PwC作成

図表A−2は、「水リスクの高い生産拠点の水利用状況」のインパクトパスを使って、財務インパクトを可視化する方法を示している。企業の生産拠点の水リスクの高さや、リスク対応の充実度を起点に、左側はネガティブなインパクトパス、右側はポジティブなインパクトパスが描かれ、それぞれに関してコスト・収益への影響を算出する。

具体的なイメージを持つために、一番左のサンプルパスを見てみよう。過剰な水利用量に起因して「会社に対する評判」が低下する。これにより、地域住民による抗議活動や不買運動が引き起こされ、売り上げの減少という財務影響に帰着する。右側のポジティブな事例も見てみよう。地下水取水の削減や節約により、「会社に対する評判」が向上する。こ

図表A-2　財務インパクトの可視化の例

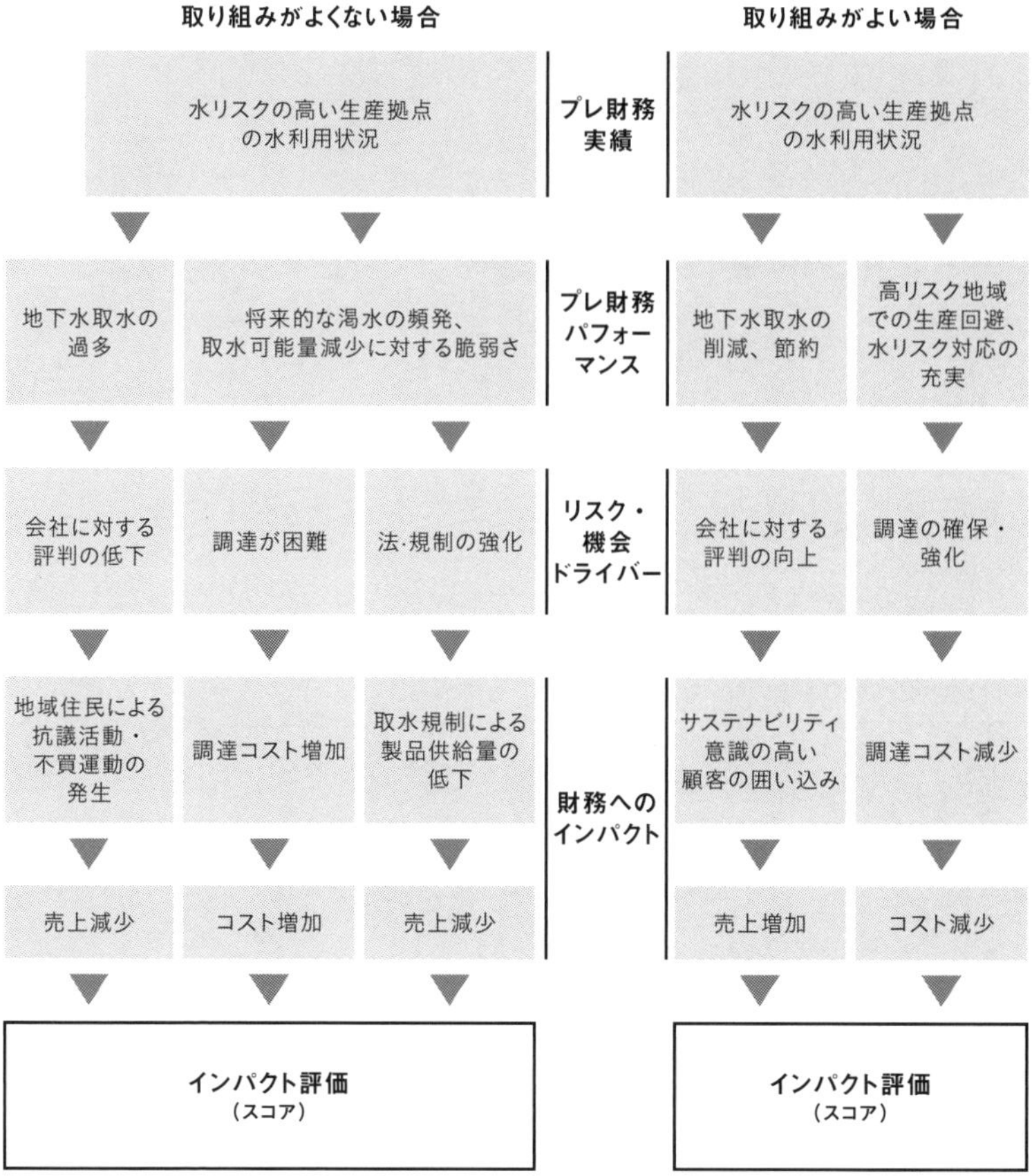

取り組みがよくない場合
取り組みがよい場合
水リスクの高い生産拠点の水利用状況
プレ財務実績
水リスクの高い生産拠点の水利用状況
地下水取水の過多
将来的な渇水の頻発、取水可能量減少に対する脆弱さ
プレ財務パフォーマンス
地下水取水の削減、節約
高リスク地域での生産回避、水リスク対応の充実
会社に対する評判の低下
調達が困難
法·規制の強化
リスク・機会ドライバー
会社に対する評判の向上
調達の確保・強化
地域住民による抗議活動・不買運動の発生
調達コスト増加
取水規制による製品供給量の低下
財務へのインパクト
サステナビリティ意識の高い顧客の囲い込み
調達コスト減少
売上減少
コスト増加
売上減少
売上増加
コスト減少
インパクト評価（スコア）
インパクト評価（スコア）

出所:PwC作成

れにより、サステナビリティ意識の高い顧客の囲い込みができ、新規需要創出を伴う売上の増加に帰着する。

ここで肝となるのは、前述の「将来の稼ぐ力＝プレ財務ドライバー」を経由する点だ。自社のプレ財務要素パフォーマンスの良し悪しが、プレ財務ドライバーを経由して財務へのインパクトをもたらす。これは網羅的に影響を想定し、インパクトを理解するうえで重要な観点だ。

インパクトパスを描けたら、次はプレ財務ドライバーに紐づく財務インパクトを計算するための係数を定量化する。

たとえば、先ほどの例で見た「会社に対する評判の低下」のパスを想定すると、「実際に不買運動やストライキが発生した際の損失額はどの程度なのか」が重要な係数となる。そこで、過去の不買運動やストライキが起こった事例から平均的な影響度を取るなどして、売上規模に対するインパクト係数を設定することとなる。

係数には様々なデータが活用される。「規制」であれば将来的な規制や税率の研究予想値、「社員のロイヤリティ」であれば社員の満足度調査や離職率などのデータ、「レピュテーション」「ブランド」であれば消費者のサステナビリティ意識調査などのデータを活用して、プレ財務ドライバーのインパクトを測る係数を算出する。

言うは易いが、公開情報で取得できるデータは限定的であり、精緻な係数設定には工夫が必要だ。地理的な要因や、業界別の特性の反映も望ましい。ちなみにＰｗＣは独自に消費者調査を定期的に実施して、関連係数を取得している。今後はさらにビッグデータ・ＡＩを使って係数を取得することで、地理的要因や業界特性を踏まえた係数を充実させていく予定だ。

また、社員満足度調査など、実はすでに各社が持っているものの、あまり利用されていないデータをうまく活用することも重要な論点だ。社内のデータ管理の高度化の一環として、サステナビリティの観点・指標を含めることで、プレ財務ドライバーデータを有効活用することもまた期待される。

以上のような重要係数の定量化により、各プレ財務ドライバーに紐づくインパクトを試算することができる。次の最終ステップでは、財務インパクトと自社のプレ財務ドライバーのパフォーマンスを定量化することで、いよいよ項目間の比較が可能となる。

財務インパクトをプレ財務要素指標間で比較するためには、（1）各インパクトパスの損益に対する潜在的なインパクト（財務インパクトスコア）はどの程度か、（2）自社でそのインパクトが顕在化するリスク・期待値（プレ財務ドライバーのパフォーマンス）はどの程度か、という二つのステップに分けて考える必要がある。

（1）は「(i) 金額規模」×「(ii) 不確実性補正」という計算で導き出し、（2）はインパクトが顕在化する「リスク／期待値」を業界水準との比較や、生産拠点の地理的なリスクの高さ、リスク軽減のためのポリシーの有無などをもとに推計する。たとえば、水リスクが高い地域に生産拠点があったとしても、水のリユースなど節水の取り組みが充実していれば、「会社に対する評判」のリスクは軽減できるため、財務インパクトがいくら多くても「プレ財務ドライバーのパフォーマンス」は「小」として評価される。

財務インパクトの可視化により、様々な観点で経営判断に活用ができる。まず、インパクトパスを描いて定量化ロジックを整理することにより、サステナビリティの取り組みの必要性・重要性の社内への浸透や、中計などの計画策定においてプレ財務要素の目標設定に活用できる。また、財務インパクトの結果を用いて、自社の財務に大きな影響を及ぼすプレ財務要素項目を特定し、リソース配分などの経営判断に活用することが期待できる。

ほかにも、外部環境の変化や自社の取り組みを変数にシナリオを組んでシミュレーション分析をする、グループ会社や拠点ごとのインパクトを横並びで比較・分析することでグループ経営の高度化に活かす、といった応用的な活用も見込める。

財務インパクトの可視化は、個別性が高く、既存研究も発展途上の段階なので、現段階では標準化された枠組みがない状態だ。現状では、相関関係を導くように過去データを用いて統計的に係数を導き出せるわけではなく、多くの仮説のもとで因果関係を導き出す必要がある。しかし、一定の仮説を含んでいたとしても、財務インパクトの可視化を進めることが、サステナビリティ経営を一層促進させる力になるのは間違いない。未来志向でサステナビリティに関する影響を把握するには、ここで紹介した分析手法が今後より重要になるだろう。

おわりに

本書の執筆に着手したのは2020年秋だった。それ以降、菅義偉首相の温室効果ガス排出ネットゼロ宣言や、ESG情報開示のルールを定めるSASB（サステナビリティ会計基準審議会）とIIRC（国際統合報告評議会）の統合に向けた発表、日本企業によるネットゼロ目標の発表など、サステナビリティをめぐる状況は次々と進展した。

この「おわりに」を書いている2021年3月10日は、SFDR（サステナビリティ関連の開示規制）適用開始日である。そして、SFDR関連では、2021年6月に、EUタクソノミーの適用方法を明示する法規制の採択、同年12月にはEUタクソノミーの気候変動関連以外の技術適格要件の公表、2022年1月にはRTS（SFDRの細則）の適用開始が控えている。

気候変動関連では、2021年4月に米国バイデン政権が気候変動サミットの開催を予定し、同年11月には国連気候変動枠組条約締約国会議（COP26）が開かれる予定だ。また、新しい大きな波としてビジネスへの影響が予想される生物多様性の領域では、2021年5月にTNFD（自然関連財務情報開示）タスクフォースの発足と、生物多様性条約締約国会議の開催が予定され、同年9月にはこれに関連して国連食糧システムサミットが開催される見通しだ。

こうした環境配慮への新たな動きが新聞の一面をにぎわせる一方で、企業はそのたびに対応に四苦八苦してきた。しかし、サステナビリティをめぐる世界の動きが加速化するなか、本書でも指摘した受け身的で外発的な対応では、激動の世界をうまく生き延びることはできないだろう。なぜ、国際社会がこうした方向へ動いているのか、世界が「社会の一員」として企業に求めていることの本質は何か、その背景にある「長期的構造変化」とは何か。これらを理解したうえで、より積極的に未来を予見し、プロアクティブに企業変革を進める――つまり、サステナビリティ・トランスフォーメーション（ＳＸ）の第一歩をぜひとも踏み出してほしい、という思いで本書を書き上げた。

２０２１年もサステナビリティをめぐって、世界で多くの動きがあるだろう。読者のみなさんが様々なサステナビリティの動きに振り回されることなく、一本筋の通った「私だけのサステナビリティ戦略」を考え、その一歩を踏み出すことに、本書が一助となれば、それに勝る喜びはない。


本書は、多くの方々のご協力とご支援なくして生まれなかっただろう。

第10章「先進企業トップが語るＳＸの真髄」の執筆に当たっては、ご多忙のなかインタビューにご協力いただき、貴重なご経験や読者へのアドバイスを惜しみなく披露してくださった、丸井グループの青井浩氏、三菱ＵＦＪフィナンシャル・グループの亀澤宏規氏、サントリーホールディングスの新浪剛史氏、ＤＳＭ Ｊａｐａｎの丸山和則氏、エーザイ／早稲田大学の柳良平氏、メルカリの山田進太郎氏、イケア・ジャパンのヘレン・フォン・ライス氏、ＢＡＳＦのカローラ・リヒター氏と石田博基氏に、厚くお礼申し上げる。

最後に、タイトなスケジュールのなかで本書の執筆に協力してくれたＰｗＣ Ｊａｐａｎグループの山崎英幸、水上武彦、中村麻紀、中塚さゆり、平野光城、楠本尚生、上田航大、小林絵美、金子将之、池田拓也、永春樹、佐藤直美、須田あゆみに、心よりお礼を申し上げる。

2021年3月

ＰｗＣ Ｊａｐａｎグループ
サステナビリティ・センター・オブ・エクセレンス
坂野俊哉、磯貝友紀

注

■第0章――「本物のサステナビリティ経営」とは何か？

1 「省エネルギー政策の動向について」九州産業局エネルギー対策課、2015年

2 「我が国グリーンテクノロジーの開発と国内外普及における新潮流」公益財団法人アジア成長研究所、2017年

3 「再生可能エネルギー技術白書第2版」独立行政法人新エネルギー産業技術総合開発機構、2014年

4 「2019年における再生可能エネルギー発電コスト」IRENA、2020年

5 「環境」アップル、https://www.apple.com/jp/environment/.（2020年12月7日閲覧）

6 「フォルクスワーゲン グループ、環境ビジョン『goTOzero』を定義」フォルクスワーゲン グループ ジャパン、2019年7月22日
https://www.volkswagen.co.jp/idhub/content/dam/onehub_pkw/importers/jp/pc/volkswagen/news/2019/info190722_1_web.pdf.（2021年1月27日閲覧）

7 "Ambition2039," Daimler, May 13, 2019, https://www.daimler.com/investors/reports-news/financial-news/20190513-ambition-2039.html.（2020年12月8日閲覧）

■第1章――なぜSXが求められているのか？

1 「生きている地球レポート2020」WWFジャパン、2020年

2 「世界の年平均気温偏差（℃）」気象庁、2020年12月22日、https://www.data.jma.go.jp/cpdinfo/temp/list/an_wld.html.（2021年3月3日閲覧）

3 "Climate Change 2013: The Physical Science Basis," IPCC, 2013.

4 IPCC, 2019: IPCC Special Report on the Ocean and Cryosphere in a Changing Climate [H.-O. Pörtner, D.C. Roberts, V. Masson-Delmotte, P. Zhai, M. Tignor, E. Poloczanska, K. Mintenbeck, A. Alegría, M. Nicolai, A. Okem, J. Petzold, B. Rama, N.M. Weyer (eds.)]. In press.

5 「海面水温の長期変化傾向（全球平均）」気象庁、2020年、https://www.data.jma.go.jp/gmd/kaiyou/data/shindan/a_1/glb_warm/glb_warm.html.（2021年3月3日閲覧）

6 Will Steffen, Katherine Richardson, et al., "Planetary boundaries: Guiding human development on a changing planet," Science 347, issue 6223, (February 2015), https://science.sciencemag.org/content/347/6223/1259855/tab-pdf.（2020年12月2日閲覧）

7 Campbell, B. M., D. J. Beare, et al., "Agriculture production as a major driver of the Earth system exceeding planetary boundaries," Ecology and Society 22, no.8, (2017), https://www.ecologyandsociety.org/vol22/iss4/art8/.（2020年12月3日閲覧）

8 "Global Estimates of Modern Slavery," ILO, 2017.

9 "How many slaves work for you," The Slavery Footprint, https://slaveryfootprint.org/.（2020年12月7日閲覧）

10 「平成27年度版情報通信白書」総務省、2015年

11 「脱炭素と経済成長の両立を図る『欧州グリーンディール』」駐日欧州連合（EU）代表部、2020年2月18日、https://eumag.jp/behind/d0220/.（2020年12月7日閲覧）
12 "Taxonomy Technical Report," EU Technical Expert Group on Sustainable Finance, June 2019.
13 "Green finance: Parliament adopts criteria for sustainable investments," European Parliament, June 18, 2020, https://www.europarl.europa.eu/news/en/press-room/20200615IPR81229/green-finance-parliament-adopts-criteria-for-sustainable-investments.（2020年12月7日閲覧）
14 "PRI Signatory growth," PRI, 2020.
15 "Government Pension Fund Global Half year report," Norges Bank Investment Management, 2020.
16 "About the fund," Norges Bank Investment Management, https://www.nbim.no/.（2021年1月20日閲覧）
17 "Equity management," Norges Bank Investment Management, https://www.nbim.no/en/the-fund/how-we-invest/equity-management/.（2021年1月20日閲覧）
18 "Sustainable investments," NORGES BANK INVESTMENT MANAGEMENT, 2019, https://www.nbim.no/en/the-fund/responsible-investment/risk-management/.（2020年12月7日閲覧）
19 "Excludes exploration and production companies from the Government Pension Fund Global," Ministry of Finance, March 8, 2019, https://www.regjeringen.no/en/aktuelt/excludes-exploration-and-production-companies-from-the-government-pension-fund-global/id2631707/.（2020年12月7日閲覧）
20 "Closer dialog with companies," NORGES BANK INVESTMENT MANAGEMENT, February 7, 2019. https://www.nbim.no/en/the-fund/news-list/2019/closer-dialogue-with-companies/.（2020年12月7日閲覧）
21 "CalPERS Reports Preliminary 4.7% Investment Return for Fiscal Year 2019-20," CalPERS, July 15, 2020, https://www.calpers.ca.gov/page/newsroom/calpers-news/2020/calpers-preliminary-investment-return-2019-20.（2020年12月7日閲覧）
22 "Towards Sustainable Investment & Operations Making Progress," CalPERS, 2014.
23 "2017-22 Strategic Plan," CalPERS, 2017.
24 "CalPERS' 2018 Corporate Engagement Strategy Aimed at Improving Financial Returns," CalPERS, March 20, 2018, https://www.calpers.ca.gov/page/newsroom/calpers-news/2018/2018-corporate-engagement-strategy.（2020年12月7日閲覧）
25 「2020年度第2四半期運用状況（速報）」GPIF、2020年
26 「For All Generations 2019年度業務概況書」GPIF、2020年
27 「For All Generations 2019年度ESG活動報告」GPIF、2020年
28 「GPIFの国内株式運用機関が選ぶ『優れた統合報告書』と『改善度の高い統合報告

書』」GPIF、2020年
29 「ESG投資に関する運用機関向けアンケート調査」経済産業省、2019年
30 "GLOBAL INVESTORS DRIVING BUSINESS TRANSITION," Climate Action 100+, https://www.climateaction100.org/.（2020年12月26日閲覧）
31 "Supporting climate action through the EU budget," European Commision, https://ec.europa.eu/clima/policies/budget/mainstreaming_en.（2021年1月7日閲覧）
32 "The Sustainability Imperative," Nielsen, 2015.
33 「エシカル消費（倫理的消費）に関する消費者意識調査報告書の概要について」消費者庁、2020年
34 "Amazon employees are joining the Global Climate Walkout, 9/20," Amazon Employees for Climate Justice, September 9, 2019, https://amazonemployees4climatejustice.medium.com/amazon-employees-are-joining-the-global-climate-walkout-9-20-9bfa4cbb1ce3.（2020年12月8日閲覧）
35 "2020 Edelman Trust Barometer," Edelman, January 19, 2020, https://www.edelman.com/trust/2020-trust-barometer.（2020年12月7日閲覧）
36 "Apple commits to be 100 percent carbon neutral for its supply chain and products by 2030," Apple, July 21, 2020, https://www.apple.com/newsroom/2020/07/apple-commits-to-be-100-percent-carbon-neutral-for-its-supply-chain-and-products-by-2030/.（2020年12月7日閲覧）
37 "GE to pursue exit from new build coal power market,"General Electric, September 21, 2020, https://www.ge.com/news/press-releases/ge-pursue-exit-new-build-coal-power-market.（2020年12月7日閲覧）
38 "Walmart sets goal to become a regenerative company," Walmart, September 21, 2020, https://corporate.walmart.com/media-library/document/walmart-sets-goal-to-become-a-regenerative-company/_proxyDocument?id=00000174-ae08-dcf3-a7fc-afdcca070000.（2020年12月7日閲閲覧）

■第2章——統合思考でビジネスへの影響を考える

1 "INTERNATIONAL<IR> FRAMEWORK,"IIRC, January 2021. https://integratedreporting.org/wp-content/uploads/2021/01/InternationalIntegratedReportingFramework.pdf.（2021年1月27日閲覧）
2 IIRC, 2018. "Purpose Beyond Profit".

■第3章——七つの長期的構造変化

1 "Forcings in GISS Climate Model,"NASA, https://data.giss.nasa.gov/modelforce/ghgases/.（2020年12月7日閲覧）
2 「世界の年平均気温偏差（℃）」気象庁、2020年12月22日、https://www.data.jma.go.jp/cpdinfo/temp/list/an_wld.html.（2020年10月2日閲覧）
3 「海面水温の長期変化傾向（全球平均）」気象庁、2020年、https://www.data.jma.go.jp/

gmd/kaiyou/data/shindan/a_1/glb_warm/glb_warm.html.(2020年10月2日閲覧)
4 "Global Warming of 1.5 ºC Summary for Policymakers," IPCC, 2018.
5 「猛烈な台風『もう特殊ではない』温暖化で変わる進路」朝日新聞デジタル、2019年10月19日、https://www.asahi.com/articles/ASMBL36D2MBLPLZU001.html.(2021年1月7日閲覧)
6 「特集 激甚化する豪雨災害から命と暮らしを守るために」気象庁、https://www.jma.go.jp/jma/kishou/books/hakusho/2020/index1.html.(2021年1月7日閲覧)
7 "Climate simulations project wetter, windier hurricanes Computer simulations find climate change making hurricanes more intense," ScienceDaily, November 14, 2018, https://www.sciencedaily.com/releases/2018/11/181114132019.htm.(2020年12月7日閲覧)
8 "Global Warming: Not a Crisis," The Heartland Institute, September 1, 2015, https://web.archive.org/web/20160317052130/https://www.heartland.org/ideas/global-warming-not-crisis.(2020年12月10日閲覧)
9 「IPCC第5次評価報告書の概要」環境省、2014年
10 「欧州グリーン・ディールの概要と循環型プラスチック戦略にかかわるEUおよび加盟国のルール形成と企業の取り組み動向」JETRO、2020年
11 「欧州議会、2030年温室効果ガス60%削減を本会議で可決」JETRO、2020年10月9日、https://www.jetro.go.jp/biznews/2020/10/b5d9dc526296a80a.html.(2021年1月7日閲覧)
12 "Statement by H.E. Xi Jinping President of the People' s Republic of China At the General Debate of the 75th Session of The United Nations General Assembly," Ministry of Foreign Affairs of People's Republic of China, September 22, 2020, https://www.fmprc.gov.cn/mfa_eng/zxxx_662805/t1817098.shtml.(2021年3月3日閲覧)
13 "Climate Change," Bureau of Energy Efficiency, https://beeindia.gov.in/content/climate-change.(2020年12月8日閲覧)
14 "Who' s in," We Are Still in, https://www.wearestillin.com/signatories.(2020年12月8日閲覧)
15 "Business Ambition for 1.5℃ Join the visionary corporate leaders," UNGC, https://www.unglobalcompact.org/take-action/events/climate-action-summit-2019/business-ambition/business-leaders-taking-action.(2020年12月25日閲覧)
16 "CCUS in Clean Energy Transition," IEA, September, 2020, https://www.iea.org/reports/ccus-in-clean-energy-transitions/a-new-era-for-ccus#growing-ccus-momentum.(2020年12月25日閲覧)
17 "Carbon Capture, Utilization, and Storage Market," Markets and Markets, 2020, https://www.marketsandmarkets.com/Market-Reports/carbon-capture-utilization-storage-market-151234843.html.(2020年12月25日閲覧)
18 "Climate change is making disasters more expensive," Taylor, M., 2018,

https://www.weforum.org/agenda/2018/10/climate-disasters-cause-global-economic-losses-un/.（2020年12月25日閲覧）
19 「インシュアランス・バナナ・スキン 2019」PwC、2019年
20 "Climate Risk in the Housing Market Has Echoes of Subprime Crisis, Study Finds," The New York Times, September. 30, 2019, https://www.nytimes.com/2019/09/27/climate/mortgage-climate-risk.html.（2021年1月20日閲覧）
21 "Underwater Rising Seas, Chronic Floods, and the Implications for US Coastal Real Estate," Unions of Concerned Scientists, June 18, 2018.
22 "Climate Change Still Seen as the Top Global Threat, but Cyberattacks a Rising Concern," Pew Research Center, February 10, 2019, https://www.pewresearch.org/global/2019/02/10/climate-change-still-seen-as-the-top-global-threat-but-cyberattacks-a-rising-concern/.（2020年12月25日閲覧）
23 "Climate Change and Consumer Behavior," Ipsos, January 2019.
24 「グローバル気候マーチのこれまで」グローバル気候マーチ、2020年、https://ja.globalclimatestrike.net/history/.（2020年12月25日閲覧）
25 「世界人口推計2019年版：要旨 10の主要な調査結果（日本語訳）」国際連合広報センター、2019年7月2日、https://www.unic.or.jp/news_press/features_backgrounders/33798/.（2021年1月21日閲覧）
26 「2018年の亜鉛受給動向」独立行政法人石油天然ガス・金属鉱物資源機構、2019年9月5日、http://mric.jogmec.go.jp/reports/mr/20190905/115351/.（2020年12月25日閲覧）
27 "MINERAL COMMODITY SUMMARIES 2020," U.S. Geological Survey, 2020.
28 "Single Use Plastics A roadmap for Sustainability," UNEP, 2018.
29 "What a Waste 2.0 : A Global Snapshot of Solid Waste Management to 2050," WORLD BANK GROUP, 2018.
30 "The New Plastics Economy Rethinking the future of plastics," WEF, 2016.
31 "The Global Assessment Report on Biodiversity and Ecosystem Services Summary for Policy Makers," IPBES, 2019.
32 「マイクロプラスチックによる水環境汚染の生態・健康影響研究の必要性とプラスチックのガバナンス」日本学術会議健康・生活科学委員会・環境学委員会合同環境リスク分科会、2020年
33 "MISSION POSSIBLE: REACHING NET-ZERO CARBON EMISSIONS FROM HARDER-TO-ABATE SECTORS BY MID-CENTURY," Energy Transitions Commission, 2018.
34 "TRENDS IN GLOBAL CO2 EMISSIONS 2015 Report," PBL Netherlands Environmental Assessment Agency, 2015.
35 「平成27年度地球温暖化問題等対策調査（IoT活用による資源循環政策・関連産業の高度化・効率化基礎調査事業）調査報告書」経済産業省、2016年
36 「日本企業は、どのようにサーキュラーエコノミーに対応すべきか」PwC、2020年
37 "Care for people and planet," Fairphone, https://impact.fairphone.com/

impact-data/.(2021年2月1日閲覧)
38 「Loop」Loop、https://loopjapan.jp/.(2021年1月7日閲覧)
39 「日本版 Loop ウェブサイトがオープン、事前登録を開始」Loop、2020年12月29日
40 「測る、減らす、オフセットする」Allbirds、https://allbirds.jp/pages/sustainability.(2021年1月7日閲覧)
41 「私たちは、いつも自然からインスピレーションを得ています。最高品質のメリノウールだって、自然からの贈り物です」Allbirds、https://allbirds.jp/pages/our-materials-wool.(2021年1月7日閲覧)
42 「日本の水資源の現状と課題」国土交通省、2020年11月17日、https://www.mlit.go.jp/mizukokudo/mizsei/mizukokudo_mizsei_tk2_000011.html.(2021年1月7日閲覧)
43 「環境アウトルック2050: 行動を起こさないことの代償 概要版」OECD、2012年
44 "Predicting the future of global water stress," MIT, January 9, 2014, https://news.mit.edu/2014/predicting-the-future-of-global-water-stress#:~:text=The%20researchers%20expect%205%20billion,demand%20exceeds%20surface%2Dwater%20supply.(2021年1月4日閲覧)
45 "Water scarcity," UNDESA, November 24, 2014, https://www.un.org/waterforlifedecade/scarcity.shtml#:~:text=An%20area%20is%20experiencing%20water,cubic%20metres%20%22absolute%20scarcity%22.(2021年1月7日閲覧)
46 "Diageo's water blueprint," Diageo, 2018.
47 "Reference-document," Kering, 2018.
48 "2019 CSR Report," PSA, 2020.
49 「世界水の日報告書2019」WaterAid、2019年
50 "Nature Risk Rising: Why the Crisis Engulfing Nature Matters for Business and the Economy," WEF, 2020.
51 "Beyond `Business as Usual' : Biodiversity targets and finance. Managing biodiversity risks across business sectors," UN Environment Programme, UNEP Finance Initiative and Global Canopy, 2020.
52 「価値ある自然　生態系と生物多様性の経済学：TEEBの紹介」環境省、2012年
53 "The Future Of Nature And Business," WEF, 2020.
54 "Food Industry," The European Business and Biodiversity Campaign, https://www.business-biodiversity.eu/en/food-industry.(2021年1月7日閲覧)
55 "Cosmetics and Pharmaceutical," The European Business and Biodiversity Campaign, https://www.business-biodiversity.eu/en/cosmetics---pharmaceutical.(2021年1月7日閲覧)
56 "Global Forest Products Facts and Figures 2018," FAO, 2019.
57 "We Lost a Football Pitch of Primary Rainforest Every 6 Seconds in 2019," WRI, June 2, 2020, https://www.wri.org/blog/2020/06/global-tree-cover-loss-data-2019.(2020年12月22日閲覧)

58 "Climate Change and Land: An IPCC special report on climate change, desertification, land degradation, sustainable land management, food security, and greenhouse gas fluxes in terrestrial ecosystems," IPCC, 2019.
59 「インドネシアの煙害（ヘイズ）問題、乾季に多発する泥炭火災について」WWF、2018年11月27日、https://www.wwf.or.jp/activities/basicinfo/3801.html.（2020年10月30日閲覧）
60 "Impact," RSPO, https://www.rspo.org/impact.（2020年10月30日閲覧）
61 「拡大する大豆栽培　影響と解決策」WWF、2014年
62 "Impact," RTRS, https://responsiblesoy.org/impacto?lang=en.（2020年10月22日閲覧）
63 「世界森林資源評価（FRA）2020メインレポート 概要」林野庁、2020年
64 "Deforestation Causes," WWF, https://wwf.panda.org/our_work/our_focus/forests_practice/deforestation_causes2/.（2020年10月22日閲覧）
65 「持続可能な開発目標（SDGs）――事実と数字」国際連合広報センター、2018年、https://www.unic.or.jp/news_press/features_backgrounders/31591/.（2020年10月30日閲覧）
66 「FSCについて」、FSC、https://jp.fsc.org/jp-jp/fscnew.（2020年10月30日閲覧）
67 "TNFD," TNFD, https://tnfd.info/.（2020年10月22日閲覧）
68 "Conservation finance: Can banks embrace natural capital?," EUROMONEY, 2019, https://www.euromoney.com/article/b1hh1rccjthqmd/conservation-finance-can-banks-embrace-natural-capital.（2020年10月22日閲覧）
69 "Leading banks and companies join UK, French, Swiss and Peruvian governments in effort to set up a Task Force on Nature-related Financial Disclosures," TNFD, 2020, https://tnfd.info/news/leading-banks-and-companies-join-uk-french-swiss-and-peruvian-governments-in-effort-to-set-up-a-task-force-on-nature-related-financial-disclosures/.（2020年10月22日閲覧）
70 "Global Estimates of Modern Slavery: Forced labour and forced marriage," ILO, September 19, 2017.
71 「ビジネスと人権に関する指導原則：国際連合『保護、尊重及び救済』枠実施のために」国際連合広報センター、2011年3月21日、https://www.unic.or.jp/texts_audiovisual/resolutions_reports/hr_council/ga_regular_session/3404/.（2021年1月8日閲覧）
72 「外国人技能実習生の実習実施者に対する平成29年の監督指導、送検等の状況を公表します」厚生労働省、2018年6月20日、https://www.mhlw.go.jp/stf/houdou/0000212372.html.（2021年1月8日閲覧）
73 「市民的及び政治的権利に関する国際規約第40条1(b)に基づく第6回政府報告（仮訳）」日本弁護士連合会、2012年4月
74 "2020 Trafficking in Persons Report," U.S. DEPARTMENT of STATE, June, 2020.
75 「『ダイバーシティ&インクルージョン』に関する意識調査」日本財団、2019年

76 "Bloomberg' s 2020 Gender-Equality Index Expands to Include 325 Public Companies Globally," Bloomberg, January 21, 2020, https://www.bloomberg.com/company/press/bloombergs-2020-gender-equality-index-expands-to-include-325-public-companies-globally/.(2021年1月8日閲覧)
77 "Nestlé accelerates efforts to increase the number of women in senior executive positions by 2022," Nestle, March 6, 2019, https://www.nestle.com/media/pressreleases/allpressreleases/nestle-accelerates-efforts-to-increase-the-number-of-women-in-senior-executive-positions-by-2022.(2021年1月8日閲覧)
78 "27 CEOs Launch New York Jobs CEO Council," New York Jobs CEO Council, August 11, 2020, https://nyjobsceocouncil.org/press/new-york-jobs-ceo-council-launch/.(2021年1月21日閲覧)
79 "THE IWG GLOBAL WORKSPACE SURVEY," International Worplace Group, March, 2019.
80 「ユニリーバ・ジャパン、新人事制度『WAA』を導入」ユニリーバ・ジャパン、2016年6月20日、https://www.unilever.co.jp/news/press-releases/2016/WAA.html.(2021年1月21日閲覧)
81 「ユニリーバ・ジャパン、『地域 de WAA』を導入」ユニリーバ・ジャパン、2019年7月18日、https://www.unilever.co.jp/news/press-releases/2019/unilever-japan-introduces-regional-de-waa.html.(2021年1月21日閲覧)
82 "Nearly one third of G20 women harassed at work but few speak out," Thomson Reuters Foundation, https://poll2015.trust.org/i/?id=8a70602c-025e-413f-9336-26947bf755d2.(2021年1月21日閲覧)
83 「仕事の世界における暴力とハラスメント 暴力とハラスメント根絶に向けた国際労働基準」ILO, 2020年
84 "A global survey of enterprises," ILO, May, 2019.
85 "The business case for change," ILO, May, 2019.
86 "The CS Gender 3000 in 2019: The changing face of companies," Credit Suisse Research Institute, October 10, 2019.
87 "Do Investors Really Care About Gender Diversity?," Stanford Graduate School of Business, September 17, 2019, https://www.gsb.stanford.edu/insights/do-investors-really-care-about-gender-diversity.(2021年1月21日閲覧)
88 「世界最大級の年金基金GPIFが日本を対象としたMSCIの新しいESG指数を採用、ESG統合を加速」MSCI、2017年7月3日
89 「30% CLUB JAPAN インベスター・グループに年金積立金管理運用独立行政法人(GPIF)が加盟」30%Club、2019年12月11日、https://30percentclub.org/press-releases/view/30-club-japan-gpif.(2021年1月21日閲覧)
90 「リフィニティブ、多様性と受容性に富む企業の世界トップ100を発表」REFINITIV、2019年9月17日、https://www.refinitiv.com/ja/media-center/press-releases/2019/refinitiv-announces-the-2019-d-and-i-index-top-100-most-diverse-and-

inclusive-organizations-globally.(2021年1月21日閲覧)
91 PwC独自調査 (2019年12月実施)
92 "Inclusion: The Deciding Factor," Intel, 2020.
93 「VISION BOOK 2050 CO-CREATION」丸井グループ、2019年
94 「インクルーシブなモノづくり」丸井グループ、https://www.0101maruigroup.co.jp/sustainability/theme01/product.html.(2021年1月21日閲覧)
95 「『丸井グループ レインボーウィーク2018』を開催 ～すべての人が「しあわせ」を感じられるインクルーシブで豊かな社会をめざして～」丸井グループ、2018年4月26日
96 "Poverty," OECD ilibrary, https://www.oecd-ilibrary.org/sites/8483c82f-en/index.html?itemId=/content/component/8483c82f-en#fig6.4.(2021年1月15日閲覧)
97 「2019年 国民生活基礎調査の概況」厚生労働省、2020年
98 "TIME TO CARE," Oxfam, January 2020.
99 "Piecing Together the Poverty Puzzle," World Bank Group, 2018.
100 "Progress on household drinking water, sanitation and hygiene, 2000-2017," UNICEF and World Health Organization, 2019.
101 "2.1 billion people lack safe drinking water at home, more than twice as many lack safe sanitation," World Health Organization, July 12, 2017, https://www.who.int/news/item/12-07-2017-2-1-billion-people-lack-safe-drinking-water-at-home-more-than-twice-as-many-lack-safe-sanitation(2021年1月21日閲覧)
102 「環境アウトルック2050：行動を起こさないことの代償 概要版」OECD、2012年
103 "A future stolen: young and out -of school," UNICEF, September 2018.
104 "Ensure inclusive and equitable quality education and promote lifelong learning opportunities for all," United Nations, https://unstats.un.org/sdgs/report/2019/goal-04/.(2021年1月21日閲覧)
105 "Tracking SDG 7: The Energy Progress Report," IEA, IRENA, UNSD, World Bank, WHO, 2020.
106 "Measuring the Information Society Report Volume 1 2018," International Telecommunication Union, 2018.
107 "The Global Findex Database 2017 Measuring Financial Inclusion and Fintech Revolution," World Bank Group, 2018.
108 "Bboxx exists to solve energy poverty," Bbox, https://www.bboxx.com/.(2021年1月21日閲覧)
109 「印大富豪、無料4G接続を10億人に提供 高速ネット普及へ」CNN、2016年9月7日、https://www.cnn.co.jp/business/35088657.html.(2021年1月21日閲覧)
110 "Countries with the highest number of internet users as of December 2019," Statista, June 2020, https://www.statista.com/statistics/262966/number-of-internet-users-in-selected-countries/.(2021年1月21日閲覧)
111 「インド」世界通信事情、2019年、https://www.soumu.go.jp/g-ict/country/india/detail.html.(2021年1月21日閲覧)

112 "Introduction," Grameen Bank, December 2019, http://www.grameen.com/introduction/.(2021年1月21日閲覧)
113 "Money at the speed of life," Branch, https://branch.co/how-it-works.(2021年1月21日閲覧)
114 "The power of financial access," Branch, https://branch.co/about.(2021年1月21日閲覧)
115 "Welcome to Babyl," Babyl, http://www.babyl.rw/.(2021年1月21日閲覧)
116 「日本国温室効果ガスインベントリ報告書」国立研究開発法人 国立環境研究所, 2020年
117 「【2-1-9】 各種電源別のライフサイクルCO_2排出量」エネ百科、2017年9月1日、https://www.ene100.jp/zumen/2-1-9/.(2021年1月22日閲覧)
118 「石炭火力発電輸出ファクト集2020」環境省、2020年
119 "Pricing Carbon," THE WORLD BANK, https://www.worldbank.org/en/programs/pricing-carbon.(2020年12月4日閲覧)
120 「温室効果ガス排出削減のためのカーボンプライシング等の政策手法に関する調査」経済産業省、2020年、https://www.meti.go.jp/meti_lib/report/2019FY/000066.pdf.(2021年2月1日閲覧)
121 "Conclusion of the Memorandum of Understanding on Further Actions within the Ostrołęka C Project between Energa SA and Enea S.A," Energa, February 13, 2020, https://ir.energa.pl/en/pr/485282/conclusion-of-the-memorandum-of-understanding-on-further-actions-within-the-ostroleka-c-project-between-energa-sa-and-enea-s-a.(2020年12月4日閲覧)
122 「環境」アップル、https://www.apple.com/jp/environment/.(2020年12月4日閲覧)
123 "World Energy Scenario 2019," World Energy Council, 2019,
124 "2020 Global 100 ranking," Corporate Knights, January 21, 2020, https://www.corporateknights.com/reports/2020-global-100/2020-global-100-ranking-15795648/.(2021年1月12日閲覧)
125 "Crop Changes," National Geographic, https://www.nationalgeographic.com/climate-change/how-to-live-with-it/crops.html.(2021年1月12日閲覧)
126 「令和元年度 食料・農業・農村白書」農林水産省、2020年
127 "Emissions by sector," Our world in Data, 2020, https://ourworldindata.org/emissions-by-sector#:~:text=To%20prevent%20severe%20climate%20change,equivalents%20(CO2eq)%5D.(2020年12月25日閲覧)
128 「平成22年度 水産白書」水産庁、2010年
129 "Oil palm and biodiversity," IUCN, June 2018.
130 "Sustainability Report 2019," Carlsberg Group, 2020.
131 Fullman Nancy, et al.,"Measuring performance on the Healthcare Access and Quality Index for 195 countries and territories and selected subnational locations: a systematic analysis from the Global Burden of Disease Study 2016," THE LANCET, 391, no.10136(June 2018):2185-2294, https://

www.thelancet.com/journals/lancet/article/PIIS0140-6736(18)30994-2/fulltext#%20.(2021年1月12日閲覧)
132 "Tracking Universal Health Coverage: 2017 Global Monitoring Report," WHO, The World Bank, 2017.
133 "Drug prices in 2019 are surging, with hikes at 5 times," CBS NEWS, July 1, 2019, https://www.cbsnews.com/news/drug-prices-in-2019-are-surging-with-hikes-at-5-times-inflation/.(2021年1月22日閲覧)
134 「インスリンペンをリサイクルできますか?」Novo Nordisk Japan, https://www.novonordisk.co.jp/news/perspectives/can-you-recycle-an-insulin-pen.html.(2021年1月12日閲覧)
135 "22 BIOPHARMA COMPANIES PARTNER TO LAUNCH ACCESS ACCELERATED," Access Accelerated, 18 January, 2017, https://accessaccelerated.org/news-and-events/test-post-f/.(2021年1月12日閲覧)
136 "EU taxonomy for sustainable activities," European Commission, https://ec.europa.eu/info/business-economy-euro/banking-and-finance/sustainable-finance/eu-taxonomy-sustainable-activities_en#background.(2021年1月12日閲覧)
137 "Regulation(EU)2020/852 of the European Parliament and of the Council of 18 June 2020 on the establishment of a framework to facilitate sustainable investment, and amending Regulation(EU)2019/2088(Text with EEA relevance)," European Commission, June 22, 2020, https://eur-lex.europa.eu/legal-content/EN/TXT/?uri=CELEX:32020R0852.(2021年1月12日閲閲覧)
138 "Bringing Together a Task Force on Nature-related Financial Disclosures," TNFD, https://tnfd.info/#:~:text=Bringing%20Together%20a,Task%20Force%20on&text=A%20Task%20Force%20on%20Nature%2Drelated%20Financial%20Disclosures%20will%20create,nature%20and%20people%20to%20flourish.(2021年1月12日閲覧)
139 "Bringing climate scenario analysis to banks," PACTA, https://www.transitionmonitor.com/pacta-for-banks-2020/.(2021年1月12日閲覧)
140 "1200+ Divestment Commitments," Fossil Free: Divestment, https://gofossilfree.org/divestment/commitments/#.(2020年11月29日閲覧)
141 "Five Lessons for Investors from the COVID-19 Crisis," MSCI, 2020.
142 "Over 150 global corporations urge world leaders for net-zero recovery from COVID-19," Science Based Targets, July 9, 2020, https://sciencebasedtargets.org/news/over-150-global-corporations-urge-world-leaders-for-net-zero-recovery-from-covid-19.(2021年12日閲覧)
143 「トランジション・ファイナンスに関するガイドライン、調査レポートの紹介」環境省、2020年
144 "2018 Global Sustainable Investment Review," Global Sustainable Investment alliance, 2019.

145 「IPCC『1.5℃特別報告書』の概要」環境省、2019年
146 "Net Zero Tracker," Energy and Climate Intelligence Unit, https://eciu.net/netzerotracker.(2020年10月1日閲覧)
147 "The Swedish climate policy framework," Government Offices of Sweden, June 2017.
148 "UK becomes first major economy to pass net zero emissions law," GOV.UK, 27 June 2019, https://www.gov.uk/government/news/uk-becomes-first-major-economy-to-pass-net-zero-emissions-law.(2021年1月12日閲覧)
149 "The Ten Point Plan for a Green Industrial Revolution," HM Government, November 2020.
150 "Loi énergie-climat," Ministère de la Transition écologique, January 16, 2020, https://www.ecologie.gouv.fr/loi-energie-climat#:~:text=Adopt%C3%A9%20le%208%20novembre%202019,%C3%A0%20l'Accord%20de%20Paris.(2021年1月12日閲覧)
151 "During the COP, Denmark passes Climate Act with a 70 percent reduction target," Danish Ministry of Climate, Energy and Utilities, December 2019, https://ens.dk/en/our-responsibilities/energy-climate-politics/danish-climate-policies.(2021年1月12日閲覧)
152 "Climate Change Response (Zero Carbon) Amendment Act," New Zealand Ministry for the Environment Manatū Mō Te Taiao, November 25, 2019, https://www.mfe.govt.nz/climate-change/zero-carbon-amendment-act.(2021年1月13日閲覧)
153 "Parliament passes law on climate protection," About Hungary, June 4, 2020, http://abouthungary.hu/news-in-brief/parliament-passes-law-on-climate-protection/.(2021年1月13日閲覧)
154 "Transform to Net Zero," Transform to Net Zero, https://transformtonetzero.org/.(2021年1月21日閲覧)
155 "NET-ZERO ASSET OWNER ALLIANCE SETS UNPRECEDENTED 5-YEAR PORTFOLIO DECARBONIZATION TARGETS," UNEP Finance Initiative, October 13, 2020, https://www.unepfi.org/news/industries/investment/net-zero-asset-owner-alliance-sets-unprecedented-5-year-portfolio-decarbonization-targets/.(2020年10月20日閲覧)
156 "Consultation: Net Zero Investment Framework," IIGCC, August 5, 2020, https://www.iigcc.org/resource/net-zero-investment-framework-for-consultation/.(2021年1月13日閲覧)
157 "Great expectations," KPMG, February 2018.
158 "Groupe PSA and FCA agree to merge," Fiat Chrysler Automobiles, December 18, 2019.
159 "Completing the Picture: How the Circular Economy Tackles Climate Change," Ellen Macarthur Fundation, September 26, 2019.

■第4章——未来志向型SXの三つのタイプ

1 「私たちの理念と戦略」DSM Japan、https://www.dsm.com/japan/ja_JP/sustainability/OurVisionStrategy.html.（2021年1月25日閲覧）

2 "Royal DSM 2019 Integrated Annual Report," DSM, 2020.

3 "2014 Integrated Annual Report," DSM, 2015.

4 "Carbon neutral to stop global warming at 1.5°C Ørsted sustainability report 2019," Ørsted, 2020.

5 "DONG Energy Annual report 2009," Ørsted, 2010.

6 "Ørsted Annual report 2019," Ørsted, 2020.

7 『世界でいちばん大切にしたい会社 コンシャス・カンパニー』ジョン・マッキー、翔泳社、2014年、p.75-76.

8 "2009 Annual Report," Waste Management, 2010.

9 "2019 Annual Report," Waste Management, 2020.

10 「みずほ産業調査　欧州の競争力の源泉を探る——今、課題と向き合う欧州から学ぶべきことは何か」みずほ銀行、2015年

11 「健康的な人々、持続可能な地球社会　2020年に向けての目標」フィリップス、https://www.philips.co.jp/a-w/about-philips/sustainability/our-approach/ambition-2020.html.（2021年1月25日閲覧）

12 "Annual Report 2012," Philips, 2013.

13 "Annual Report 2019," Philips, 2020.

14 「ユニリーバ・サステナブル・リビング・プラン」ユニリーバ、2010年

15 「未来をつくるリーダーシップ」ポール・ポールマン、アディ・イグナティウス、ハーバード・ビジネス・レビュー、2012年、p.1-12、https://www.dhbr.net/articles/-/15.（2021年1月26日閲覧）

16 "Annual Report and Accounts 2009," Unilever, 2010.

17 "Annual Report and Accounts 2019," Unilever, 2020.

18 「ビジネスモデルと戦略」ケリング・グループ、https://www.kering.com/jp/group/discover-kering/activity-report/business-model-and-strategy/.（2021年1月26日閲覧）

19 「ファッションの創造性を高める"サステナビリティ"は可能か?」The New York Times Style Magazine: Japan、2018年11月19日、https://www.tjapan.jp/fashion/17225474/p2.（2021年1月26日閲覧）

20 「私たちの考え」ケリング・グループ、https://www.kering.com/jp/sustainability/.（2021年1月26日閲覧）

21 「EP&L（環境損益計算）」ケリング・グループ、https://www.kering.com/jp/sustainability/environmental-profit-loss/.（2021年1月26日閲覧）

22 "2010 Results Outstanding operating and financial performances," Kering, February 17, 2011.

23 "2019 Full-year Results RECORD OPERATING MARGIN SUSTAINED GROWTH

TRAJECTORY," Kering, February 12, 2020.
24 「私たちのCSR活動」BNPパリバ、https://www.bnpparibas.jp/jp/bnp-paribas/corporate-and-social-responsibility/.（2021年1月26日閲覧）
25 「より良い未来を構築する金融機関としての取り組み」BNPパリバ、2020年9月22日、https://www.bnpparibas.jp/jp/2020/09/22/bank-committed-building-future/.（2021年1月26日閲覧）
26 「【インタビュー】BNPパリバがサステナビリティ分野で業界を主導する狙い――サステナブルビジネス上級戦略顧問の視座」Sustainable Japan、株式会社ニューラル、2019年2月22日、https://sustainablejapan.jp/2019/02/22/bnp-paribas-pierre-rousseau/37520.（2021年1月26日閲覧）
27 "Results as of 31 December 2002," BNP PARIBAS, December 31, 2002.
28 "2019 FULL YEAR RESULTS," BNP PARIBAS, February 5, 2020.
29 「企業戦略」BASF、https://www.basf.com/jp/ja/who-we-are/strategy.html.（2021年1月28日閲覧）
30 「サステナビリティと利益は必ず両立する――ヨルグ-クリスチャン シュテック BASFジャパン代表取締役社長」サステナブル・ブランドジャパン、2017年10月25日、https://www.sustainablebrands.jp/article/interview/detail/1189453_1533.html.（2021年1月28日閲覧）
31 "Value to Society," BASF, https://www.basf.com/global/en/who-we-are/sustainability/we-drive-sustainable-solutions/quantifying-sustainability/value-to-society.html.（2021年1月28日閲覧）
32 "BASF Report 2014," BASF, 2014.
33 "BASF Report 2019," BASF, 2020.
34 「ミッションとビジョン」ノバルティス　ファーマ、https://www.novartis.co.jp/about-us/who-we-are/our-mission-and-vision.（2021年1月28日閲覧）
35 "Novartis Access 2017 Two-Year Report," NOVARTIS, 2018.
36 "Q3 2020 ESG update for investors and analysts," Novartis, 2020.
37 "Annual Report 2019," NOVARTIS, 2020.
38 "MEET IMPOSSIBLE FOODS," Impossible Foods, https://www.impossiblefoods.com/company.（2021年1月28日閲覧）
39 "EAT MEAT. SAVE THE PLANET," Impossible Foods, https://impossiblefoods.com/sustainable-food.（2021年1月28日閲覧）
40 「アメリカ発の『代替肉』が気づけば急拡大の予感」東洋経済オンライン、2019年11月6日、https://toyokeizai.net/articles/-/311931?page=2.（2021年1月28日閲覧）
41 『社員をサーフィンに行かせよう』イヴォン・シュイナード、東洋経済新報社、2007年、p.93-99, p.106-107.
42 「『Don't Buy This Jacket（このジャケットを買わないで）』：ブラックフライデーとニューヨーク・タイムス紙」パタゴニア、2011年12月5日、https://www.patagonia.jp/blog/2011/12/dont-buy-this-jacket-black-friday-and-the-new-york-times/.（2021年1月28日閲覧）
43 「パタゴニアの歴史」パタゴニア、https://www.patagonia.jp/company-history/.（2021

年1月28日閲覧)
44 "Interface Investor Presentation 2018," Interface, 2019.
45 "Installation Instructions - How to lay carpet tiles," Interface, https://www.interface.com/SEA/en-SEA/about/modular-system/Installation-Instructions-en_SEA.(2021年1月28日閲覧)
46 "The Interface Story," Interface, https://www.interface.com/SEA/en-SEA/sustainability/our-history-en_SEA.(2021年1月28日閲覧)
47 "LESSONS FOR THE FUTURE," Interface, 2019.
48 "The Net-Works Programme," Interface, https://www.interface.com/EU/en-GB/about/mission/Net-Works-en_GB.(2021年1月28日閲覧)
49 "Light as a Service," Signify, https://www.signify.com/ja-jp/lighting-services/managed-services/light-as-a-service.(2021年1月28日閲覧)
50 "Annual Report 2016," Signify, 2017.
51 "Annual Report 2019," Signify, 2020.
52 "Washington Metro Goes Green & Saves Green with Philips Performance Lighting Contract, Delivering on Sustainability Goals with 15 Million kWh Saved Annually," Signify, November 12, 2013, https://www.signify.com/en-us/our-company/news/press-release-archive/2013/20131112-philips-wmata.(2020年12月20日閲覧)

■第5章——トレードオンを阻む五つの壁

1 「金融商品取引法について」金融庁、https://www.fsa.go.jp/policy/kinyusyohin/.(2021年1月29日閲覧)
2 "2017 Cone Communications CSR STUDY," Cone Communications, 2017.
3 "The European Union market for sustainable products," International Trade Centre, 2019.
4 PwC独自調査(2019年実施)

■第6章——「五つの壁」を乗り越え、トレードオンを生み出す

1 「循環型経済」Caterpillar, https://www.caterpillar.com/ja/company/sustainability/remanufacturing.html.(2021年2月1日閲覧)
2 「再生がもたらす利点」Caterpillar, https://www.caterpillar.com/ja/company/sustainability/remanufacturing/benefits.html.(2021年2月1日閲覧)
3 "Care for people and planet," Fairphone, https://impact.fairphone.com/impact-data/.(2021年2月1日閲覧)
4 "Bigger market, greater impact," Fairphone, https://impact.fairphone.com/scaling-our-impact/.(2021年2月1日閲覧)
5 "Michelin Fleet Solutions," Michelin, https://business.michelinman.com/freight-transportation/freight-transportation-services/michelin-fleet-solutions.(2021年2月3日閲覧)

6 「第3回 産業構造審議会 新産業構造部会 討議用資料『デジタル競争時代における産業転換』」経済産業省、2015年
7 「ブリヂストンが Tom Tom社のデジタルフリートソリューション事業を買収」ブリヂストン、2019年1月22日、https://www.bridgestone.co.jp/corporate/news/2019012201.html.(2021年2月3日閲覧)
8 "Toast Ale Brewing beer from surplus bread," Ellen MacArthur Foundation, https://www.ellenmacarthurfoundation.org/case-studies/brewing-beer-from-surplus-bread.(2021年2月3日閲覧)
9 "TOAST HERE'S TO CHANGE," TOAST ALE, https://www.toastale.com/.(2021年2月3日閲覧)
10 「茶殻リサイクルシステムとは」伊藤園、https://www.itoen.co.jp/csr/recycle/concept/.(2021年2月3日閲覧)
11 「開発秘話」伊藤園、https://www.itoen.co.jp/csr/recycle/episode/(2021年2月3日閲覧)
12 「味の素グループ サステナビリティ データブック2020」味の素グループ、2020年
13 「味の素グループ 環境報告書2010」味の素グループ、2011年
14 "Environmental Progress Report," Apple, 2020.
15 「スポーツの未来を拓く、再生可能な循環型技術を採用したランニングシューズFUTURECRAFT.LOOP(フューチャークラフト.ループ)を発表」アディダスジャパン、2019年4月18日
16 "COMPLETING THE PICTURE HOW THE CIRCULAR ECONOMY TACKLES CLIMATE CHANGE," Ellen MacArthur Foundation, September 26, 2019.
17 「循環型経済への道 なぜサーキュラーエコノミーが主流になりつつあるのか」PwC、2020年
18 "ABOUT EQUIPMENTSHARE HELPING CONTRACTORS GET MORE WORK DONE," Equipment Share, https://www.equipmentshare.com/about.(2021年2月3日閲覧)
19 「建設機械もシェアリング時代! 全米に展開するEquipmentShareとは?」CON-TECH MAG、https://contech.jp/equipmentshare/.(2021年2月3日閲覧)
20 "Mapping the journey of your Fairphone," Fairphone, https://www.fairphone.com/en/impact/source-map-transparency/.(2021年2月3日閲覧)
21 「100%強制労働に頼らないチョコレートを当たり前に」トニーズチョコロンリー、https://tonyschocolonely.com/jp/ja/our-story/our-mission.(2021年2月1日閲覧)
22 "TONY'S CHOCOLONELY annual FAIR report 2018/2019," TONY'S CHOCOLONELY, 2019.
23 「テスラのミッション」Tesla、https://www.tesla.com/jp/blog/mission-tesla.(2021年2月1日閲覧)
24 「テスラが10年以内に自動車産業の世界的リーダーになるかもしれない」EVsmartブログ、2019年6月8日、https://blog.evsmart.net/electric-vehicles/tesla-global-automotive-leader/.(2021年2月1日閲覧)
25 「諸外国における車体課税のグリーン化の動向」環境省、2018年

26 "Q4 and FY2020 Update," Tesla, 2021.
27 「東レ：市場は後からついてくる（インタビュー）」日覺昭廣、DIAMOND ハーバード・ビジネス・レビュー、2015年10月号、p.75、https://www.diamond.co.jp/digital/478069356400.html.（2021年2月3日閲覧）
28 「東レレポート（統合報告書 2019）」東レ、2019年
29 「東レレポート（統合報告書 2020）」東レ、2020年
30 "Doing well by doing good Corporate Sustainability Report 2019," Mastercard, 2020.
31 "Mastercard Builds on COVID-19 Response with Commitment to Connect 1 Billion People, 50 Million Small Businesses, 25 Million Women Entrepreneurs to the Digital Economy by 2025," Mastercard, April 28, 2020, https://www.mastercard.com/news/press/press-releases/2020/april/mastercard-builds-on-covid-19-response-with-commitment-to-connect-1-billion-people-50-million-small-businesses-25-million-women-entrepreneurs-to-the-digital-economy-by-2025/.（2021年2月3日閲覧）
32 "Changing diabetes in China The Blueprint for Change Programme," Novo Nordisk, 2011.
33 「インスリン アクセス コミットメント」ノボ・ノルディスク、https://www.xultophy.ch/content/Japan/AFFILIATE/www-novonordisk-co-jp/ja_jp/home/sustainable/society/changing-diabetes/access-to-insulin.html.（2021年1月21日閲覧）
34 "Simple Transparent Honest for You Safaricom annual report and financial statements 2020," Safaricom, 2020.
35 "What is M-Pesa?," Vodafone, https://www.vodafone.com/what-we-do/services/m-pesa.（2021年2月2日閲覧）
36 "About Us," IDE Technologies, https://www.ide-tech.com/en/about-us/?data=item_1.（2021年2月2日閲覧）
37 『リバース・イノベーション――新興国の名もない企業が世界市場を支配するとき』ビジャイ・ゴビンダラジャン、クリス・トリンブル、ダイヤモンド社、2012年、p.37-42.
38 「日本のプラスチックリサイクルの現状と課題」旭リサーチセンター、2019年
39 "Closed Loop Partners 2018 Impact Report," Closed Loop Partners, 2019.
40 「Beyond Africa Skies Zipline の飛翔」Wired、2017年9月10日、https://wired.jp/special/2017/zipline/.（2021年1月7日閲覧）
41 「カガメ大統領のリーダーシップで、街並みも政治もクリーンに!」JICA、https://www.jica.go.jp/africahiroba/2017_TICAD/vol3_2/index.html.（2021年2月2日閲覧）
42 "World changers aren't born. They are made," Cisco Networking Academy, https://www.netacad.com/about-networking-academy.（2021年2月2日閲覧）
43 "EMPOWERING AND CREATING LIVELIHOODS FOR WOMEN," Unilever, https://sellingwithpurpose.unilever.com/?p=43.（2021年2月2日閲覧）
44 「ヤクルトCSRレポート 2020」ヤクルト、2020年
45 「CSRを機軸としたグローバル戦略に関する一考察：メキシコにおけるヤクルトの健康改善ビ

ジネスからの学習」水尾 順一、駿河台経済論集、2013年、23(1)、p.134、https://surugadai.repo.nii.ac.jp/?action=pages_view_main&active_action=repository_view_main_item_detail&item_id=586&item_no=1&page_id=13&block_id=21.(2021年2月2日閲覧)

46 "Yara creates new opportunities for Tanzanian farmers," Yara, September 18, 2015, https://www.yara.com/news-and-media/news/archive/2015/more-fertilizers-for-tanzanian-farmers/.(2021年2月2日閲覧)

47 「『コレクティブ・インパクト』を実現する5つの要素」マーク R. クラマー、マーク W. フィッツァー、DIAMOND ハーバード・ビジネス・レビュー、2017年2月号、p.19、https://www.diamond.co.jp/digital/478102403100.html.(2021年2月2日閲覧)

48 "EXPLORE THE KALUNDBORG SYMBIOSIS," Kalundborg Symbiosis, http://www.symbiosis.dk/en/.(2021年2月2日閲覧)

49 "Systems make it possible, people make it happen," Kalundborg Symbiosis, http://www.symbiosis.dk/en/systems-make-it-possible-people-make-it-happen/.(2021年2月2日閲覧)

50 "DuPont Position Statement on Montreal Protocol," DuPont, February 2019, https://www.dupont.com/position-statements/montreal-protocol.html.(2021年2月2日閲覧)

51 「標準化に関する最近の動向」経済産業省産業技術環境局、2019年

52 「国際標準化の動向とルール形成戦略について」経済産業省、2019年

53 「ルールを制する3つのセオリー」日経ビジネス、2015年1月23日、https://business.nikkei.com/article/NBD/20150120/276456/.(2021年2月2日閲覧)

54 "History & Milestones," RSPO, https://www.rspo.org/about#history-and-milestone.(2021年2月2日閲覧)

55 『競争戦略としてのグローバルルール——世界市場で勝つ企業の秘訣』藤井敏彦、東洋経済新報社、2012年、p.73.

56 サステナビリティコンサルタントMike Barry氏からの聞き取りによる情報に基づく

57 「ファッションの環境意識調査」豊島、2019年9月25日、https://www.toyoshima.co.jp/news/detail/186.(2020年12月9日閲覧)

58 "Nudie Jeans Sustainability report 2019," Nudie Jeans, 2020.

59 「【10代・20代】ジーンズの人気ブランド」メンズファッションブランドナビ、http://mensbrand.rash.jp/20dai-jeans/.(2021年2月2日閲覧)

60 PwC独自調査(2019年実施)

61 "The World's Most Comfortable Shoes Are Made of Super-Soft Wool," TIME, March 16, 2016, https://time.com/4243338/allbirds-wool-runners/.(2021年2月2日閲覧)

62 「奴隷労働に立ち向かうオランダのチョコレート会社『トニーズチョコロンリー』、日本に初上陸」IDEAS FOR GOOD、2020年11月19日、https://ideasforgood.jp/2020/11/19/tonyschocolonely/.(2021年2月1日閲覧)

63 「この地球をよりみずみずしく、豊かに」LUSH、https://jn.lush.com/article/we-care-

for-the-earth.(2021年2月1日閲覧)
64 「ラッシュのヒストリー」LUSH、https://jn.lush.com/article/lush-history.(2021年2月1日閲覧)
65 「2019@cosme ベストコスメアワード ベスト角質ケア」https://www.cosme.net/bestcosme/archive/2019/category/exfoliating/#rnk-2.(2021年2月1日閲覧)
66 "Vegan Cosmetics Market Size Worth $20.8 Billion By 2025 | CAGR 6.3%, "GRAND VIEW RESEARCH, May 2018, https://www.grandviewresearch.com/press-release/global-vegan-cosmetics-market.(2021年2月1日閲覧)
67 「ユニリーバ・サステナブル・リビング・プランが ひきつづき成長を加速」ユニリーバ、2018年5月21日、https://www.unilever.co.jp/news/press-releases/2018/unilevers-sustainable-living-plan-continues-to-fuel-growth.html.(2021年2月1日閲覧)
68 『ザ・ディマンド　爆発的ヒットを生む需要創出術』エイドリアン・J・スライウォツキー、カール・ウェバー、日本経済新聞出版、2012年、p.149-150.
69 「インバータ機の普及促進」ダイキン工業、https://www.daikin.co.jp/csr/environment/climatechange/inverter.html.(2021年2月1日閲覧)
70 「中国市場におけるダイキンの競争戦略——ダイキンと格力の提携に関する事例研究」徐方啓、商経学叢、2018年、65(1), p.59-67, https://kindai.repo.nii.ac.jp/?action=pages_view_main&active_action=repository_view_main_item_detail&item_id=19609&item_no=1&page_id=13&block_id=21.(2021年2月1日閲覧)
71 「中国『第11次5カ年規画』について——エネルギー政策を中心に」張悦、日本エネルギー経済研究所、2006年、https://eneken.ieej.or.jp/data/pdf/1252.pdf.(2021年2月1日閲覧)

■第7章——自分の北極星を見つける

1 "EIA projects nearly 50% increase in world energy usage by 2050, led by growth in Asia," U.S. Energy Information Administration, September 24, 2019, https://www.eia.gov/todayinenergy/detail.php?id=41433.(2021年2月4日閲閲覧)
2 "The United Nations world water development report 2020: water and climate change," UNESCO, UN-Water, 2020.
3 "Creating a Sustainable Food Future," World Resources Institute, 2019.
4 "FROM SMART TO SENSELESS: The Global Impact of 10 Years of Smartphones," GREENPEACE, 2017.
5 "Starbucks Issues the First U.S. Corporate Sustainability Bond," Starbucks, May 16, 2016, https://stories.starbucks.com/press/2016/starbucks-issues-the-first-u-s-corporate-sustainability-bond/.(2021年2月1日閲覧)
6 "Starbucks Issues First Global Yen Sustainability Bond in Japan," Starbucks, March 17, 2017, https://stories.starbucks.com/press/2017/starbucks-offers-its-first-sustainability-bond-in-japan/.(2021年2月1日閲覧)
7 "Starbucks Completes Issuance of Third and Largest Sustainability Bond," Starbucks, May 13, 2019, https://stories.starbucks.com/press/2019/

starbucks-completes-issuance-of-third-and-largest-sustainability-bond/.（2021年2月1日閲覧）
8 "Coffee production by exporting countries," International Coffee Organization, 2021.
9 "Building a Sustainable Future for Coffee, Together," Starbucks, June 11, 2019, https://stories.starbucks.com/press/2019/building-a-sustainable-future-for-coffee-together/.（2021年2月1日閲覧）
10 「コーヒー生産地への支援」スターバックスコーヒージャパン、https://www.starbucks.co.jp/responsibility/ethicalsourcing/support.html.（2021年2月1日閲覧）
11 "HEINEKEN announces 'Every Drop' water ambition for 2030," HEINEKEN, March 19, 2019, https://www.theheinekencompany.com/newsroom/heineken-announces-every-drop-water-ambition-for-2030/#:~:text=By%202025%2C%20two%20thirds%20of,is%20committed%20to%20water%20protection.（2021年2月1日閲覧）
12 "Sharing our footprint with consumers," DIAGEO, August 8, 2017, https://www.diageo.com/en/news-and-media/features/sharing-our-footprint-with-consumers/.（2021年2月1日閲覧）
13 "KNOWING OUR FOOTPRINT: JOHNNIE WALKER," DIAGEO, 2017.
14 "Our 2030 targets," DIAGEO, https://www.diageo.com/en/society-2030/society-2030-spirit-of-progress/our-2030-targets/.（2021年2月1日閲覧）
15 「100%リサイクル。しかも、どこまでも先進的」アップル、https://www.apple.com/jp/environment/.（2021年2月1日閲覧）
16 "MINERAL COMMODITY SUMMARIES 2020," U.S. Geological Survey, 2020.
17 "2019 SAP Integrated Report," SAP, 2019.
18 "Emissions by sector," Our World in Data, 2020, https://ourworldindata.org/emissions-by-sector#:~:text=To%20prevent%20severe%20climate%20change,equivalents%20(CO2eq)%5D.（2020年12月25日閲覧）
19 "Data and statistics," IEA, https://www.iea.org/data-and-statistics?country=WORLD&fuel=CO2%20emissions&indicator=CO2BySector.（2021年2月1日閲覧）
20 "2005-2019 SALES STATISTICS," International Organization of Motor Vehicle Manufacturers, https://www.oica.net/category/sales-statistics/.（2021年2月5日閲覧）
21 「自動車の将来動向：EVが今後の主流になりうるのか 第4章」PwC、2019年3月7日、https://www.pwc.com/jp/ja/knowledge/thoughtleadership/automotive-insight/vol6.html.（2021年2月5日閲覧）
22 Francesco Del Pero, Massimo Delogu, Marco Pierini, "Life Cycle Assessment in the automotive Sector: a comparative case study of Internal Combustion Engine (ICE) and electric car," Procedia Structural Integrity, Volume 12, (2018): p.521-528, https://www.sciencedirect.com/science/article/pii/S2452321618301690.（2021年2月5日閲覧）

23 「私たちの考え」ケリング・グループ、https://www.kering.com/jp/sustainability/.(2021年1月26日閲覧)
24 "ENVIRONMENTAL PROFIT & LOSS(EP&L)2019 Group Results," Kering, 2020.
25 「グッチの仏ケリングが気にかける地球へのコスト」日経ビジネス、2017年4月24日、https://business.nikkei.com/atcl/report/15/230270/042000046/?P=2.(2021年1月26日閲覧)
26 "We are THE FUTURE OF HIGH-PERFORMANCE MATERIALS," Bolt Threads, https://boltthreads.com/about-us/.(2021年2月5日閲覧)
27 "Bolt Technology MEET MYLO," Bolt Threads, https://boltthreads.com/technology/mylo/.(2021年2月5日閲覧)
28 「ファッション業界のサステナをリードするケリングが推進するEP&Lって何? 開発者に聞く」WWD、2018年12月24日、https://www.wwdjapan.com/articles/760354/.(2021年2月5日閲覧)
29 「DSM社、バイオ及びリサイクルベース製品をエンジニアリングプラスチックスの全ポートフォリオに導入へ」DSM Japan、2019年11月1日、https://www.dsm.com/japan/ja_JP/media/press-releases/2019/1101-DEP-bio-recycled-base-alt-portfolio.html.(2021年2月5日閲覧)
30 「植物由来の高機能樹脂ForTii®Ecoを発売開始」DSM Japan、2016年8月16日、https://www.dsm.com/japan/ja_JP/media/press-releases/2016/160816-Biobase-ForTii-Eco.html.(2021年2月5日閲覧)
31 "Bovaer®: Farm-wise, climate-friendly," DSM, https://www.dsm.com/corporate/solutions/climate-energy/minimizing-methane-from-cattle.html.(2021年2月5日閲覧)
32 "DSM files for EU authorization of methane-reducing feed additive," DSM, July 19, 2019, https://www.dsm.com/corporate/news/news-archive/2019/2019-07-19-dsm-files-for-eu-authorization-of-methane-reducing-feed-additive.html.(2021年2月5日閲覧)
33 "SABIC OUTLINES INTENTIONS FOR TRUCIRCLE™ TO CLOSE LOOP ON PLASTIC RECYCLING, " SABIC, January 21, 2020, https://www.sabic.com/en/news/21891-sabic-outlines-intentions-for-trucircle-to-close-loop-on-plastic-recycling.(2021年2月5日閲覧)
34 "MARS AND HUHTAMAKI JOIN SABIC'S TRUCIRCLE™ INITIATIVE FOR PET FOOD PACKAGING BASED ON CERTIFIED CIRCULAR POLYPROPYLENE," SABIC, November 4, 2020, ,https://www.sabic.com/en/news/24616-sabics-certified-circular-pp-from-will-be-introduced-in-primary-pet-food-brand-packaging-by-mars.(2021年2月5日閲覧)
35 "Terra approach," ING, https://www.ing.com/Sustainability/Sustainable-business/Terra-approach.htm.(2021年2月5日閲覧)

■第8章——SXを実現する仕組みづくり

1 「環境」アップル、https://www.apple.com/jp/environment/.(2020年12月7日閲覧)

2 「Our way forward」BASFジャパン、https://www.basf.com/jp/ja/who-we-are.html.(2021年2月8日閲覧)

3 「100%強制労働に頼らないチョコレートを当たり前に」トニーズチョコロンリー、https://tonyschocolonely.com/jp/ja/our-story/our-mission.(2021年2月1日閲覧)

4 "Finding sustainable solutions to social and environmental challenges," Philips, https://www.philips.com/a-w/about/sustainability/our-approach.html#our_ambitious_objectives.(2021年2月8日閲覧)

5 "Creating a Climate Fit For Life," Interface, https://www.interface.com/US/en-US/sustainability/climate-take-back/Four-Pillars-en_US#441433073.(2021年2月8日閲覧)

6 「非財務情報のマネジメント：先進事例からひも解く企業価値創造に向けた取り組み」PwC、2020年

7 "BASF Report 2018," BASF, 2019.

8 "BASF Online Report 2015 Creating value," BASF, February 26, 2016, https://report.basf.com/2015/en/managements-report/our-strategy/sustainability-management/creating-value.html.(2021年2月8日閲覧)

9 "About us," Value Balancing alliance, https://www.value-balancing.com/about-us/.(2021年2月8日閲覧)

10 「SDGs 達成へ向けた企業が創出する『社会の価値』への期待に関する調査研究報告書 第1部」企業活力研究所、2020年

11 "Mission Statement," Harvard Business School, https://www.hbs.edu/impact-weighted-accounts/Pages/default.aspx.(2021年2月8日閲覧)

12 "How it started," World Benchmarking Alliance, https://www.worldbenchmarkingalliance.org/how-it-started/.(2021年2月8日閲覧)

13 "Global Business Leaders Support ESG Convergence by Committing to Stakeholder Capitalism Metrics,"The World Economic Forum, January 21, 2021, https://www.weforum.org/press/2021/01/global-businessleaders-support-esg-convergence-by-committing-to-stakeholder-capitalism-metrics-73b5e9f13d/.(2021年2月26日閲覧)

14 「ESG投資に向けた新しい会計基準の胎動」サステナビリティ情報審査協会、2020年1月、http://j-sus.org/column_25.html.(2021年2月8日閲覧)

15 「企業が社会と環境に与える『インパクト』をどう算出すべきか」Diamond、ハーバード・ビジネス・レビュー、2020年10月29日、https://www.dhbr.net/articles/-/7161.(2021年2月8日閲覧)

16 "World Benchmarking Alliance names this year's 2000 most influential companies towards achieving the Sustainable Development Goals," World Benchmarking Alliance, January 26, 2021, https://www.worldbenchmarking

alliance.org/news/sdg2000pressrelease2021/.(2021年2月8日閲覧)
17 "IIRC and SASB announce intent to merge in major step towards simplifying the corporate reporting system, "The IIRC, November 25, 2020, https://integratedreporting.org/news/iirc-and-sasb-announce-intent-to-merge-inmajor-step-towards-simplifying-the-corporate-reporting-system/.(2021年2月26日閲覧)
18 "2019 TCFD Report," BNP Paribas, 2020.
19 "Corporate Social Responsibility Update 2017," Royal FrieslandCampina N.V., 2018.
20 フリースランド・カンピーナからの聞き取り情報に基づく
21 "MAKING SUSTAINABLE LIVING COMMONPLACE UNILEVER ANNUAL REPORT AND ACCOUNTS 2017," Unilever, 2018.
22 "New incentive programs for the Executive Leadership Team, the Senior Leadership Team and directors, and other employees," Novozymes, February 26, 2020, https://ml-eu.globenewswire.com/Resource/Download/fddee7d5-62ab-4321-87b6-e0a364476802.(2021年2月8日閲覧)
23 "SECRET INNOVATION LAB REVEALED," IKEA, 2016, https://www.ikea.com/ms/en_JP/this-is-ikea/ikea-highlights/IKEA-secret-innovation-lab/index.html.(2021年2月8日閲覧)
24 "Unilever's platform for partnering with start-ups to accelerate innovation on a global scale," Unilever Foundry, https://www.theunileverfoundry.com/.(2021年2月8日閲覧)
25「あらゆる人に起業の機会を。」ソニー、https://sony-startup-acceleration-program.com/about.(2021年2月8日閲覧)
26「Sony Startup Acceleration Programから生まれた15の事業」ソニー、https://sony-startup-acceleration-program.com/assets/ssap_case-332931af22f06335832510d110fc38e6e7c59bfcd5e200e5159df3dbec378f85.pdf.(2021年2月8日閲覧)
27 "Amazon Announces $2 Billion Climate Pledge Fund to Invest in Companies Building Products, Services, and Technologies to Decarbonize the Economy and Protect the Planet," Amazon, June 23, 2020, https://press.aboutamazon.com/news-releases/news-release-details/amazon-announces-2-billion-climate-pledge-fund-invest-companies/.(2021年2月8日閲覧)
28 "Amazon Co-founds The Climate Pledge, Setting Goal to Meet the Paris Agreement 10 Years Early," Amazon, September 19, 2019, https://press.aboutamazon.com/news-releases/news-release-details/amazon-co-founds-climate-pledge-setting-goal-meet-paris.(2021年2月8日閲覧)
29 "Microsoft will be carbon negative by 2030," Microsoft, January 16, 2020, https://blogs.microsoft.com/blog/2020/01/16/microsoft-will-be-carbon-negative-by-2030/.(2021年2月8日閲覧)
30 "Progress on our goal to be carbon negative by 2030," Microsoft, July 21, 2020,

https://blogs.microsoft.com/on-the-issues/2020/07/21/carbon-negative-transform-to-net-zero/.(2021年2月8日閲覧)

31 "Openinnovability.com Innovation and sustainability power the future," Enel, https://openinnovability.enel.com/.(2021年2月8日閲覧)

32 "Open Innovation," Unilever, https://www.unilever.com/about/innovation/open-innovation/.(2021年2月8日閲覧)

33 「第5回GLOBAL CHANGE AWARD :H&M FOUNDATION、ファッション業界に変革を起こす5つの革新的なアイデアに約1億2000万円相当の賞金を授与」H&Mジャパン、2020年4月2日、https://about.hm.com/ja_jp/news/general-news-2020/hm-foundation-GCA2020.html.(2021年2月8日閲覧)

34 「Ajinomoto Co., Inc. OPEN INNOVATION "未来の食と健康の課題解決"を指名に挑む共創プロジェクト」AUBA、https://eiicon.net/about/ajinomoto-oi2020/.(2021年2月8日閲覧)

35 "Business, society, and the future of capitalism," McKinsey & Company, May 1, 2014, https://www.mckinsey.com/business-functions/sustainability/our-insights/business-society-and-the-future-of-capitalism.(2021年2月8日閲覧)

36 「未来をつくるリーダーシップ」 ポール・ポールマン、 アディ・イグナティウス、DIAMONDハーバード・ビジネス・レビュー、2012年11月号、p.65-66、https://www.dhbr.net/articles/-/15. (2021年1月26日閲覧)

■第9章——成長を続けるリスク・レジリエントな企業の条件

1 "Tackling Child Labor 2019 Report," Nestle, 2019.

2 「100%強制労働に頼らないチョコレートを当たり前に」トニーズチョコロンリー、https://tonyschocolonely.com/jp/ja/our-story/our-mission.(2021年2月1日閲覧)

3 "Starbucks to Close All Stores Nationwide for Racial-Bias Education on May 29," Starbucks, April 17, 2018, https://stories.starbucks.com/press/2018/starbucks-to-close-stores-nationwide-for-racial-bias-education-may-29/.(2021年2月10日閲覧)

坂野 俊哉 (ばんの・としや)

PwC Japanグループ サステナビリティ・センター・オブ・エクセレンス エグゼクティブリード。PwCサステナビリティ合同会社。20年以上の戦略コンサルティング経験を有し、企業の経営戦略、事業ポートフォリオ、事業戦略、海外戦略、アライアンス・M&A(PMIを含む)、企業変革などのプロジェクトに多数携わる。特に、企業の経済的価値に加え、環境・社会的価値を向上させるためのサステナビリティを軸にしたトランスフォーメーションを支援。サステナビリティビジョンと中期経営計画との連動、中長期的な視点での業態やビジネスモデルの変革などの活動に注力している。生命保険会社、ブーズ・アンド・カンパニーを経て現職。

磯貝 友紀 (いそがい・ゆき)

PwC Japanグループ サステナビリティ・センター・オブ・エクセレンス テクニカルリード。PwCサステナビリティ合同会社。2003年より、民間企業や政府機関、国際機関にて、東欧、アジア、アフリカにおける民間部門開発、日本企業の投資促進を手掛ける。2011年より現職。日本企業のサステナビリティビジョン・戦略策定、サステナビリティ・ビジネス・トランスフォーメーションの推進、サステナビリティリスク管理の仕組み構築、途上国における社会課題解決型ビジネス支援やサステナブル投融資支援を実施。金融機関の気候変動リスク・機会の評価や気候変動関連の情報開示支援業務を多数経験。

PwC Japanグループ

PwC Japanグループは、日本におけるPwCグローバルネットワークのメンバーファームおよびそれらの関連会社の総称です。各法人は独立した別法人として事業を行っています。複雑化・多様化する企業の経営課題に対し、PwC Japanグループでは、監査およびアシュアランス、コンサルティング、ディールアドバイザリー、税務、そして法務における卓越した専門性を結集し、それらを有機的に協働させる体制を整えています。また、公認会計士、税理士、弁護士、その他専門スタッフ約9000人を擁するプロフェッショナル・サービス・ネットワークとして、クライアントニーズにより的確に対応したサービスの提供に努めています。

サステナビリティ・センター・オブ・エクセレンス

サステナビリティ・センター・オブ・エクセレンスは、PwC Japanグループにおいて、企業のサステナビリティ経営へのトランスフォーメーションを総合的に支援するチームです。サステナビリティ経営やサステナビリティ投資に関する経営アジェンダへの関心が急速に高まる今、環境価値、社会価値と経済価値をトレードオフではなく両立可能なトレードオンにしていくことを目指し、様々なサービスを提供していきます。

SXの時代
究極の生き残り戦略としてのサステナビリティ経営

2021年 4 月12日　第1版第1刷発行
2023年12月 5 日　第1版第8刷発行

著者　坂野 俊哉、磯貝 友紀（PwC Japanグループ）
発行者　中川 ヒロミ
発行　株式会社日経BP
発売　株式会社日経BPマーケティング
〒105-8308
東京都港区虎ノ門4-3-12
https://bookplus.nikkei.com/
カバー・本文デザイン
小口 翔平＋三沢 稜＋須貝 美咲（tobufune）
DTP・制作　河野 真次
編集担当　沖本 健二
印刷・製本　中央精版印刷株式会社

ISBN 978-4-296-00020-3 Printed in Japan

本書籍に関するお問い合わせ、ご連絡は下記にて承ります。
https://nkbp.jp/booksQA